생각하라
그리고
부자가
되어라

생각하라 그리고 부자가 되어라

Napoleon Hill

부와 성공을 현실로 만들
13가지 원칙

Think and Grow Rich

나폴레온 힐
김미란 옮김

윌북

우리의 유일한 한계는
마음속에 스스로가 정해놓은 것뿐이다.

나폴레온 힐

추천의 글

내가 성공한 것은 이 책을 반복해서 매일 읽고 실천했기 때문이다.

밥 프록터

이 책을 읽으면 당신도 바뀔 수 있다고 자신 있게 내 인생으로 증명할 수 있다. 한 번만 읽지 말고 당신의 잠재의식 속에 체화될 때까지 읽기를 추천한다.

조성희_마인드파워 스쿨 대표, 『더 플러스』저자

나는 나폴레온 힐에게서 성공의 원칙을 배웠다.

러셀 브런슨_『마케팅 설계자』저자

스무 살 고시원 시절, 나의 인생을 완전하게 탈바꿈해 준 삶의 멘토가 있었다. 바로 나폴레온 힐이다. 그를 통해 나는 믿음과 행동, 잠재의식에 대한 앎이 생기기 시작했다. 그것은 단순한 지식이 아니었다. 지금은 지식을 넘어, 삶의 경험이 되고, 나의 지혜이자 매일의 일상이 되고 있다. 삶의 변하고 싶은가? 지금의 답답한 인생에서 벗어나고 싶은가? 여기에 그 비밀이 있다. 그 증거가 나다. 나는 지금 그분의 책에 추천사를 쓰고 있다.

이하영_『나는 나의 스무 살을 가장 존중한다』 저자

돈에 대한 책이 아니다.
나의 꿈을 위해 반드시 읽어야 할 책이다.

드로우앤드류_『럭키드로우』 저자

차례

서문

이 책을 닳도록 읽은 사람은 반드시 변했고 이뤘다.
그러므로 당신도 생각하라, 그리고 부자가 되어라

진정 생각하기 시작하면, 부자가 되리라!:
이 책을 씹어먹은 사람들의 대반전

2009년 1월 미국 플로리다, 며칠째 아침 6시부터 밤 11시까지 교육이 계속되고 있었다. 약 17년 전이지만 아직도 그때 봤던 두 사람의 책 상태가 유독 생생하게 남아 있다.

밥 프록터가 "이 책이 내 인생을 바꿔줬어요!"라며 나폴레온 힐의 『생각하라 그리고 부자가 되어라Think and Grow Rich』를 두 손으로 조심스럽게 꺼내든 순간, 정신이 번쩍 들었다. 밥 프록터의 파트너 자격을 받기 위해 미국, 유럽, 남미 등지에서 날아온 사람들 모두 '와우!' '어메이징!' 감탄사를 연발했다. 얼마나 많이 읽었는지 책이 조각조각이 난 것을 이어 붙이다 못해서 툭 치면 와르르 떨어져 강단 위에 다 흩어져버릴 듯 보였다. 당시 밥 프록터의 나이가 70대 후반이었다. 그는 20대부터 50년 넘게 그 책을 보고 있으며, 지금까지도 1년에 한 번씩, 한 챕터는 한 달 동안을 읽는다고 했다.

교육이 진행되면서 밥 프록터는 몇 페이지, 몇 번째 단락에 책 속 문장이 있는지를 정확히 읊으며, 그 핵심 메시지가 무엇인지를 눈 감고도 말할 수 있었다. 마치 나폴레온 힐이 빙의한 것처럼 얘기해주던 열정 가득한 그의 모습은 교육을 듣던 모두에게 신선한 충격이었다.

어린 시절, 밥 프록터는 불성실한 태도에 학교에서 쫓겨났고 매일 아팠고 빚더미에서 허덕였다. 스스로를 어디에도 쓸모없는 인간이라고 생각했고, 당연히 성공은 꿈도 못 꿨던 그가 3년도 안 되어 백만 달러를 벌 수 있었던 이유는 바로 이 책을 1년 이상 반복해서 매일 읽고 실천했기 때문이라고 했다.

책을 씹어먹은 또 다른 멘토 폴 마티넬리Paul Martinelli는 화려한 말빨과 유머로 무대를 장악했다. 지금은 미국에서 몸값 높고 인기 많은 동기부여 스피커지만, 그는 고등학교 때까지 말을 더듬어서 친구들에게 왕따와 학대를 당했다고 했다. 이 책과 밥 프록터의 프로그램이 아니었다면 지금의 자신은 없었을 것이라며 책을 꺼냈는데, 얼마나 읽었는지 표지도 다 벗겨져 글씨를 알아볼 수 없을 정도였다.

이 책을 만난 후부터
나의 인생은 완전히 바뀌었다

마인드파워 유튜브에서 내 책을 본 사람들은 걸레짝이 된 몇몇 내 인생 책들의 상태를 봐서 알 것이다. 나의 첫 번째 인생 책, 나폴레온 힐의 『생각하라 그리고 부자가 되어라』. 책 안의 내용을 곱씹고, 메모하고, 미국에서 배운 대로 마스터마인드 코스를 오픈해서 이 책의 진리를 한국 사람들에게 알려주고, 또 읽기를 반복하다 보니, 멘토들의 책처럼 내 책도 산산조각이 나고 표지가 벗겨져 몇 번이고 테이핑을 해야 했다.

그동안 내 인생 역시 180도 바뀌었다. 지하 사글셋방을 전전하는 지긋했던 가난하고 뚱뚱하며 부정덩어리에 잘하는 것 하나 없던 초라한, 어디서나 존재감 하나 없었던 내가 지금은 미국, 유럽, 싱가포르, 중국, 두바이 등에서 영어로 강의하고, 10권 이상의 책을 낸 베스트셀러 작가가 되었다. 근육질의 건강한 몸에 매년 바디프로필을 찍고 세계 마라톤 대회에서 풀코스를 뛰고, 무엇보다 내가 사랑하는 일을 하고 있으니 달라도 너무도 달라졌다.

그렇기에 이 책을 읽으면 당신도 바뀔 수 있다고 자신 있게 내 인생으로 증명할 수 있다. 단, 책 곳곳에 당신의 인생에 적용할 핵심들을 제대로 이해하고 적용할 때 가능하다.

신기한 부작용:
책 속 인물들이 나에게 속삭이다

한국에 돌아와 마인드파워 스쿨을 오픈하고, 마인드 교육을 시작했을 때, 내가 왜 멀쩡한 직장을 그만두고 전 재산을 투자해 이 일을 하는지 아무도 이해하지 못했다. 지금까지 15년이 넘게 이 일을 해오며 내가 마주했던 현실은 예상했던 것보다 더 냉혹했고, 산 넘으면 더 높은 산들에, 장애물투성이었다. 게다가 나는 무대 공포증에 말주변, 글재주도 없는 데다, 극내향형의 인간인지라 내가 하는 일을 어디 가서 홍보하지도 못하는 성격이었다. 그런데 정말 신기했던 것은 좌절하고 힘들었던 순간이나 지혜가 필요한 순간, 그때마다 이 책 속의 인물들이 튀어나와 나에게 속삭이듯이 말을 걸어왔다는 것이다.

잠깐! 여기서 오해는 없기를 바란다. 우리는 영적 존재이기에 책 속의 인물들이 속삭이듯 내 영혼을 깨웠고, 그 깨달음으로 인해 나 자신을 다시 다독이며 나아갈 수 있는 큰 용기를 얻었다는 것이다. 이 책을 든 당신도 그 체험을 하기를 바라는 마음으로 나의 경험 몇 가지를 공유한다.

지금의 일을 시작한 후, 처음에 경제적인 안정은 생각할 수 없었다. 다시 가난에 시달려야 하는 두려움의 장벽에 부딪혀 다시 예전으로 돌아가고 싶었던 마음이 들었을 때, 백인 대농장 지주에게 50센트를 받으러 간 흑인 아이가 불굴의 빛나는 눈빛으로 "물러나지 말고 다시 한 걸음만 더 나아가!"라고 나에게 이야기했다.

깨지지 않을 돌산을 계란으로 치고 있다고 지금이라도 그만두고 예전의 안정된 삶으로 돌아가라는 말을 수없이 들을 때마다, 몇 백만 달러어치의 금광석을 1미터 바로 아래에 두고, 포기했던 다비가 "나처럼 그만두면 뼈저린 후회만 남을 거야!"라고 말해주었다.

미국에서 교육받았던 내용들을 밤새 번역하면서 사람들에게 가르칠 때 교육 사업은 한국에서 절대 될 수가 없고, 특히 너의 성격에는 더더욱 안 될 거란 이야기를 들을 때마다 노숙자였던 반스가 나타나 "너의 불타는 열망은 어디 갔니? 나처럼 5년간 몰입해봤니?"라고 꾸짖었다.

마음이 너무 지쳐 인도의 명상 센터에 갔을 때, 45도 땡볕 더위로 아지랑이가 올라오는 길에서 땀을 뻘뻘 흘리며 긴 줄을 서서 그들이 기다린 것은 빨대를 꽂은 코카콜라 병이었다! 그 병을 받고 세상을 다 가진 표정으로 코카콜라를 마시고 있는 그들을 보며, 이 책의 '상상력' 파트에 나오는 코카콜라의 창립자, 아사 캔들러를 떠올렸다. 140년 전, 요즘 시세로 따지면 아파트 두 채 값의 전 재산을 투자해 종이에 쓴 레시피와 작은 주전자를 사서 코카콜라를 거대 기업으로 키운 그가 2010년 미래에 인도 사람들이 그 병을 들고 이렇게 행복해하는 모습을 봤었다면 그는 어떤 말을 했을까? 그의 영혼도 웃고 있었다. 그가 웃으며 지쳐있던 나에게 "지금 너는 충분히 상상력을 발휘하고 있는 거니?"라고 물었다.

비행기를 탈 때마다 사람도 날 수 있다는 신념을 이루어낸 라이트 형제를 떠올렸고, 수많은 이들의 비웃음과 손가락질에도 끊임없는 시도와 변치 않는 신념으로 해낸 그들이 "너는 현재 완전한 신념 상태에 있는 것이 맞니?"라고 물어왔다.

생각은 실체다

이 책의 첫 장에서 말하고 있는 Thoughts are things(생각은 실체다)라는 말은 보이지 않는 생각이 결국 현실이 된다는 것이다. 우리가 지금 당연히 여기는 것들(자동차, 에어컨, 복사기, 스마트폰, 노트북 등등)이 하나도 없었던 때가 있었다는 생각해본 적 있는가?

이 모든 것은 누군가의 '건설적인 불만족'에 의해 생긴 작은 아이디어, 생각에서 시작되었다.

이 책을 반복해서 읽을수록 당신의 마음속에도 막대한 부를 이룬 507명의 실제 경험들과 그것을 조사하고 연구하고 인터뷰하며 30년 가까이에 걸쳐 이렇게 '개인 성공 교과서'로 만들어낸 나폴레온 힐의 피와 땀이 당신의 잠재의식 속에 서서히 새겨질 것이라 확신한다.

성공은 누구도 차별하지 않는다

자, 당신의 손에 개인 성공 교과서가 쥐어졌다. 이것을 사용할 것인가, 말 것인가는 당신의 선택이다. 혹시 위의 성공 사례들을 보며 '저건 저 사람이니까 가능하지, 나는 안 될 거야'라는 생각이 드는가? 저 사람들도 했다면 무한한 잠재의식을 가진 당신도 무엇이든 가능하다! 나라고 왜 안 돼Why not me? 마인드를 장착하고 일단 작은 것이라도 실천해봐야 그 진가를 느낄 것이다.

가장 먼저 2장에 나온 '부가 현실이 되는 6단계 원칙'을 한 달만 제대로 실천해보라고 권하고 싶다. 이 원칙은 아주 심플하지만 강력하다. 학창 시절 학교를 그만두고 하루에 10시간이 넘는 노동일을 하면서 몇 센트를 받으며 힘겹게 살았지만 1904년 세계에서 가장 부자로 올랐던 철강왕 앤드루 카네기 역시 이 원칙을 적용했고, 이 책에 나온 역사상 모든 성공한 사람들이 자신의 삶에 적용하고 있었던 원칙이었다. 그러니 '원하는 어떤 것이든 이루어주는 마법의 6가지 원칙'이라고 할 수 있다. 돈이 아니더라도 당신이 원하는 어떤 것이든 이루게 해준다면, 한번 해볼 만하지 않겠는가?

가장 중요한 것은 이 원칙을 읽고 '어, 좋은 내용이네' 하면서 책을 덮어선 안 된다는 점이다. 이 원칙을 내 삶에 적용해서 실질적인 가치를 만들어냈을 때 이 책을 제대로 읽은 것이라고 할 수 있다.

이 책의 모든 정보는 한순간에 당신 안에 들어가지 않는다. 하지만 그것이 반복되었을 때 잠재의식에 체화되어 에너지가 바뀌고 당신의 현실이 바뀌는 순간이 반드시 올 것이라 믿어 의심치 않는다.

이 책을 한 번만 읽지 말고 수없이 읽어서 세포 속까지 흡수시키기를 추천한다. 당신의 잠재의식 속에 체화될 때까지… 반복, 반복하자!

존경하는 세계적인 구루이자 대가들인 조셉 머피, 제임스 앨런, 얼 나이팅게일, 밥 프록터 책들의 대표 추천사에 이어 나의 첫 번째 인생 책, 나폴레온 힐의 『생각하라 그리고 부자가 되어라』에 서문을 쓰게 되다니! 정말 감사하고 영광스럽다. 1937년에 출간된 원문에 가까운 보석 같은 책을 다시 읽는 내내, 내 가슴은 세차게 뛰었고, 이 일을 시작할 때 느꼈던 불타는 열망이 다시 살아나는 듯했다. 그래서 이 책의 추천사를 쓰는 데 독자에게 전해주고 싶은 것들이 너무 많아 그 어느 추천사보다 가장 오래 걸린 것 같다.

당신을 풍요로 이끌어 줄 성공의 마스터키가 당신 손에 쥐어졌다

이 책의 진가를 알아보는 독자들은 이 마스터키로 풍요로 향하는 비밀의 문을 활짝 열 것이라 믿는다. 당신이 가고자 하는 방향으로 매 순간 가슴 충만하게 행복한 당신의 여정을 뜨겁게 응원한다!

이 책의 제목 그대로 '생각하라! 그리고 부자가 되어라!' '당신답게!' '행복하게!'

조성희
마인드파워 스쿨 대표,
밥 프록터 한국 유일 비즈니스 파트너

저자 서문

부를 위한 생각법은 따로 있다

　이 책은 오랜 세월에 걸쳐 내가 신중하고 세밀하게 분석한 부자 수백 명이 부를 일굴 수 있었던 비밀에 관해 이야기하고 있다. 그 성공 비밀은 25년 전 앤드루 카네기가 내게 알려준 것이다. 영리하고 매력적인 이 스코틀랜드 노인은 내가 아직 젊던 시절에 이 비밀을 무심히 건넸다. 그러고는 두 눈에 즐거운 빛을 띠며 의자에 기대어 앉아 내가 말의 의미를 제대로 이해했는지 주의 깊게 쳐다보았다.

　내가 이해했다는 걸 알았을 때, 그는 내게 이 비밀을 몰라 실패한 인생을 살지도 모를 사람들을 위해 20여 년의 시간을 들여 세상에 소개할 생각이 있는지 물었다. 나는 그러겠다 했고 그의 도움을 받아 약속을 지킬 수 있었다.

　이 책에 실린 성공 비밀은 사회 여러 분야의 수천 명이 실제 검증을 거친 것이다. 카네기는 자신에게 막대한 부를 안겨준 마법의 공식을 돈 버는 방법을 알아낼 시간이 없는 사람들에게 소개해야 한다고 생각했다. 그리고 내가 여러 직업에 종사하는 사람들의 경험으로 이 공식의 견실함을 검증해주기 바랐다. 그는 이 공식을 모든 공립학교와 대학에서 가르쳐야 한다고 생각했다. 만일 제대로 가르친다면 학교 교육과정이 반으로 줄어드는 혁명이 일어날 것이라고도 말했다.

카네기는 찰스 M. 슈와브를 비롯한 여러 청년을 만나면서 학교교육이 생계를 꾸리고 부를 축적하는 데는 큰 효과가 없다고 생각했다. 자신이 채용한 청년 중에서 학교교육을 제대로 받지 못한 이들에게 자신의 성공 공식을 가르쳐 뛰어난 리더십을 이끌어낸 경험이 있었기에 그런 결론을 얻게 된 것이다. 실제로 카네기의 가르침을 받고 지침을 따른 모든 사람이 부를 이루었다.

'믿음'에 관한 장에는 거대한 카네기 철강 회사(현 US스틸)를 창립하게 된 놀라운 이야기가 실려 있다. 이 기업을 생각해내고 세운 청년 찰스 M. 슈와브는 성공할 준비가 되어 있는 사람이라면 누구나 카네기의 공식으로 성공을 이룰 수 있다는 사실을 증명해냈다. 이 청년은 카네기의 성공 비밀을 적용해 돈과 기회를 모두 잡을 수 있었고, 그 공식을 적용한 결과 약 6억 달러의 가치가 생산되었다. 이 사실로 미루어볼 때 **자신이 무엇을 원하는지만 안다면** 당신은 이 책을 읽고 무엇을 얻게 될지 알 수 있다.

카네기 공식을 20년간 실제로 검증하기 전에도 그의 계획대로 이미 10만 명이 넘는 사람에게 전수되었고, 그들은 이 공식으로 이득을 얻었다. 어떤 이는 부를 일구었고, 또 어떤 이는 화목한 가정을 이루어냈다. 한 성직자는 한 해에 7만 5000달러가 넘는 돈을 모금하기도 했다.

신시내티의 재단사 아서 내시는 사업이 거의 망해갈 때 '시험 삼아' 이 공식을 사용했다. 그러자 사업은 성공했고 사업에 참여한 사람들은 막대한 부를 얻었다. 내시는 이미 죽었지만 사업은 여전히 활기를 띠고 있다. 내시의 독특한 실험은 여러 신문과 잡지가 수백만 달러를 내고 기사로 실었다. 이 성공 비밀은 텍사스주 댈러스에 사는 스튜어트 오스틴 와이어에게도 전해졌다. 그는 성공하기 위해 준비된 사람이었고 그래서 과감히 직장을 그만두고 법을 공부했다. 그가 성공했을까? 답은 책에 나와 있다.

제닝스 랜돌프가 대학을 졸업하던 날, 그에게도 이 비밀을 전수했다. 그는 이 비밀을 성공적으로 사용해 현재 하원 의원으로 세 번째 임기를 수행하고 있다.

라살대학교 사회교육원에서 홍보 담당자로 일하던 때에 나는 총장이었던 J.G. 채플린을 만날 기회가 있었다. 그는 성공 공식을 매우 효과적으로 사용해 라살대학교를 미국에서 손꼽히는 통신교육 대학으로 만들었다.

이 성공 비밀은 책에서 수없이 언급되었다. 하지만 직접적으로 그 이름을 언급하지는 않았다. 성공할 준비가 되어 있고, 부를 추구하는 사람들이 직접 찾을 수 있도록 다소 감추어두는 편이 훨씬 효과가 있다고 보기 때문이다. 그것이 이 비밀에 대해 카네기가 구체적인 이름 없이 내게 넌지시 말한 이유다.

당신이 비밀을 사용할 준비가 되었다면 적어도 한 장에 한 번씩은 이를 찾게 될 것이다. 당신이 준비된 사람인지 알 방법을 알려주고 싶지만 자기만의 방식으로 발견할 때 성공 공식에 더 도움이 되기 때문에 그 기회는 남겨두려 한다.

이 책을 집필하던 당시, 대학 졸업반이었던 내 아들은 2장 원고를 읽고 나서 스스로 성공의 비밀을 깨우쳤다. 아들은 성공의 비밀을 활용해 평균 임금보다 많은 초봉을 받고 책임자 자리에 바로 채용되었다. 2장에 아들에 관한 이야기를 간략히 소개했다. 아마 그 이야기를 읽고 나면 성공 비밀이 너무 과장되어 있다는 초반의 의구심을 떨치게 될 것이다. 또한 지금 낙담한 상태이거나, 정신이 피폐해질 정도로 극복하기 힘든 어려움에 처해 있거나, 노력했지만 실패했거나, 질병 혹은 신체적 장애로 고민을 가진 상태라면 내 아들이 카네기의 공식을 발견하고 이용한 이야기가 당신이 그토록 찾아 헤매던 사막의 오아시스라는 것을 알게 될 것이다.

우드로 윌슨 대통령은 제1차세계대전 동안 이 성공 비밀을 광범위하게 활용했다. 그는 전장으로 싸우러 가기 전 모든 병사가 받게 되는 군사훈련에서 이 비밀을 교육했다. 윌슨 대통령은 성공 비밀 덕분에 전쟁 자금을 모을 수 있었다고도 말했다. 20여 년 전 당시 필리핀 판무관으로 있던 마누엘 루이스 케손은 이 성공 비밀에서 영감을 받아 자기 민족의 자유를 되찾을 수 있었고 결국 필리핀의 제2대 대통령이 되었다.

이 비밀에 특별한 점이 있다면, 이것을 한번 손에 넣은 후 사용해본 뒤에는 적은 노력을 들여 말 그대로 성공에 올라탄다는 것이다. 그리고 다시는 실패에 굴복하지 않는다. 믿을 수 없다면 성공 비밀을 사용했다는 인물이 등장할 때마다 그들의 이력을 조사해보라. 아마 믿음이 생길 것이다.

그러나 **공짜로 얻을 수 있는 것은 없다.**

내가 말하는 그 비밀은 대가 없이 얻을 수 없다. 비록 그 대가가 비밀이 가진 가치에 비하면 아무것도 아니지만 말이다. 의식적으로 찾아 나서지 않으면 어떤 대가를 치르더라도 이 비밀을 얻을 수 없으며, 그렇다고 거저 얻어지거나 돈을 주고 살 수 있는 것도 아니다. 부를 얻는 성공 비밀은 두 부분으로 나뉘어 오기 때문이다. 비밀을 맞이할 준비가 된 이들은 이미 하나를 얻었다.

이 비밀은 준비된 사람에게는 잘 작용한다. 교육 수준은 상관 없다. 내가 태어나기 훨씬 전에 토머스 에디슨은 이 비밀을 자기만의 방식으로 발견했고, 비록 정규교육은 3개월밖에 받지 못했어도 비밀을 현명하게 사용하여 세계 최고의 발명가가 되었다. 비밀은 에디슨의 사업 동료에게도 전해졌다. 연봉이 1만 2000달러에 불과했지만 그는 비밀을 효율적으로 사용해 막대한 부를 축적했고 이른 나이에 은퇴했다. 이 이야기는 1장에서 확인할 수 있다.

부란 닿을 수 없는 곳에 있는 게 아니라 소망하면 이룰 수 있으며 돈, 명예, 인정, 행복은 이것을 갖기로 준비하고 결심한 사람이라면 모두 얻을 수 있다는 걸 확신하게 될 것이다. 내가 어떻게 이런 진실을 알게 되었을까? 그 답은 이 책을 다 읽기 전에 찾게 될 것이다. 첫 장을 읽고 바로 찾을 수도 있고 마지막 장에서 찾게 될 수도 있다.

카네기의 제안을 받아들이고 20년 동안 연구를 진행하면서 수백 명의 유명 인사를 조사하고 분석했다. 이들은 카네기 성공 비밀을 사용해 막대한 부를 축적했다고 인정했다. 대표적인 인물들은 다음과 같다.

헨리 포드, 시어도어 루스벨트, 윌리엄 리글리 주니어, 존 W. 데이비스, 존 워너메이커, 엘버트 허버드, 제임스 J. 힐, 윌버 라이트, 조지 S. 파커, 윌리엄 제닝스 브라이언, E.M. 스타틀러, 데이비드 스타 조던, 헨리 L. 도허티, J. 오그던 아머, 사이러스 H.K. 커티스, 아서 브리스번, 조지 이스트먼, 우드로 윌슨, 찰스 M. 슈와브, 해리스 F. 윌리엄스, 프랭크 건솔러스, 윌리엄 하워드 태프트, 대니얼 윌러드, 루서 버뱅크, 킹 질레트, 에드워드 W. 복, 랠프 A. 위크스, 프랭크 A. 먼시, 대니엘 T. 라이트, 엘버트 H. 게리, 존 D. 록펠러, 알렉산더 그레이엄 벨, 토머스 A. 에디슨, 존 H. 패터슨, 프랭크 A. 밴더리프, 줄리어스 로즌월드, F.W. 울워스, 스튜어트 오스틴 와이어, 로버트 A. 달러, 프랭크 크레인, 에드워드 A. 파일린, 조지 M. 알렉산더, 에드윈 C. 반스, J.G. 채플린, 아서 내시, 제닝스 랜돌프, 클래런스 대로.

　　모두 부와 성공으로 유명한 인물이다. 그러나 이들은 카네기의 성공 비결을 이해하고 적용해 삶의 높은 위치까지 도달한 사람 중 극히 일부일 뿐이다. 나는 카네기의 비결을 사용하고도 자신이 원하는 분야에서 놀라운 성공을 거두지 못한 사람을 본 적이 없다. 이 비결 없이 이름을 알리거나 부를 일군 사람도 보지 못했다. 이 두 가지 사실을 바탕으로 나는 자기 결정 능력을 갖기 위해서는 교육보다 이 비결을 아는 것이 훨씬 중요하다는 결론을 내렸다.

　　대체 교육이란 무엇일까? 이 질문에 대한 답은 자세히 설명할 것이다. 위에 소개한 인물 중 상당수는 거의 교육을 받지 못했다. 존 워너메이커는 자신이 받은 정규교육이란 '달리는 기관차에서 위태롭게 물을 퍼 올리는' 식으로 받은 게 전부라고 말한 바 있다. 헨리 포드는 대학은 고사하고 고등학교도 다니지 못했다. 학교교육의 가치를 깎아내리려는 의도는 없다. 다만 성공 비결을 배우고 적용하는 사람들은 교육 수준이 낮더라도 부와 지위를 얻고 인생을 자기 생각대로 이끌게 된다는 내 신념을 전달하려는 것뿐이다.

　　마음의 준비만 되어 있다면 성공 비밀은 책을 읽는 중간에 언제든 튀어나올 것이다. 분명 알아챌 수 있을 것이다. 그 신호를 첫 번째 장에서 감지하든 마지막 장에서 감지하든, 그것이 모습을 드러낸 순간 잠시 생각을 멈추고 숨을 고르라. 그때가 당신 인생에서 가장 중대한 전환점이 될 것이기 때문이다.

이제 1장으로 들어가 자랑스러운 내 친구의 이야기를 들려줄 것이다. 그는 이 신비한 신호를 보았다고 인정했으며 성공한 사업으로 이를 증명했다. 책에 나오는 인물들의 이야기를 읽으며 기억해야 할 점은 모든 이가 그렇듯 이들도 인생의 중요한 문제를 수습하며 산다는 것이다. 생계, 희망과 용기, 만족, 마음의 평안, 부를 일구고 몸과 영혼의 자유를 누리기 위한 문제까지 이들도 당신과 같은 문제를 안고 있다.

또 하나 기억할 것은 여기서 다루는 내용이 허구가 아닌 사실이라는 점이다. 이 책의 목적은 위대한 보편적 진실을 전달하는 데 있다. **성공할 준비가 되어 있는 사람은 이 진실을 가지고 무엇을 할지, 또 어떻게 할지 알게 될 것이다. 그리고 시작할 수 있는 자극도 얻게 될 것이다.**

첫 장을 시작하기에 앞서, 카네기의 비밀이 무엇인지에 그 단서를 알려주겠다. **그건 바로 모든 성취와 부는 하나의 아이디어에서 시작했다는 사실이다!** 이 비밀을 받아들일 마음의 준비가 되어 있다면 당신은 이미 비밀의 절반을 얻은 셈이다. 그러므로 그 비밀이 당신의 마음에 와닿은 순간, 나머지 반을 알게 될 것이다.

1937년
나폴레온 힐

Napoleon Hill

"기회는 가면을 쓰고 나타난다.
뒷문으로 슬그머니 들어오거나
때로는 불운이나 일시적인 패배의
모습으로 찾아오기도 한다."

1장

도입

'생각'으로 에디슨의 동업자가 된 남자

"생각은 실체다." 진짜 그렇다. 생각은 명확한 목표, 끈기, 불타는 열망과 합쳐지면 더욱 강력한 실체가 되어 부나 또 다른 물질로 바뀐다.

30여 년, 전 에드윈 C. 반스는 '생각하면 부자가 된다'라는 말이 진짜라는 것을 깨달았다. 이 깨달음을 갑자기 얻은 것은 아니었다. 그의 바람은 위대한 발명가 에디슨의 공동 사업자가 되겠다는 불타는 열망이 시작되며 서서히 이루어졌다.

반스가 지닌 갈망의 특징은 그것이 명확하다는 점이었다. 그는 에디슨을 위해서가 아니라 에디슨과 함께 일하기를 원했다. 반스가 열망을 현실로 이루는 과정을 자세히 살펴보면 부자가 되는 13가지 원칙을 더 잘 이해할 수 있을 것이다.

반스의 마음속에는 에디슨과 함께 일하고 싶다는 열망이 가득했지만 이를 행동으로 옮길 처지가 아니었다. 두 가지 난관이 그를 가로막고 있었기 때문이다. 우선 에디슨과 전혀 모르는 사이였고, 에디슨이 있는 뉴저지주 웨스트오렌지까지 갈 기찻삯조차 없었다.

보통 사람이라면 이런 상황에서 충분히 포기할 만도 하다. 하지만 반스의 열망은 평범한 사람의 것과는 달랐다. 그는 포기하지 않고 열망을 실행으로 옮기기 위해 수하물차 연결부에 올라타 여행하기로 한다. 쉽게 말해 수하물차에 무임승차했다는 말이다.

마침내 에디슨의 연구소에 찾아간 반스는 에디슨과 함께 사업을 하고 싶어 왔노라 말했다. 에디슨은 첫 만남에 관해 이렇게 말했다.

"부랑자 행색이었지만 그의 표정에는 결의가 있었습니다. 그 표정에서 결심한 것은 끝까지 이루어낼 거라는 의지가 보였어요. 오랫동안 사람들을 만나면서 깨달은 한 가지 사실은, 사람이 미래를 다 바칠 각오로 무언가를 깊이 갈망하면 결국 원하는 바를 이룬다는 것이었죠. 전 반스가 요청한 대로 기회를 줬어요. 그가 꿈을 이룰 때까지 신념을 잃지 않으리란 걸 알았거든요. 그리고 제 판단이 틀리지 않았다는 게 입증되었죠."

그때 반스가 에디슨에게 했던 말은 중요하지 않다. 중요한 것은 그가 했던 생각이다. 에디슨이 그리 말하지 않았는가! 반스의 용모로는 에디슨의 회사에서 일하지 못했을 것이다. 겉모습만으로 보자면 오히려 반감을 주었을 뿐이다. 중요한 것은 그의 생각이었다.

반스의 이야기에 담긴 의미를 제대로 이해했다면 사실 책의 나머지는 읽을 필요가 없다. 반스가 에디슨을 만나자마자 공동 사업자가 된 것은 아니다. 아주 적은 임금을 받고 에디슨의 사무실에서 일할 기회를 얻었을 뿐이다. 그러나 반스에게는 그의 잠재적 동업자에게 자신이라는 상품을 보여줄 수 있다는 점에서 무엇보다도 소중한 기회였다.

몇 달이 흘렀다. 반스가 명확한 큰 목적으로 품은 목표가 실현되는 일은 전혀 일어나지 않았다. 그러나 반스의 마음속에서만큼은 대단한 일이 일어나고 있었다. 에디슨의 공동 사업자가 되겠다는 열망이 마음속에서 점점 더 강하게 자라났던 것이다. 심리학자들은 "무언가에 진심으로 준비되어 있으면 그것은 이루어지게 된다"고 말한다. 반스는 에디슨과 공동 사업자가 될 준비가 되어 있었고 추구하는 것을 이룰 때까지 물러나지 않기로 굳게 결심했다.

반스는 "다 소용없는 짓이야! 차라리 영업 사원이나 할까?"라고 말하지 않았다. 오히려 "에디슨과 사업을 하려 이곳에 왔고, 내 남은 인생을 걸고서라도 꼭 이루고 말겠어"라 다짐했다. 그것은 진심이었다. 목표를 명확히 정하고 목표가 이루어질 때까지 온 마음을 다하기만 해도 인생은 전혀 다른 이야기로 펼쳐진다! 당시 반스는 몰랐겠지만 단 하나의 열망을 지지한 불굴의 의지와 끈덕진 인내가 모든 장애를 넘어 그가 바라던 기회를 가져다주었다.

그런데 기회는 반스가 기대했던 것과는 다른 형태로, 다른 방향에서 찾아왔다. 이렇듯 기회는 가면을 쓰고 나타난다. 기회의 속임수다. 기회는 뒷문으로 슬그머니 들어오거나 때로는 불운이나 일시적인 패배의 모습으로 찾아오기도 한다. 그래서 많은 사람이 기회를 알아채지 못하고는 한다.

당시 에디슨은 '에디슨 구술 녹음기Edison Dictating Machine'를 막 완성했다. 그러나 영업 사원들은 그 기계를 판매하는 데 그다지 열의가 없었다. 웬만한 노력으로는 팔리지 않을 것 같았기 때문이다. 하지만 반스는 이를 기회로 여겼다. 기회는 반스와 발명가 말고는 아무도 관심을 보이지 않는 괴상한 기계 뒤에 숨어 그렇게 조용히 찾아왔다.

반스는 에디슨 구술 녹음기를 잘 팔 자신이 있었다. 그는 에디슨에게 영업을 제안했고 즉시 기회를 얻었다. 그리고 진짜 녹음기를 팔았다. 심지어 너무 잘 팔아서 에디슨은 반스에게 전국 유통권을 맡겼다. 이 합동 사업으로 '에디슨이 만들고 반스가 판다'라는 슬로건이 생겨날 정도였다.

에디슨과의 동업으로 반스는 부자가 되었다. 그러나 부자가 된 것보다 더 대단한 일은 바로 진심으로 **생각하면 부자가 된다**는 말을 입증해낸 일이다. 반스의 열망은 실제 200~300만 달러 정도의 큰돈을 벌어들였다. 그가 얻은 깨달음에 비하면 금액은 중요한 게 아니다. 그 깨달음이란 보이지 않는 생각이 명확한 목표, 끈기, 불타는 열망과 합쳐지면 반드시 부자가 될 수 있다는 것이었다.

반스는 생각한 대로 에디슨의 동업자가 되었다. 생각으로 부를 이룬 것이다. 그는 아무것도 없이 출발했다. **자신이 원하는 것을 알고, 갈망이 실현될 때까지 물러서지 않겠다는 확고한 결심** 외에 그가 가진 것은 아무것도 없었다. 반스는 무일푼으로 시작했다. 교육도 거의 받지 못했고 영향력도 없었다. 하지만 그에게는 결단력, 신념, 해내고야 말겠다는 의지가 있었다. 이런 눈에 보이지 않는 힘이 그를 역사상 가장 위대한 발명가의 일등 동업자로 만들었다.

이제 조금 다른 이야기로 넘어가서 눈에 보이는 부를 놓고도 모든 것을 잃은 한 남성을 살펴보기로 하자. 그는 자신이 꿈꾸던 목표를 1미터 남겨두고 포기하고 말았다.

1미터 앞에서 놓친 금

실패하는 사람에게서 볼 수 있는 공통점 가운데 하나는 한 번 실패했을 때 쉽게 포기해버린다는 점이다. 누구나 한두 번쯤 이런 실수를 저지를 수 있다.

내 친구 R.U. 다비의 삼촌은 골드러시 시대에 금광열에 사로
잡혀 서부로 향했다. 그는 안타깝게도 그때까지 땅보다 인간의 두
뇌에서 더 많은 금을 캘 수 있다는 사실을 알지 못했다. 다비의 삼
촌은 채광권을 획득한 뒤 곧장 곡괭이와 삽을 들고 작업을 시작했
다. 일은 고됐지만 금을 향한 욕망만은 확고했다.

몇 주를 고생한 끝에 마침내 금맥을 발견했지만 금을 캐내기
위해서는 기계가 필요했다. 그는 조용히 광구를 덮고 메릴랜드주
윌리엄스버그에 있는 고향으로 돌아와 친척과 이웃에게 자신이
발견한 금맥에 관해 이야기했다. 그들은 돈을 모아 기계를 구해 광
산으로 보냈다. 그리고 삼촌과 다비는 광산으로 돌아가 작업을 이
어갔다.

금광석을 채운 첫 차가 제련소로 보내졌다. 첫 작업으로 받은
수익은 그들이 콜로라도에서 가장 비싼 광산의 주인임을 알려주
었다. 금맥 몇 개만 더 파내 빚을 청산하고 나면 이후부터는 모든
것이 이윤이 될 참이었다.

굴착기가 땅을 파내려갈수록 다비와 다비 삼촌의 희망은 부풀
어갔다. 그때 일이 생겼다! 금맥이 사라져버린 것이다. 그들은 겨우
무지개 끝에 도착했지만 거기에는 돈이 없었다. 두 사람은 다시 금
맥을 찾기 위해 필사적으로 땅을 파내려갔지만 소용없었다.

결국 그들은 포기하기로 결정했다. 그들은 고물상에다 기계를
단돈 몇백 달러에 처분하고 고향으로 가는 기차에 올랐다. 다비의
기계를 사들인 고물상은 광산 기술자를 불러 버려진 광산을 조사
하도록 했다. 기술자는 전 광산 주인이 단층선을 잘 몰라 실패한 것
이라 조언했다. 그의 계산에 따르면 다비와 그의 삼촌이 굴착을 멈
추었던 지점에서 불과 1미터만 더 파면 금맥이 있었다. 그리고 실

제로 정확히 그 지점에서 금맥이 발견되었다. 포기하기 전에 전문가의 조언을 구한 고물상은 광산에서 수백만 달러를 벌었다.

대부분의 기계 구매비는 당시 젊던 다비가 애써 구한 것으로, 다비를 신뢰하던 친척과 이웃에게 얻은 돈이었다. 비록 시일은 좀 걸렸지만 다비는 돈을 전부 갚았다.

오랜 시간이 지나 다비는 열망이 금으로 바뀔 수 있음을 깨달으면서 광산에서 입은 손실을 몇 배로 만회할 수 있었다. 이 깨달음은 그가 생명보험 영업을 시작한 후에 얻은 것이었다. 다비는 금을 1미터 앞에 두고 포기했기 때문에 막대한 부를 놓친 경험을 살려 실적을 올렸다. 그는 이렇게 되뇌었다. "금은 1미터 앞에 두고 포기했지만 보험을 팔 때는 '아니오'라는 말을 들어도 포기하지 않을 거야." 그렇게 다비는 연간 100만 달러 이상의 수익을 올리는 보험 판매원 중 하나가 되었다. 금광 사업을 포기했던 경험을 통해 '참을성'을 배운 덕분이었다.

누구나 성공하기까지 무수히 많은 패배와 실패를 맞닥뜨린다. 패배에 압도되었을 때 가장 쉽고 합리적인 선택은 **포기**다. 포기는 대부분이 하는 행동이다. 미국에서 가장 성공한 사람 500명이 내게 고백하기를, 가장 큰 성공은 압도적인 패배 바로 직후에 찾아왔노라고 했다. 실패는 매우 아이러니하고 교활한 사기꾼과 같다. 우리를 성공 바로 앞에서 무너뜨리는 걸 즐기기 때문이다.

50센트가 가르쳐준 끈기

다비는 제대로 인생 공부를 마치고 광산에서의 교훈을 바탕으로 돈을 벌기로 했을 때, '싫다'가 반드시 거절을 의미하지 않는다는 사실을 깨달았다.

어느 날 오후 다비는 삼촌을 도와 오래된 방앗간에서 밀을 빻고 있었다. 삼촌은 많은 흑인 소작농을 거느린 큰 농장을 운영했다. 그때 조용히 문이 열리더니 소작농의 어린 딸이 들어와 문 옆에 섰다. 삼촌이 고개를 들어 아이를 보며 "무슨 일이냐?"라고 무섭게 소리쳤다. "엄마가 50센트를 받아오라고 하셨어요." 아이는 찬찬히 대답했다. "안 돼. 집으로 돌아가라." 삼촌이 차갑게 말했다. 아이는 "네"라고 대답했지만 돌아가지 않았다.

삼촌은 서둘러 하던 일을 마저 했고 바쁜 탓에 아이가 거기에 그대로 있다는 사실을 알아채지 못했다. 다시 고개를 들었을 때 아이가 여전히 있는 걸 보고 삼촌은 호통쳤다. "집으로 가라고 했지! 안 가면 혼날 줄 알아!" 아이는 "네" 대답하고는 꼼짝도 하지 않았다. 삼촌은 제분기에 부으려던 곡식 주머니를 내려놓고 널빤지 하나를 집어 들더니 화가 난 표정으로 아이에게 다가갔다. 다비는 숨을 멈추었다. 다비는 삼촌의 난폭한 성질을 익히 알고 있었다. 그 지역에서 흑인 아이가 백인에게 거역하는 일은 있을 수 없었다.

삼촌이 앞까지 오자 아이는 튕기듯 한 걸음 앞으로 나와 자기 주인의 눈을 똑바로 바라보더니 힘껏 소리쳤다. **"엄마가 50센트 받아오랬어요!"** 삼촌은 멈춰 서 아이를 빤히 쳐다보았다. 그리고 널빤지를 천천히 바닥에 내려놓더니 주머니에서 50센트를 꺼내 아이에게 건넸다. 돈을 받아든 아이는 방금 자신이 싸워 이긴 남성에게서 눈을 떼지 않은 채 천천히 뒷걸음치며 나갔다. 아이가 떠난 후 삼촌은 상자에 앉아 한참 동안 창밖을 응시했다. 방금 뭔가에 세게 얻어맞은 듯한 상황을 경외심에 사로잡혀 골똘히 생각하고 있는 듯했다.

다비도 생각에 잠겼다. 흑인 아이가 백인 어른을 의도적으로 제압한 모습은 처음이었다. 아이는 어떻게 했던 것일까? 대체 무엇 때문에 삼촌은 험악함을 거두고 순한 양이 되었을까? 아이의 어떤 특별한 힘이 상황을 바꿀 수 있었던 것일까? 이런 질문들이 다비의 머리를 스쳤지만 답을 얻은 건 그로부터 한참이 지난 뒤였다. 다비는 내게도 그 이야기를 들려주었다.

이 놀라운 경험은 신기하게도 다비의 삼촌이 압도당했던 그 오래된 방앗간에서 듣게 되었다. 쿰쿰하고 오래된 방앗간에 선 채로 다비는 이야기 끝에 이렇게 질문했다. "어떻게 생각해? 그 아이에게 어떤 신비한 힘이 있어서 삼촌을 그렇게 압도했던 걸까?" 그 해답은 이 책에 소개된 원칙들에서 찾을 수 있다. 책 속에 완벽하게 설명되어 있다. 어린아이가 우발적으로 발휘했던 힘을 제대로 알고 적용할 수 있는 상세한 기술과 안내도 포함해서 말이다.

정신을 집중하면 어떤 신비한 힘이 아이를 구했는지 정확히 알 수 있으며 다음 장에서 그것을 어렴풋이 보게 될 것이다. 그렇게 책을 읽다 보면 받아들이는 힘이 빨라지면서 아이가 발휘했던 강력한 힘을 내 이익을 위해서도 적용할 수 있게 된다. 그 힘은 첫 장을 읽고 바로 찾을 수도 있으며 그다음 장에서 불현듯 깨닫게 될 수도 있다. 단순한 생각의 형태로 올 수도 있고 계획이나 목적의 형태로 올 수도 있다. 과거의 실패나 패배했던 경험으로 돌아가 교훈이 되어 잃었던 걸 전부 다시 찾게 할 수도 있다.

아이가 자기도 모르게 발휘한 힘에 대해 설명하자 다비는 보험 영업을 했던 지난 30년을 돌이켜보았고, 자신이 이룬 성취의 상당 부분이 그 어린아이의 행동을 통해 얻은 깨달음 덕분이었다고 솔직히 시인했다. "고객이 보험 가입을 거절할 때마다 방앗간에 반항하는 눈빛으로 서 있던 아이를 떠올리며 마음속으로 생각했어. '이 계약을 꼭 성사시키고 말겠어.' 사실 내가 맺은 계약의 상당수는 거절 후에 성사된 것들이었지."

다비는 금을 1미터 앞에서 포기했던 일도 꺼냈다. "그건 실패를 가장한 축복이었어. 그때 일로 아무리 힘들더라도 계속 밀고 나가라는 교훈을 얻었거든. 어떤 일에서 성공하기 위해서는 꼭 필요한 교훈이었다고 생각해."

다비, 다비의 삼촌, 아이, 금광에 관한 이 이야기를 많은 보험 영업인도 읽을 것이다. 나는 그들에게 다비가 매년 100만 달러 이상의 보험을 계약할 수 있었던 능력이 이 두 경험 덕분이었다는 점을 말하고 싶다.

인생이란 기묘하며 종종 가늠하기 힘들다. 그래서 단순한 경험이 성공과 실패로 이어지기도 한다. 다비의 경험은 흔하고 단순한 것들이었지만 운명을 결정 지을 답을 가지고 있었던 만큼 그에게 목숨만큼이나 중요한 의미를 띤다. 다비가 이 극적인 경험을 통해 돈을 벌 수 있었던 건 경험을 분석해서 깨달음을 얻었기 때문이다. 그러나 성공으로 가는 지식을 얻기 위해 실패를 연구할 시간도, 의지도 없는 사람은 어떻게 해야 할까? 이런 사람은 패배를 기회의 발판으로 삼는 기술을 어디서, 어떻게 배울 수 있을까?

이 책은 이런 질문에 답하기 위해 탄생했다. 하지만 13가지 원칙이 해답을 제시한다 해도 인생의 불가해한 질문에 관한 해답은 당신 마음속에서도 찾을 수 있음을 명심해야 한다. 이 해답은 책을 읽는 도중에 아이디어나 계획이나 목적의 형태로 불쑥 떠오를 수 있다. 성공에 필요한 것은 완벽한 아이디어 하나다. 이 책에 나오는 원칙에는 이런 아이디어를 만들 수 있는 가장 훌륭하고 실질적인 수단과 방법이 담겨 있다.

원칙을 받아들이기에 앞서 마땅히 이런 생각이 들 수 있다. 부가 다가오는 속도가 너무나 빠르고 어마어마해서 도대체 힘든 시기에는 그게 어디에 있었던 걸까 하는 의문 말이다. 오랫동안 열심히 일하는 사람들만 부를 얻을 수 있다는 통념을 고려하면 이 원칙이 진짜인지 의문이 들 것이다.

그런데 생각하고 부자가 되기 시작하면 부는 고된 노동에서 오는 것이 아니라 마음가짐과 명확한 목표에서 온다는 것을 확인하게 될 것이다. 우리는 부를 끌어들이는 마음가짐을 어떻게 가질 수 있는지에 집중해야 한다. 내가 25년 동안 2만 5000명이 넘는 사람을 조사하고 분석한 이유는 나 역시 부자란 어떤 식으로 되는지 궁금했기 때문이다. 그 연구가 없었다면 이 책은 나오지 못했을 것이다.

여기 도움이 될 만한 중요한 진실 하나가 있다. 1929년에 시작된 대공황은 계속해서 최악으로 치달았고 루스벨트가 대통령에 취임하고도 계속 이어졌다. 하지만 이 경기 침체는 차츰 둔화되기 시작했다. 마치 공연이 끝난 후 어둡던 극장의 불이 차츰 밝아지며 관객이 미처 깨닫기 전에 어둠이 빛으로 바뀌듯, 사람들 마음속의 두려움도 점차 옅어져 믿음으로 변했기 때문이다.

이 부의 원칙을 완벽히 내 것으로 만들고 지시대로 적용하는 즉시 재정 상태가 좋아지고 손대는 것마다 이익을 내는 자산으로 바뀌게 될 것이다. 불가능하다고? 전혀 그렇지 않다!

인간의 가장 큰 약점은 불가능이라는 단어에 너무 익숙하다는 것이다. 어떤 규칙이 효과가 없고 무엇이 할 수 없는 것인지를 미리 판단한다. 이 책은 다른 사람의 성공 비결을 알고 싶어 하고 거기에 모든 걸 바칠 수 있는 사람들을 위해 쓰였다. 아주 오래전

나는 고급 사전을 한 권 샀다. 그리고 가장 먼저 한 일은 '불가능'이라는 단어를 잘라낸 것이었다. 꽤 괜찮은 방법이다.

성공을 의식하는 사람에게는 성공이 찾아온다.

실패를 의식하는 사람에게는 실패가 찾아온다.

이 책은 실패의 의식을 성공의 의식으로 바꾸기 위한 기술을 배우려는 사람을 돕기 위해 탄생했다.

사람들의 또 다른 약점은 모든 것을 자기만의 인상과 신념으로 재단하려는 습관이다. 이 책을 읽는 누군가는 생각으로 부자가 된다는 게 불가능하다 여길지도 모른다. 생각이 가난, 결핍, 빈곤, 실패, 패배에만 쏠려 있기 때문이다.

헨리 포드가 성공한 이후 많은 사람이 그의 재산, 행운, 천재성을 비롯해 포드의 부를 이루게 해준 것은 무엇이든 부러워했다. 그러나 포드의 진짜 성공 비밀을 아는 사람은 극소수일 것이다. 너무나 단순해서 말하기 망설여질지도 모른다. 여기 그 '비밀'을 완벽하게 보여줄 하나의 예가 있다.

몇 년 전 포드는 지금은 유명한 V8 엔진을 생산하기로 마음먹었다. 실린더 8개가 한 통으로 된 엔진을 만들기로 한 포드는 엔지니어에게 설계도를 주문했다. 설계도가 나오긴 했지만 엔지니어들은 설계도대로 여덟 개의 실린더를 하나의 통으로 만드는 것은 불가능하다고 말했다. 포드는 "어쨌든 만드세요"라고 말했다. "하지만 불가능한걸요." 엔지니어가 대답했다. "무조건 만드세요. 시간이 얼마나 걸리든 될 때까지 해보세요." 포드는 명령했다.

엔지니어들은 계속해서 제작을 진행했다. 회사에서 잘리지 않으려면 어쩔 수 없었다. 결국 6개월이 지났지만 아무런 성과가 없었고 다시 6개월이 지났지만 역시 성과는 없었다. 엔지니어들은 지시에 따르기 위해 온갖 방법을 시도했지만 아무래도 설계도대로는 불가능해 보였다.

그해 말 포드는 엔지니어들과 함께 상황을 점검했고 그들은 여전히 해결책을 찾지 못했다고 보고했다. "가서 계속해보세요. 난 그 엔진을 갖고 말 겁니다." 포드는 말했다. 엔지니어들은 계속 시도했고 그러던 중 마치 마법처럼 비밀이 풀렸다. 포드의 **투지**가 다시 한번 승리한 것이다!

이야기가 간략하게 요약되었지만 요점은 분명하다. 생각으로 부자가 되기를 바라는 사람이라면 이 이야기에서 포드가 백만장자가 될 수 있었던 비밀을 발견할 수 있을 것이다. 멀리서 찾을 필요도 없다. 헨리 포드는 성공의 원칙을 이해하고 적용했기에 성공할 수 있었다. 이 원칙 중 하나는 **열망**이다. 즉 자기가 원하는 것을 정확히 아는 것이다. 책을 읽으며 이 포드 이야기를 기억하라. 그리고 그의 엄청난 성취를 설명할 원칙을 찾아보라. 이것을 할 수 있다면, 헨리 포드가 부를 이룬 원칙을 바로 짚어낼 수 있다면 당신의 분야에서도 포드와 똑같은 성취를 이룰 수 있을 것이다.

내 운명의 주인이 나인 이유

"나는 내 운명의 주인이요, 내 영혼의 선장이다." 19세기 영국의 시인 윌리엄 헨리의 시에 나오는 구절이다. 우리가 스스로 생각을 통제하는 힘을 가졌기에 이런 말을 하게 되었다는 것도 알려주었으면 좋았을 테지만 말이다.

우리가 움직이고 존재하는 이 작은 지구를 떠다니는 대기는 상상할 수도 없는 빠른 진동률로 움직이는 에너지의 형태로 존재하며, 대기를 채우는 우주의 힘은 우리가 품고 있는 생각에 순응하여 생각을 물리적 실체로 변화하도록 자연스럽게 영향을 준다는 것을 그는 알려주어야 했다.

헨리가 이 위대한 진실을 알려주었더라면 왜 우리가 운명의 주인이며 영혼의 선장인지 그 이유를 알 수 있었을 것이다. 그 막대한 힘은 파괴적인 생각과 건설적인 생각을 가리지 않기에, 부자가 되는 생각을 통해 행동하도록 영향을 끼치듯이 가난을 생각하는 것 또한 물리적 현실에 영향을 준다는 점도 강조해야만 했다.

그뿐만 아니라 우리의 두뇌는 마음에 품고 있는 지배적 생각으로 자성을 띠어, 보통 사람은 이해하지 못할 방법으로 지배적 생각과 조화를 이루는 힘, 사람, 환경을 끌어당긴다는 사실도 알려주어야 했다.

막대한 부를 일구려면 먼저 부자가 되겠다는 강력한 열망으로 마음에 자성을 띠게 해야 한다는 것도 말해주어야 했다. 부자가 되겠다는 강한 열망은 우리 스스로가 목표를 이루기 위해 명확한 계획을 세우게 할 것이다. 그러나 시인이었던 헨리는 위대한 진실을 시적으로 표현한 것으로 만족했고, 결국 시의 철학적 의미는 독자들을 위해 남겨두었다. 그 진실은 마침내 조금씩 드러났고, 이 책에 담긴 원칙들이 경제적 운명을 결정 짓는 비밀임이 밝혀졌다.

이제 첫 번째 원칙을 살펴볼 때가 되었다. 그러기 위해서는 먼저 마음을 열어야 한다. 이 원칙은 누구 한 사람의 이야기가 아니라 엄청난 부를 쌓은 500명 넘는 사람의 경험에서 나온 것이다. 그들은 가난했고 교육은 거의 받지 못했으며 영향력 같은 것도 없었지만 많은 이에게 영향을 끼쳤다. 당신에게도 효과를 발휘할 것이며 오래도록 그 혜택을 이어가게 해줄 것이다. 절대 어려운 일이 아니다.

다음 장에 들어가기 앞서 여기에 나온 정보들은 사실에 기반을 두며 모든 상황을 단번에 바꿔줄 수 있는 원칙임을 알아두기 바란다. 여기 소개된 두 사람의 인생이 완전히 바뀐 것처럼 말이다. 먼저 이 두 사람의 이야기는 내 멋대로 왜곡해서 쓸 수 없는 관계임을 밝힌다. 한 명은 25년 지기이며 다른 한 명은 내 아들이기 때문이다. 두 사람의 특별한 성공이 다음 장에 소개될 원칙 덕분이라 믿고 있는 만큼 그들의 성공은 이제 소개할 원칙의 광범위한 힘을 강조하기에 충분한 예라고 생각한다.

　15년 전쯤 나는 웨스트버지니아주 세일럼에 있는 세일럼대학교에서 졸업식 축사를 했다. 그때 다음 장에 나올 원칙을 강조했는데, 졸업생 중 한 명이 이 원칙을 삶의 철학으로 삼았다. 그 젊은이는 현재 하원 의원이며 현 정권에서 요직을 맡고 있다. 이 책이 출판되기 전 그는 내게 편지를 써 다음 장에 나올 원칙에 대한 자신의 의견을 분명하게 피력했다. 다음 장에 자세히 언급되겠지만 그의 편지를 잠시 소개해본다.

> 친애하는 나폴레온 힐 선생님께,
> 저는 주 의원으로 일하면서 사람들의 문제에 대한 통찰력을 얻었습니다. 그래서 여러 사람에게 도움이 될 만한 제안을 하고 싶어 이렇게 글을 쓰게 되었습니다.
> 죄송하게도 제 제안을 행동으로 옮기신다면 선생님께서는 수년간 수고와 책임을 감수하셔야 할 겁니다. 그러나 사람들을 도우려는 선생님의 뜻을 알기에 제안해보기로 마음먹었습니다.
> 1922년, 선생님께서 세일럼대학교 졸업 축사를 하실 때 저는 졸업생이었습니다. 선생님은 연설을 통해 제게 생각 하나를

심어주셨고 그로 인해 저는 국민을 위해 일하게 되었습니다. 제가 앞으로 어떤 성취를 이루든 그것은 모두 선생님의 연설 덕분일 것입니다.

제 제안은 선생님께서 당시 연설했던 내용을 책으로 정리해달라는 것입니다. 미국을 부국으로 이끈 분들을 만난 경험을 나눠주신다면 더 많은 사람에게 도움이 될 것입니다.

선생님이 해주신 헨리 포드의 놀라운 이야기가 아직도 생생합니다. 교육도 거의 받지 않고, 돈도 없고, 영향력 있는 친구도 없던 그가 성공한 이야기였죠. 저는 그때 연설이 끝나기도 전에 어떤 어려움이 닥쳐도 제가 원하는 것을 이루겠다고 결심했습니다.

올해도 수천 명의 젊은이가 졸업할 것이며 앞으로도 그럴 겁니다. 그들 모두 제가 선생님께 받은 것과 같은 현실적인 격려 메시지를 원하겠죠. 인생을 출발하기 위해 어디로 가야 할지, 무엇을 해야 할지 알고 싶을 겁니다. 선생님은 이야기해주실 수 있습니다. 다른 수많은 사람의 문제를 해결하는 데 도움을 주셨으니까요.

가능하다면 그동안 연구한 자료를 책에 수록해 독자들이 성공한 사람들을 분석하고 성공으로 가는 길을 볼 수 있게 해주세요. 선생님께서 오래전 제게 그러셨던 것처럼요. 그러면 독자들은 실수와 결점을 편견 없이 볼 수 있을 것이고 성공과 실패의 차이점을 알게 될 것입니다. 가장 귀한 선물이 될 테죠.

많은 사람이 대공황 이후에 다시 일어서기 위해 노력하고 있습니다. 제 경험에 비추어보자면, 이렇게 성실한 많은 사람이 선생님께 자신의 문제를 털어놓고 조언을 듣고 싶어 할 것입니다.

선생님은 처음부터 다시 시작해야 하는 사람들이 겪는 어려움을 알고 계십니다. 현재 미국에는 생각을 돈으로 전환하는 방법을 궁금해하는 사람이 많습니다. 무일푼에 맨손으로 다시 시작해서 실패를 만회해야 하는 사람들이죠. 그들을 도울 수 있는 건 선생님뿐입니다.

선생님이 책을 출간하신다면 친필 서명이 든 첫 책을 갖고 싶습니다.

행복을 빌며 진심을 담아,

제닝스 랜돌프 올림.

"불타는 열망이 더해진 믿음이
이루지 못할 것은 아무것도 없다."

열망

모든 성취의 출발점

뉴저지주 웨스트오렌지에 도착한 화물열차에서 내렸을 때 에드윈 반스의 행색은 비록 부랑자였지만 그의 생각만큼은 왕처럼 고귀했다! 그는 에디슨의 사무실로 가는 내내 생각을 멈추지 않았다. 생각 속 자신은 에디슨 앞에 서 있었다. 그리고 인생을 사로잡은 강렬한 열망이었던 위대한 발명가의 사업 동반자가 될 기회를 달라고 부탁하고 있었다.

반스의 열망은 한낱 희망이 아니었다! 소원도 아니었다! 모든 것을 넘어서 격렬하게 고동치는 **열망**이었다. 그것은 **확고**했다. 에디슨을 보고 나서 갑자기 생긴 열망이 아니었다. 오랫동안 반스를 사로잡고 있던 열망이었다. 처음에는 단순한 소원이었을지 모른다. 하지만 에디슨 앞에 선 순간부터는 더 이상 단순한 소원이 아니었다.

몇 년 후, 에디슨과 처음 만났던 사무실에서 다시 마주 섰을 때 반스의 열망은 현실로 바뀌어 있었다. 그는 에디슨의 동업자였다. 그의 인생을 사로잡은 꿈이 현실이 된 것이다. 반스를 아는 사람들은 그의 '인생 역전'을 부러워한다. 그가 어떻게 성공했는지에 대해서는 관심이 없고 성공한 현재의 모습만 보는 것이다.

반스가 성공할 수 있었던 이유는 명확한 목표를 정하고 모든 에너지와 의지와 노력을 목표에 쏟아부었기 때문이다. 에디슨과 처음부터 동업자가 된 것이 아니다. 그는 목표 지점에 조금이라도 다가갈 수 있는 기회라면 아주 보잘것없는 일이라도 주저하지 않고 잡았다.

그가 그토록 갈구하던 기회는 그로부터 5년이나 지나고서야 찾아왔다. 그동안은 열망이 이루어질 것이라는 희망도, 보장도 없는 나날이었다. 겉보기에는 에디슨 회사의 일개 말단 직원에 지나지 않았지만, 반스만큼은 에디슨의 사무실에 도착한 날부터 이미 자신이 에디슨의 동업자라 생각하며 일했다.

반스의 성공은 확고한 열망이 갖는 힘을 너무나도 잘 보여준다. 에디슨의 동업자가 되기를 간절히 원했기 때문에 목표를 이룬 것이다. 목표를 이루기 위해 계획을 세웠고 뒤로 물러날 곳을 스스로 없앴다. 그의 열망은 인생 전체를 사로잡은 집념이 되었고 그것은 결국 현실이 되었다.

에디슨에게 갔을 때 반스는 '편한 자리를 달라고 해야지'라는 생각은 하지 않았다. '그와 함께 사업하러 왔다는 걸 알게 해야지'라고 생각했다. '몇 달 일해보고 아니다 싶으면 다른 직장을 알아봐야지'라고도 생각하지 않았다. '에디슨이 하라면 어떤 일이든 할 거야. 하지만 결국에는 그의 동업자가 되고 말겠어'라 생각했다.

또 반스는 "에디슨 회사에서 원하는 자리를 얻지 못하면 다른 자리를 찾아봐야지"라고 말하지 않았다. "내가 원하는 건 오로지 에디슨과 동업자가 되는 거야. 배수진을 치고 인생을 걸고서라도 때가 될 때까지 기다릴 거야"라고 말했다. 그는 뒤로 물러날 여지를 두지 않았다. 죽기 아니면 까무러치기로 매달렸다.

이것이 반스가 성공할 수 있었던 전부다! 옛날 한 위대한 장수가 전쟁터에서 중대한 결정을 내려야 하는 상황에 맞닥뜨렸다. 수적으로 열세였지만 아군을 적지로 보낼 수밖에 없는 상황이었다. 위대한 장수는 배에 병사들을 태우고 적지에 도착한 후 병사와 무기만 내린 후 배를 불태우라 명령했다. 그리고 첫 전투를 앞둔 병사들에게 이렇게 말했다. "불타는 배가 보이는가. 이는 우리가 승리하지 않는 이상 이 해변에서 살아 돌아갈 수 없다는 걸 의미한다. 우리에게는 이기거나 죽는 것뿐이다. 다른 선택은 없다!"

결국 그들은 승리했다. 어떤 일이든 성공하기 위해서는 배를 불태워 모든 퇴로를 차단하겠다는 의지가 있어야 한다. 그렇게 해야만 성공에 필수적인 불타는 열망의 정신 상태를 유지할 수 있다.

1871년 시카고 대화재가 일어난 다음 날 아침, 상인들이 거리에 나와 연기가 피어오르는 상점의 잔해를 바라보고 있었다. 그들은 도시를 재건할 것인지 다른 도시로 가서 새롭게 시작할 것인지 결정하는 회의를 열었다. 결국 회의는 시카고를 떠나는 쪽으로 결정이 났다. 단 한 명만 빼고서. 남아서 도시를 재건하기로 선택한 상인은 자기 상점의 잔해물을 가리키며 말했다. "여러분, 저는 저 자리에 세계 최고의 상점을 지을 겁니다. 몇 번을 불에 타더라도 말이죠."

그 일이 있은 지 50여 년이 지났고 상점은 지어졌다. 불타는 열망이 가진 힘을 보여주는 기념비적인 모습으로 그곳에 우뚝 솟은 그 상점은 바로 마셜필드 백화점이다. 마셜 필드는 그때 동료 상인들처럼 쉬운 결정을 내렸을 수도 있다. 상황이 힘들고 미래가

암울해 보일 때 사람들은 포기하고 쉬운 길을 택하기 마련이기 때문이다.

마셜 필드와 다른 상인은 무엇이 달랐는지 주목하자. 에디슨 회사에서 일한 다른 젊은 직원 수천 명과 반스의 차이점과 비슷하다. 그것이 바로 실패를 딛고 성공한 사람과 평범한 사람의 차이점이다.

돈이 목표가 되는 것을 이해하는 나이가 되면 모두가 돈을 벌고 싶어 한다. 하지만 소망한다고 해서 부가 오는 것은 아니다. 부에 대한 집념을 가지고 그것을 이루기 위해 확고한 방법과 수단으로 계획을 세우며, 실패에 아랑곳하지 않는 끈기를 가지고 계획을 밀어붙일 때 부는 따라오기 마련이다.

부가 현실이 되는 6단계 원칙

부에 대한 열망을 재화로 전환하기 위해서는 다음의 명확하고 현실적인 6단계 원칙이 필요하다.

첫 번째, 정확한 액수를 정하라. 단순히 "돈이 아주 많으면 좋겠어" 정도로는 안 된다. 액수를 정확히 정해야 한다.

두 번째, 목표한 돈을 벌기 위해 당신의 무엇을 내줄 것인지 결정하라. 공짜로 얻을 수 있는 것은 없다.

세 번째, 목표한 돈을 갖고자 하는 정확한 날짜를 정하라.

네 번째, 열망을 실현하기 위한 명확한 실행 계획을 세우고 즉시 행동으로 옮겨라.

다섯 번째, 목표한 돈의 액수, 기간, 그 돈을 위해 치를 수 있는 대가, 그 돈을 벌기 위해 실행할 계획을 명확하게 기록하라.

> **여섯 번째,** 하루 두 번, 밤에 잠들기 전과 아침에 일어난 후 기록한 것을 큰 소리로 낭독하라. 낭독하는 동안 이미 그 부를 소유했다고 상상하고 믿어라.

　6단계를 지시대로 따르는 일은 중요하다. 특히 여섯 번째는 꼭 따라 해야 한다. 실제로 부가 있다고 상상하는 것이 어렵다고 불평할지도 모르겠다. 이때 불타는 열망이 도와줄 것이다. 열망이 집념으로 바뀌면 부를 갖게 되리라는 믿음이 생긴다. 부를 원하는 마음이 확고하면 그것을 가질 거라 확신하게 될 것이다.

　긍정적인 의미에서 '돈에 대한 의식'이 있는 사람만이 막대한 부를 얻는다. 돈에 대한 의식이란 정신적으로 돈에 흠뻑 빠져 있어서 자신이 이미 그 돈을 소유하고 있는 것처럼 여기는 것이다.

　인간 심리에 대해 기본 지식이 없는 사람들에게는 터무니없어 보일지도 모른다. 6단계 방법에 의구심이 드는 사람들에게는 앤드루 카네기의 이야기가 도움이 될 것이다. 제철소의 평범한 노동자로 밑바닥에서 출발한 카네기는 이 원칙을 통해 1억 달러가 넘는 재산을 소유한 거부가 되었다. 토머스 에디슨의 사례에서도 효과는 자세히 검증되었다. 에디슨은 돈을 버는 일뿐만 아니라 다른 명확한 목표를 달성하려면 이 단계가 꼭 필요하다고 인정했다.

　원칙을 실행할 때 꼭 힘든 노동을 하지 않아도 된다. 희생도 필요 없다. 우스꽝스러운 사람이 되거나 어리숙한 사람이 되라고 강요하지도 않는다. 원칙을 적용하는 데 대단한 교육이 필요한 것도 아니다. 대신 자신이 부를 일굴 수 있다는 풍부한 상상력과 그것이 우연이나 운에 좌우되지 않는다는 사실을 이해해야 한다. 막대한 부를 일군 사람들은 무엇보다 먼저 꿈꾸고 바라며 소망하고 갈망하면서 계획을 세웠다는 사실을 깨달아야 한다. 자, 이제 부를 향한 솟구치는 열망을 가지고 실제로 그것을 소유하리라 믿어야만 막대한 부를 일굴 수 있다는 점을 깨달았을 것이다.

현재 우리가 사는 세상은 지도자, 발명, 교수법, 마케팅, 영화, 문학 등 거의 모든 분야에서 새로운 것을 요구한다. 그리고 새롭고 더 나은 것을 요구하는 흐름에서 승리하기 위해 반드시 갖추어야 할 것이 있다. 바로 목적의 명확성, 원하는 것이 무엇인지 아는 것, 그것을 소유하려는 불타는 열망이다.

경기 침체는 한 세대의 죽음과 새로운 세대의 탄생을 가져왔다. 변화한 세상은 꿈을 꾸고, 그것을 행동으로 옮기려는 의지를 가진 현실적 인물을 요구한다. 과거에는 문명을 개척해냈고 이제 새로운 미래의 문명을 열어가려는 사람이 바로 이들이다.

간절히 부를 얻고자 하는 우리가 마음에 새겨야 할 사실은 세상의 진정한 리더는 무형의 보이지 않는 잠재적 기회를 살려 그 힘을 고층 빌딩, 도시, 공장, 비행기, 자동차를 비롯해 인생을 더 즐겁게 해주는 편리한 형태로 변환시켰다는 점이다.

인내와 열린 마음은 반드시 갖추어야 할 자질이다. 새로운 아이디어를 두려워하는 사람은 출발 전에 이미 실패한 것이나 다름없다. 지금만큼 선구자들에게 호의적인 시대는 없었다. 서부 개척 시대처럼 정복해야 할 대상은 없지만, 새롭고 더 나은 길로 변경하고 방향을 바꿔나가야 할 사업이나 금융 및 산업 시장은 대단히 넓다.

부를 일구기 위한 계획을 세울 때 당신의 꿈을 비난하는 말은 신경 쓰지 마라. 변화하는 세상에서 성공하기 위해서는 더 나은 문명을 위해 애쓴 선구자들의 정신을 가져야 한다. 위대한 천문학자 코페르니쿠스는 세계의 다양성을 꿈꾸었고 그것을 밝혀냈다. 승리한 후에는 누구도 그를 '비현실적'이라 비난하지 않았다. 오히려 세상은 그를 기렸다. "성공하면 설명이 필요 없고, 실패하면 변명이 허락되지 않는다"는 말이 입증된 것이다.

당신이 하려는 것이 정당하다면 그것을 믿고 앞으로 밀고 나가라. 사람들에게 꿈을 이해시키고, 일시적인 패배를 만나더라도 주변의 비난은 무시하라. 그들은 실패는 성공의 씨앗이라는 사실을 깨닫지 못하는 사람이다.

가난하고 제대로 배우지 못했던 헨리 포드는 말이 필요 없는 운송 수단을 꿈꾸었다. 그는 기회가 올 때를 기다리기보다 일단 그일에 뛰어들었다. 결국 그의 꿈의 증거는 오늘날 전 세계 곳곳을 누비고 있다. 실패하는 것을 두려워하지 않았기에 그는 세계에서 가장 많은 자동차를 생산한 사람이 되었다.

토머스 에디슨은 전기로 작동하는 램프를 만들고 싶어 바로 실행에 옮겼지만 1만 번이나 실패했다. 하지만 포기하지 않았고 결국 현실로 이루어냈다. 현실에 발을 디딘 채 꿈을 꾸는 사람은 절대 포기하지 않는다. 시가 매장 체인을 꿈꾸던 조지 웰런은 꿈을 행동으로 옮겼고, 현재 미국의 유명한 상권에는 어김없이 그의 매장이 자리하고 있다. 노예해방을 바란 링컨은 꿈을 행동으로 옮겨 죽기 직전 미국의 남북이 연합하면서 꿈이 현실이 되는 것을 지켜보았다. 라이트형제는 하늘을 나는 기계를 꿈꾸었다. 그들의 꿈이 멋지게 실현된 증거를 우리는 지금 전 세계에서 보고 있다.

마르코니는 공기 중의 보이지 않는 힘을 이용한 전송 시스템을 꿈꾸었다. 그의 꿈이 헛되지 않았다는 증거는 오늘날 전 세계 무선 장치와 라디오에서 찾아볼 수 있다. 마르코니의 꿈 덕분에 가난한 집이나 부자나 동등한 경험을 할 수 있게 되었고, 지구촌 사람들은 모두 이웃이 되었다. 마르코니가 공기 중으로 메시지를 전달하는 원리를 발견했다고 했을 때 친구들이 그를 정신병원에 데려가 검사받게 했다는 일화가 있다. 오늘날 꿈꾸는 이들은 상황이 좋은 것이다. 세상은 새로운 발견에 익숙해졌다. 아니, 세상은 새로운 아이디어를 내는 사람에게 보상을 주며 반긴다.

가장 위대한 성취도 처음 잠깐은 한낱 꿈일 뿐이었다. 참나무는 도토리 안에서 잠자고 있다. 새는 알 속에서 기다린다. 영혼이 가장 높은 비전을 품고 있을 때, 깨어 있는 한 천사가 그들을 움직이게 한다. 꿈은 현실의 묘목이다.

이제 세상은 과거 꿈을 꾸던 이들은 상상하지도 못할 풍요로운 기회로 가득 차 있다. 무언가가 되고, 무언가를 해내려는 불타는 열망이 꿈꾸는 이들의 출발점이 될 것이다. 꿈은 무관심과 나태, 야망이 없는 사람에게 생겨나지 않는다.

세상은 이제 꿈을 꾸는 사람들을 비난하거나 비현실적이라고 말하지 않는다. 못 믿겠다면 테네시주로 가서 몽상가 대통령이 물을 이용해 동력화한 업적, 즉 뉴딜 정책을 직접 눈으로 확인하라. 1900년대 초만 해도 그의 꿈은 미치광이 취급을 받았을 것이다.

대공황 시기에 많은 사람이 실망과 좌절을 겪고, 마음이 아프다 못해 무너져내리는 경험을 했다. 이것 역시 정신을 단련하는 과정이니 용기를 내라. 나중에는 이때의 경험이 무엇과도 바꿀 수 없는 자산이 될 것이다. 성공한 사람들도 성공 전에는 출발조차 힘들 만큼 숱한 마음고생을 겪었다. 그들에게도 위기의 순간은 찾아왔고 그 위기에서 '또 다른 자아'를 발견함으로써 성공을 이루어냈다. 영문학 최고의 걸작으로 손꼽히는 존 버니언의 『천로역정』은 그가 종교 탄압으로 감옥에 갇혔을 때 쓴 작품이다.

오 헨리는 엄청난 불운을 겪고 오하이오주 콜럼버스의 한 감옥에 갇힌 후에야 자기 내면에 잠자고 있던 천재성을 발견했다. 또 다른 자아를 발견할 수밖에 없는 환경에서 상상력을 발휘해 결국 비참한 범죄자에 외톨이 신세가 아닌 위대한 작가로 거듭났다. 이 상하고도 다양한 것이 인생길이다.

그런데 무한 지능이 이끄는 인생은 훨씬 이상하다. 이를 통해 사람은 가끔 온갖 고난을 겪게 되지만, 이후 자신의 천재성과 능력을 발견하고 상상력을 발휘해 유용한 아이디어를 창조하니 말이다. 세계 최고의 발명가이자 과학자인 에디슨은 계약직 전신 기사로 일하기도 했다. 그는 자기 내면에 잠자고 있던 천재성을 깨닫기 전까지 헤아릴 수 없이 많은 실패를 겪었다.

찰스 디킨스는 구두닦이로 사회생활을 시작했지만, 첫사랑의 실패로 겪은 마음의 상처가 그를 진정한 세계적 작가로 바꾸어놓았다. 『데이비드 코퍼필드』를 시작으로 그의 작품들은 독자가 세상을 조금 더 풍요롭고 따뜻한 시선으로 보게 했다. 실연을 겪으면 보통 술에 의지하거나 피폐한 생활을 이어가기 마련인데, 그건 인간의 가장 강력한 감정인 사랑을 건설적인 꿈으로 바꾸는 방법을 몰라서다.

헬렌 켈러는 태어날 때부터 시력과 청력을 잃었고 말을 하지 못했다. 엄청난 불행에도 그는 세계 역사에 위대한 인물로 기억되고 있다. 그의 일생은 '패배가 현실로 받아들여지기 전까지는 아무도 패배한 게 아니다'라는 말의 증거가 되었다. 로버트 번스는 문맹에 지독한 술주정뱅이였다. 그랬던 그는 아름다운 생각을 시로 표현해내고, 가시를 뽑아 그 자리에 장미를 심어 세상을 더 살 만한 곳으로 만들었다.

노예로 태어난 부커 T. 워싱턴은 인종과 피부색 때문에 대중에게 불리한 입장이었다. 그러나 매사에 참을성 있고 열린 태도를 지녔으며 무엇보다 꿈이 컸던 워싱턴은 결국 인종을 뛰어넘어 훌륭한 교육가로 이름을 남겼다. 베토벤은 청각장애인이었고 밀턴은 시각장애인이었지만, 두 사람 모두 꿈을 가졌고 그것을 구체적인 생각으로 바꾸었기에 역사에 길이 이름을 남길 수 있었다.

다음 장으로 넘어가기 전에 마음속에 희망, 신뢰, 용기, 인내의 불을 다시 지펴보자. 이런 마음 상태와 원칙에 대한 지식을 지니고 있으면 성공을 받아들일 준비가 되었을 때 나머지 일은 알아서 진행될 것이다. 에머슨은 이런 상태를 다음과 같이 설명했다. "당신에게 도움과 평안을 줄 격언, 책, 상투적 어구는 열린 길을 통해 찾아들 것이다. 엄청난 의지는 아니지만 당신의 갈망에 있는 위대하고 다정한 영혼이 당신을 안아줄 것이다."

무언가를 바라는 것과 그것을 받아들일 준비가 된 것에는 차이가 있다. 가질 수 있다고 믿지 않는 한 준비가 된 것이라 할 수 없다. 단순히 희망이나 바람이 아니라 믿음을 가지고 있어야만 한다. 믿기 위해서는 열린 마음이 꼭 필요하다. 닫힌 마음은 신뢰, 용기, 믿음을 일으키지 않는다.

궁핍과 가난을 받아들이느니 인생의 높은 목표를 설정하고 부와 번영을 위해 노력하는 편이 낫다는 것을 명심하라. 위대한 시인 제시 벨 리튼하우스는 이 진리를 시로 노래했다.

인생을 1페니로 흥정했더니
인생은 더는 내어주지 않는구나
하지만 저녁마다

내 얼마 안 되는 돈을 헤아리며

나는 구걸했다

삶은 그저 고용주니

그는 요청하는 것만 준다

한번 삯이 정해지면

견뎌내는 수밖에

미천한 보수를 받고 일하며

한탄하며 깨달은 한 가지 사실은

내가 삶에 얼마를 요구했든

삶은 기꺼이 내주었을 거라는 사실이다

열망은 대자연보다 앞선다

이번에 소개할 사람은 이번 장에 가장 잘 어울리는 사례이자 내가 아는 한 가장 비범한 인물이다. 그를 처음 본 것은 24년 전, 그가 태어난 직후였다. 그는 청력이 손실된 채 태어났고 의사는 그가 평생 듣지도, 말하지도 못할 것이라고 했다.

나는 의사의 진단에 반발했다. 내게는 그럴 권리가 있었다. 바로 그 아이의 아버지였기 때문이다. 나도 한 가지 결정을 내렸지만 그건 마음속에 담아두었다. 나는 아들을 듣고 말하게 하겠다고 결심했다. 신은 아이에게서 청각을 빼앗았지만 내게 고통스러운 현실을 받아들이는 것까지 강요할 수는 없었다.

나는 아들이 듣고 말할 수 있을 것이라는 걸 알았다. 어떻게? 틀림없이 방법이 있으며 그 방법을 찾아내리라고 믿었기 때문이다. 에머슨이 했던 말이 떠올랐다. "사물의 수레바퀴는 우리에게 믿음을 가르친다. 우리는 단지 복종할 뿐이다. 각자 따라야 할 것들이 있고, 귀 기울이면 올바른 말을 듣게 될 것이다."

올바른 말이 무엇일까? 바로 열망이다! 무엇보다 나는 내 아들이 농아가 되지 않기를 열망했다. 그 열망을 단 한시도 바라지 않은 적이 없다. 몇 년 전 나는 "우리의 유일한 한계는 마음속에 스스로가 정해놓은 것뿐이다"라는 글을 썼다. 그때 처음으로 이 말에 의구심이 들었다. 선천적으로 귀가 들리지 않는 아이가 지금 내 앞에 있는 침대에 누워 있었다. 내 아들은 듣고 말할 수 있게 되어도 분명 힘든 인생을 살게 될 터였다. 물론 이 한계는 아이가 마음속에 스스로 정해놓은 것이 아니었다.

그렇다면 내가 무엇을 할 수 있을까? 나는 청력이 손실되어도 소리를 들을 방법을 찾아내겠다는 불타는 열망을 아이의 마음속에 심어주기로 했다. 아들이 협조할 수 있을 만큼 크면 나는 아들의 마음에 듣고자 하는 불타는 열망을 가득 채울 예정이었다. 그러면 대자연은 자기 방식대로 그 열망을 물리적 현실에다 옮길 터였다. 나는 마음속으로만 생각할 뿐 누구에게도 이를 발설하지 않았다. 그저 매일같이 내 약속을 떠올리며 아들을 장애인으로 살게 하지 않겠다고 다짐했다.

아들은 자라면서 주변 상황을 인지했고 우리는 아이에게 미약하게나마 청력이 있다는 것을 알게 되었다. 보통 아이들이 말을 시작하는 나이가 되어도 전혀 말할 기미가 보이지 않았지만, 아들은 행동으로 어떤 소리를 희미하게나마 듣고 있다는 걸 알려주었다. 내가 알아야 할 건 그것뿐이었다. 아주 조금이라도 들을 수 있다면 청력을 더 키울 수 있으리라 확신했다. 그때 내게 희망을 주는 사건이 일어났다. 정말 뜻밖에 벌어진 일이었다.

우리는 빅터 축음기를 하나 샀다. 처음 음악을 들어본 아이는 완전히 빠져들었고 바로 축음기를 독차지했다. 곧 좋아하는 노래도 생겼다. 〈It's a Long Way to Tipperary〉였다. 한번은 두 시간 동안이나 축음기 끝에 이를 대고 서 있었다. 세월이 한참 흐른 후에야 '골전도'라는 현상 때문에 그 행동을 했다는 것을 깨달았다. 그때까지 한 번도 들어보지 못한 개념이었다.

축음기에 매료된 지 얼마 지나지 않아 나는 한 가지 사실을 알아냈다. 아이의 유양돌기나 뇌의 기저부에 대고 말하면 소리를 꽤 정확하게 알아들을 수 있다는 사실이었다. 이 발견으로 나는 아들이 듣고 말할 수 있도록 하겠다는 열망을 현실로 바꾸는 데 필요한 방법을 찾기 시작했다. 그 무렵 아들은 몇몇 단어를 말하려 노력하고 있었다. 낙관적이지는 않았지만 믿음이 받쳐주는 열망으로 불가능을 이겨내고자 했다.

아들이 내 목소리를 들을 수 있다는 사실을 알고 나서 나는 듣고 말하겠다는 열망을 아이의 마음에 심어주기 시작했다. 아들이 잠자리에서 읽어주는 동화책을 좋아한다는 것을 알고 자립심, 상상력, 듣겠다는 강한 열망을 키워줄 수 있는 이야기를 만들어 들려주었다. 특히 아이가 좋아한 이야기가 있었는데, 들려줄 때마다 매번 새로운 내용을 덧붙이고 극적인 색을 입혔다. 아이가 겪는 고통은 골칫거리가 아니라 대단한 가치를 지닌 자산이라는 생각을 마음에 심어주는 내용이었다.

나는 경험으로 모든 역경은 성공의 씨앗을 품고 있다는 걸 확신하고 있었지만, 당시 아들의 장애를 어떻게 자산으로 바꿀 수 있을지는 전혀 감을 잡을 수 없었다. 그저 언젠가는 아이 스스로 장애를 유용하게 쓸 수 있기를 바라며 내 확신을 잠자리 이야기로 포장해서 들려주는 일을 계속했다. 이성은 태생적으로 없는 청각기관에 대한 적당한 보상이란 없다고 분명히 말하고 있었다. 하지만 믿음이 뒷받침해주는 열망은 이성의 목소리를 밀어내고 내게 하던 대로 밀고 나가라며 격려했다.

지금 돌이켜보면 나에 대한 아들의 믿음이 놀라운 결과를 이루어낸 것이었다. 아들은 내 말에 어떤 의구심도 갖지 않았다. 나는 아이에게 형보다 특출한 장점이 있으며 그것이 다양한 방식으로 나타날 거라 누누이 말했다. 이를테면 학교 선생님들이 귀가 없다는 사실을 알게 되면 특별한 관심을 가지고 친절하게 대해줄 것이라 말이다. 그건 실제로 그랬다. 아내는 선생님을 찾아가서 특별히 신경 써달라며 부탁했다. 또한 신문을 팔 만큼 나이가 들면(형은 이미 신문을 팔고 있었다) 들리지 않는데도 밝고 성실하다며 제값보다 더 많이 쳐줄 테니 형보다 이점이 있을 거라고 이야기했다.

아들의 청력은 눈에 띌 정도로 점점 좋아졌고 아들은 남의 시선을 전혀 신경 쓰지 않았다. 그리고 일곱 살이 되었을 때, 열망을 심는 일의 첫 결실을 보게 되었다. 몇 달 동안 아들은 신문을 팔게 해달라고 졸랐지만 아내는 허락하지 않았다. 장애가 있는 아이를 길거리에 혼자 내보내는 게 걱정되어서였다.

결국 아들은 스스로 문제를 해결하기로 했다. 어느 날 오후, 집에 남겨진 아들은 부엌 창문을 기어 내려가 혼자 집을 나갔다. 이웃 구둣방에서 6센트를 빌린 아들은 그 돈으로 신문을 사서 팔았고, 판 돈으로 다시 신문을 사서 팔기를 저녁 늦게까지 했다. 정산해서 빌린 6센트를 갚고 보니 42센트를 벌었다. 그날 밤 집에 돌아왔을 때 우리는 손에 돈을 꼭 쥔 채 잠들어 있는 아들을 발견했다. 아들의 손을 펴 돈을 본 아내는 울음을 터뜨렸다. 울음이라니! 아이의 첫 승리를 놓고 울음은 적절해 보이지 않았다. 나는 반대였다. 크게 웃음을 터뜨렸다. 스스로에 대한 확신을 심으려던 내 노력이 성공했기 때문이다.

아내가 아들의 첫 사업 도전에서 본 것은 청각장애 아이가 목숨을 걸고 거리로 나가 돈을 버는 모습이었다. 그러나 내 눈에는 투자금을 100퍼센트 증가시킨 용감하고 야심만만하며 자립심 강한 어린 사업가로 보였다. 아들은 자기가 세운 계획에 따라 사업을 했고 성공했다. 아들의 이런 실행력에 나는 기분이 좋았다. 평생의 자산이 될 지략이 있다는 증거였기 때문이다.

이후의 사건들로 이것은 진실임이 증명되었다. 첫째는 원하는 것이 있으면 바닥에 드러누워 발을 구르며 울었지만 청각장애를 가진 둘째는 원하는 게 있으면 스스로 계획을 세우고 돈을 벌어 샀다. 이는 지금도 마찬가지다! 아들은 장애를 방해물이나 핑곗거리로 여기지 않는 한 그것이 가치 있는 목표에 올라서는 디딤돌로 바뀔 수 있다는 사실을 내게 가르쳐주었다.

끊임없는 열망이 가져오는 인생의 전환점

아들은 선생님이 가까이에서 소리치지 않으면 들을 수 없는 상태로 초등학교, 중학교, 고등학교를 지나 대학을 졸업했다. 농아학교에는 다니지 않았다. **우리 부부는 아들에게 수화를 가르치지도 않았다.** 일반인과 생활하며 어울려야 한다고 생각했기 때문이다. 우리는 학교 관계자들의 열띤 논쟁에도 이 결정을 굽히지 않았다. 고등학생 때 전자 보청기도 껴보았지만 별 도움이 되지 않았다. 시카고의 J. 고든 윌슨 박사가 아들의 한쪽 뇌를 수술하면서 선천적으로 청각기관이 없다는 사실을 알아냈는데, 아마 그 이유 때문일 것이다.

그렇게 수술한 지 18년이 지나 대학 졸업을 앞두고 있던 어느 날, 아들에게 인생 최대의 전환점이 될 일이 일어났다. 우연한 기회로 또 다른 전자 보청기를 착용하게 된 것이다. 비슷한 장비에 실망을 해왔던 터라 별 기대는 없었다. 그런데 보청기를 대충 머리에 걸치고 전원을 켠 순간 마법이 일어났다. 일반인처럼 듣고 싶다는 평생의 열망이 실현된 것이다. 아들은 난생처음 소리를 들었다.

보청기가 가져다준 신세계에 감격한 아들은 전화기로 달려가 엄마에게 전화를 걸었다. 그리고 처음으로 엄마의 목소리를 똑똑히 들었다. 다음 날 아들은 처음으로 강의하는 교수의 목소리를 선명히 들었다. 이전에는 교수들이 가까운 곳에서 소리를 질러야 들을 수 있었는데 말이다. 라디오와 영화 소리도 들었다. 태어나 처음으로 큰 소리 없이 자유롭게 대화를 나눌 수 있었다. 그야말로 새로운 세상이 열렸다. 우리는 선천적 결함을 받아들이는 대신 끊임없이 열망을 가지고 오로지 실질적인 수단으로 장애를 이겨나갔다.

열망은 보상을 받았지만 아직 완전한 승리는 아니었다. 아들은 여전히 자신의 장애를 자산으로 전환할 수 있는 확실하고 실용적인 방법을 찾아야만 했다. 자신이 이미 이룬 성취의 의미를 전부 깨닫지는 못했지만 새롭게 발견한 소리의 세계가 주는 기쁨에 젖은 아들은 자신의 경험에 진심을 담아 보청기 회사에 편지를 썼다.

간절함이 통했는지 보청기 회사는 아들을 뉴욕에 초대했다. 공장으로 안내받아 들어간 아들은 책임 엔지니어와 이야기를 나누는 동안 바뀐 세상, 직감, 아이디어, 영감(뭐라 부르든 상관없다) 같은 것이 마음속에 번쩍했다고 한다. 장애를 자산으로 전환하는 순간이었다. 앞으로 많은 사람에게 돈과 행복이라는 보상을 가져다줄 무언가였다. 아들이 떠올린 생각의 핵심은 이것이었다. 자신의 변화된 세상을 다른 사람에게 전달할 방법이 있다면 보청기 도움 없이 살아가는 수많은 청각장애인을 도울 수 있겠다는 것. 그때 아들은 청각장애인을 돕는 일에 평생을 바치며 살겠다고 결심했다.

아들은 한 달 내내 철저한 조사로 보청기 회사의 마케팅 시스템을 분석하고 자신이 발견한 '신세계'를 전 세계 난청인과 소통할 수 있는 방법과 수단을 찾았다. 그렇게 연구한 결과를 바탕으로 2년 계획을 작성했다. 계획서를 회사에 보여주자 회사는 즉시 아들에게 계획을 실행할 수 있는 자리를 주었다. 일을 시작했을 때만 해도 아들이 평생 농아로 살 수밖에 없던 많은 사람에게 희망과 실질적인 구제를 건네리라고는 생각지도 못했다.

보청기 회사에서 일을 시작한 지 얼마 지나지 않아 아들은 회사에서 주최한 청각장애인과 언어장애인을 위한 교육 강의에 나를 초대했다. 이런 형태의 교육은 처음이라 효과가 있을지 의구심이 들었지만 그래도 배울 점이 있을 거라는 희망을 품고 참석했다. 그들이 보여준 교육 시범은 내가 아들의 마음에 정상적인 청각을 가질 수 있다는 열망을 불러일으키고, 이를 줄곧 품을 수 있도록 노력했던 방법의 확장 형태였다. 그들은 내가 아들이 농아로 살지 않도록 20년 넘게 사용했던 것과 똑같은 원칙으로 듣고 말하는 방법을 가르치고 있었다.

이렇게 하여 운명 바퀴의 신기한 움직임으로 아들과 나는 앞으로 태어날 사람들의 농아 상태를 교정하는 일을 하게 되었다. 농아 상태를 정상 수준까지 교정할 수 있다는 사실을 입증한 것은 내가 아는 한 우리가 유일했기 때문이다. 과거에는 한 사람을 위해 했던 일을 이제는 여러 사람을 위해 하게 된 것이다.

나와 아내가 열망을 불어넣지 않았더라면 아들은 평생 농아로 살았을 것이다. 의사도 아들이 평생 듣지도 말하지도 못할 거라고 했다. 이 방면의 전문가 어빙 보히스 박사는 아들을 정밀 검사하더니 현재 듣고 말한다는 사실에 무척이나 놀랐다. 그리고 "이론적으로 아드님은 절대 들을 수 없는 게 맞습니다"라고 말했다. 속귓길이 없다고 엑스레이에 나타났음에도 아들은 들을 수 있었다.

다른 평범한 사람처럼 듣고 말하고 살아가겠다는 열망을 아들의 마음에 심었을 때, 어떤 신비한 영향력이 충동질하여 대자연은 아들의 뇌와 외부 세계 사이에 존재하는 침묵의 공간에 다리를 놓아 연결했다. 어떻게 그것이 가능했는지는 어떤 유능한 의학 전문가도 설명할 수 없다. 대자연이 이 기적을 어떻게 일으켰는지 추측하는 것조차 신성모독이 될 수 있다. 이 신비로운 경험에서 내가 했던 보잘것없는 역할에 대해 있는 그대로 세상에 말하지 않는다면 그 또한 용서받지 못할 것이다. 변하지 않는 믿음과 함께 열망이 뒷받침되는 사람에게 불가능한 것은 아무것도 없다는 말을 꼭 해주고 싶다.

불타는 열망이 물리적 실체로 바뀌는 길은 여러 가지다. 아들은 일반인처럼 듣기를 열망했고 이를 이루어냈다. 아들의 장애와 시대 상황을 생각해볼 때, 확실한 열망이 없었다면 연필을 팔며 구걸이나 할 운명이었다. 하지만 이제 장애는 청각에 어려움을 겪는 수백만 명의 사람에게 도움을 줄 수 있는 수단으로 바뀌었고, 평생 안정적인 수입을 벌 수 있는 일자리도 얻게 해주었다. 장애가 돈을 벌 수 있는 큰 자산이 될 거라고 아이의 마음에 심었던 작은

'선의의 거짓말'은 실현된 것이다. 이 말이 옳든 그르든 불타는 열망이 더해진 믿음이 이루지 못할 것은 아무것도 없다. 그리고 이러한 자질은 누구나 가질 수 있다.

지금까지 여러 상담을 진행해왔지만 이 일처럼 열망의 힘을 명확하게 보여준 사건은 없었다. 작가들이 가끔 저지르는 실수는 피상적이거나 기본적인 지식밖에 없는 주제로 글을 쓰는 것이다. 그런데 나는 운이 좋게도 내 아들의 장애를 통해 열망의 힘이 가진 진정성을 검증할 수 있었다. 어쩌면 대자연의 뜻에 의한 것이 아니었나 싶다. 누구도 내 아들만큼 열망의 힘을 잘 드러내 증명할 사람은 없기 때문이다. 이렇게 대자연도 열망의 의지에 굽히는데, 한낱 인간이 이 불타는 열망을 이길 수 있겠는가? 인간 정신의 힘은 신비롭고 헤아리기 힘들다! 우리는 환경, 사람, 물질적인 것을 이용해서 열망을 물리적 실체로 전환하는 방법을 이해할 수 없다. 과학이라면 이 비밀을 밝혀낼 수 있을지도 모르겠다.

열망과 믿음의 힘

나는 아들의 마음에 일반인처럼 듣고 말해야겠다는 열망을 심었다. 그리고 그 열망은 현실이 되었다. 나는 아들의 마음에 자기의 가장 큰 장애를 가장 큰 자산으로 전환하리라는 열망을 심었다. 그 열망도 실현되었다. 이 놀라운 결과가 어떻게 얻어졌는지 방법을 설명하기는 어렵지 않다. 그 방법은 3가지 분명한 사실로 이루어져 있다. 첫째, 나는 보통 사람과 같은 청력을 향한 열망에 믿음을 결합해 아들에게 전달했다. 둘째, 끈기를 가지고 아주 오랫동안 모든 방법을 동원해서 내 열망에 대해 아들과 이야기했다. 셋째, 아들은 나를 믿었다!

이 장을 쓰고 있을 즈음, 오페라 가수 에르네슈티네 슈만하잉크가 별세했다는 소식을 들었다. 기사에 쓰인 짧은 문장만으로도 이 특별한 여성이 가수로서 눈부신 성공을 이루어낸 이유를 알 수 있었다. 다음 인용한 짧은 기사는 열망의 위대한 힘을 잘 보여주는 사례다.

> 슈만하잉크는 빈국립오페라극단의 오디션을 보기 위해 단장을 찾아갔다. 그러나 단장은 그의 목소리를 들어주지 않았다. 단장은 촌스럽고 허름하게 옷을 입은 그를 보고는 매우 퉁명스럽게 말했다. "그런 얼굴에 매력도 없이 오페라에서 어떻게 성공할 수 있겠어? 그만두는 게 낫겠어. 재봉틀이나 사서 일하렴. 넌 절대 가수가 될 수 없어."
> '절대'라는 말은 섣불리 하면 안 된다! 단장은 노래 기교에 대해서는 많이 알았지만 열망이 집념과 결합할 때 어떤 힘을 발휘하는지 전혀 알지 못했다. 그걸 알았더라면 천재에게 오디션 기회도 주지 않고 비난하는 실수를 저지르지 않았을 테니 말이다.

몇 년 전 동업자 중 한 명이 병에 걸렸다. 병은 시간이 갈수록 악화되었고 결국 수술을 위해 병원에 갔다. 수술실로 들어가기 전 그의 모습을 보며 이렇게 야위고 수척한 사람이 어떻게 큰 수술을 견뎌낼 수 있을지 걱정되었다. 의사는 이것이 그를 보는 마지막 시간일지 모른다고 말했다. 그러나 그건 의사의 의견일 뿐 환자의 의견은 아니었다. 동업자는 침대에 실려 수술실로 들어가기 직전, 내게 힘없이 속삭였다. "걱정하지 않아도 되네. 며칠 후면 나갈 테니." 담당 간호사가 측은한 눈길로 나를 보았다. 그러나 동업자는 무사히 수술을 끝냈다. 수술을 마치고 담당 의사가 말했다. "살고자 하는 환자의 열망이 그를 살렸습니다. 살려고 애쓰지 않았다면 회복하기 힘들었을 거예요."

나는 믿음이 뒷받침하는 열망의 힘을 믿는다. 이 힘이 보잘것없이 시작해서 부와 권력의 자리까지 오르게 하는 모습을 숱하게 보았다. 죽음의 문턱에서 살아 돌아오는 사람들도 보았다. 수백 번 실패하고도 무대로 돌아오는 사람도 보았다. 귀에 장애를 안고 세상에 나온 내 아들이 보통 사람과 같은 행복하고 성공한 삶을 누리는 것도 보았다.

그렇다면 열망의 힘을 어떻게 활용할 수 있을까? 그 답은 이 장에서 보았고 다음 장에서도 찾을 수 있을 것이다. 모두에게 성공은 종류와 목적에 상관없이 강렬하고 불타는 열망으로 시작해야 한다는 내 말이 전달되기를 바란다.

대자연은 누구도 알지 못하는 기이하고 강력한 '정신 화학'이라는 원칙으로, 불가능을 떠올리지 않고 실패를 인정하지 않게 하는 '그 무언가'를 강렬한 열망 안에 담아두었다.

성공하기 위해서는 배를 불태워
모든 퇴로를 차단하겠다는
의지가 있어야 한다.

"믿음은 모든 한계를 없앤다.
부를 얻기 위한 대가로
인생이 무엇을 요구하든
이 말을 꼭 기억하라."

3장

부를 향한 두 번째 원칙

믿음

열망을 달성하리라는 확신과 이미지 그리기

믿음은 가장 높은 곳에서 마음을 움직이는 연금술사다. 믿음이 사고 자극을 만나면 잠재의식은 즉시 그 기운을 알아채고 이를 영적 등가물로 해석하여 무한 지성으로 보낸다. 기도가 바로 그런 경우다.

믿음, 사랑, 성애의 감정은 가장 강력한 긍정적 감정이다. 이 3가지 감정이 합쳐지면 즉시 잠재의식에 도달하여 생각을 '물들인다.' 그러면 생각은 형태를 갖추고 무한 지성으로부터 반응을 이끌어낸다.

사랑과 믿음은 초자연적 감정으로 영적인 측면과 연결되어 있다. 성애는 순수하게 생리학적 감정으로 육체와만 관련이 있다. 이 세 감정이 다 같이 섞이면 인간의 유한한 사고는 무한 지성으로 곧장 연결된다.

믿음을 계발하는 방법

열망을 물리적, 금전적 실체로 전환하는 데 있어 자기암시 원칙은 매우 중요하다. 자기암시를 이용해 잠재의식에 반복적으로 지시를 내리거나 확신을 주어 생겨나는 마음 상태가 바로 믿음이다.

당신이 이 책을 읽는 목적에 대해 생각해보라. 열망이라는 보이지 않는 자극을 물리적 실체, 즉 돈으로 전환하는 능력을 얻기 위해서다. 당신은 여기에 소개된 자기암시와 잠재의식에 대한 지침을 따르면 바라던 바를 얻으리라 믿고 그것을 잠재의식에 확신시키게 된다. 잠재의식은 이를 '믿음'의 형태로 우리에게 되돌려주며, 우리는 그 믿음을 바탕으로 열망을 성취하기 위한 구체적 계획을 세운다.

믿음이 없는 사람에게 믿음을 키우는 방법을 설명하는 것은 색을 본 적도 없고 비유할 만한 대상에 대한 지식이 없는 시각장애인에게 빨간색을 묘사하는 것만큼이나 어려운 일이다. 그러나 13가지 성공 원칙을 완전히 숙지하고 나면 원하는 대로 키울 수 있는 마음가짐이기도 하다. 성공 원칙을 적용하고 사용하면 믿음은 자연스럽게 생겨나기 때문이다. 그러므로 잠재의식에 반복해서 확신을 심어주는 것이 믿음을 자연스럽게 커나갈 수 있게 하는 유일한 방법이다.

평범한 사람이 범죄자가 되는 과정을 들으면 믿음이 커진다는 의미가 좀 더 명확하게 이해될 것이다. 한 저명한 범죄학자에 따르면 이러하다. "사람이 처음 범죄를 접할 때는 범죄를 혐오한다. 하지만 일정 시간 범죄에 꾸준히 노출되면 익숙해지면서 참게된다. 그러다가 아주 오랫동안 범죄를 접한 상태로 있게 되면 결국 범죄를 받아들이고 영향을 받게 된다."

이것을 믿음과 놓고 보았을 때 잠재의식에 반복적으로 전달되는 사고 자극은 결국 잠재의식 속에 주입되고 결국 행동으로 이어지게 되는데, 이때 사용할 수 있는 가장 실용적인 방법을 통해 자극을 물리적 실체로 전환한다. 이와 관련해 생각이 감정이 결합된 후 믿음과 합쳐졌을 때 물리적 실체로 전환된다는 말을 다시 한 번 생각해보자. 감정 또는 느낌은 생각에 활력과 행동력을 불러일으키는 요소다. 믿음, 사랑, 성애의 감정은 사고 자극과 만났을 때 한 가지 감정만 있을 때보다 훨씬 큰 실행력을 보인다.

그런데 사고 자극은 믿음뿐만 아니라 다른 긍정적이거나 부정적 감정과 섞여도 잠재의식에 닿으면 영향을 끼칠 수 있다. 즉 잠재의식은 긍정적이고 건설적인 생각뿐만 아니라 부정적이고 파괴적인 생각도 물리적 실체로 전환한다는 말이다. 많은 사람이 불행 또는 불운이라 부르는 특이한 경험을 하게 되는 이유가 여기에 있다.

사람들은 자기가 통제할 수 없는 어떤 이상한 힘 때문에 가난하고 실패할 수밖에 없었다고 여긴다. 이들은 스스로를 불운하게 만들고 있는 것이나 다름없다. 자신이 잠재의식에 전달한 부정적 믿음이 현실로 전환된 것이기 때문이다.

여기서 주목해야 할 점은 물질적 혹은 금전적 실체로 전환되기 바라는 열망을, 실제로 일어나리라는 기대와 믿음을 가지고 잠재의식에 전달하면 이루어질 수 있다는 점이다. 믿음 또는 신념이 잠재의식의 행동 방향을 결정하기 때문이다. 내가 아들에게 한 것처럼 잠재의식은 자기암시를 통해 충분히 속일 수 있다.

이런 '속임수'를 현실로 이루려면 당신이 원하는 대상을 이미 소유했다고 잠재의식에 주입해야 한다. 그러면 잠재의식은 가장 직접적이고 현실적인 수단을 통해 믿음과 신념을 가지고 지시하는 모든 것을 물리적 실체로 바꿔놓을 것이다.

3장 믿음

이제 잠재의식에 전달되는 명령과 믿음을 결합하는 방법에 대해서는 충분히 설명되었으리라. 이것은 연습으로만 완벽해질 수 있다. 단순히 글로 읽는다고 이루어지지 않는다.

범죄에 노출되기 쉬운 환경에 있으면 범죄에 개입될 확률이 높은 것처럼 잠재의식에 임의로 주입하는 식으로 믿음을 키울 수도 있다. 정신은 결국 압도적인 영향력을 받아들이기 때문이다. 이 사실을 이해하면 왜 긍정적 감정을 지배적 힘으로 키우고 부정적 감정은 제거해야 하는지 알게 된다. 긍정적 감정으로 채워진 마음은 믿음을 위한 좋은 바탕이 된다. 긍정적 감정이 주도하는 마음은 언제든 잠재의식에 지시를 내릴 수 있고, 잠재의식은 지시를 받아들여 행동으로 옮길 것이다.

자기암시를 이용해 믿음 계발하기

오래전부터 종교 지도자들은 사람들에게 믿음을 가지라고 열심히 외쳤지만 정작 어떻게 믿음을 지닐 수 있는지는 알려주지 않았다. '믿음은 자기암시로 만들어내는 마음 상태'라는 말도 하지 않았다. 이제부터 믿음이 없는 상황에서 믿음을 일구는 원칙을 쉽게 설명하려 한다.

시작하기 전에 다음을 다시 상기해보라. 믿음은 사고 자극에 생명과 힘을 주고, 그것을 행동으로 바꾸는 '영원한 묘약'이다. 앞 문장을 두 번, 세 번 계속 읽어보라. 큰 소리로 읽어라!

믿음은 부를 만들어내는 출발점이자 과학으로는 설명되지 않는 기적과 모든 미스터리의 토대다.

믿음은 실패의 유일한 해독제다. 믿음은 기도와 합쳐질 때 무한 지능과 직접 소통할 수 있게 해주는 연금술사다.

믿음은 확고한 마음으로 만들어진 평범한 사고 자극을 영적 요소로 바꾸는 요소다.

믿음은 무한 지능의 우주적 힘을 인간이 통제해서 사용할 수 있게 하는 유일한 힘이다.

위의 모든 진술은 증명할 수 있다. 증명은 간단하고 쉽다. 자기암시의 원칙에 증거가 들어 있기 때문이다. 그러므로 자기암시가 무엇이며 그것으로 무엇을 성취할 수 있는지 알아보자.

어떤 말을 반복하면 그게 진실이든 거짓이든 결국 믿게 된다는 것은 잘 알려진 사실이다. 거짓말을 반복하면 결국 그 거짓말을 사실로 받아들이고, 더 나아가 그것을 믿기까지 한다. 한 사람의 현재 모습은 자기 마음을 장악한 생각으로 완성된 것이다. 마음속에 의도적으로 심은 생각이 하나 이상의 감정과 합쳐지면 사람을 움직이는 원동력이 되어 그의 움직임과 행동을 지시하고 제어하게 된다.

여기 중요한 진리가 있다. 생각이 감정과 결합하면 '자성'을 띠게 된다. 이 자성은 대기의 떨림에서 다른 비슷하거나 관련된 생각을 끌어들인다. 이렇게 자성을 띤 생각은 마치 비옥한 땅에 심어져 싹이 트고 자라서 자신을 계속 증식시켜가는 씨앗과 같다. 작은 씨앗 한 톨은 다시 수백만 개의 씨앗으로 불어나게 된다.

대기는 영원한 진동의 힘이 모여 만들어진 거대한 우주 덩어리다. 그 안에는 파괴적인 진동과 건설적인 진동이 있다. 두려움, 빈곤, 질병, 실패, 궁핍의 진동과 번영, 건강, 성공, 행복의 진동이 공존하는 것이다. 라디오라는 도구를 통해 온갖 다양한 음악 소리와 사람의 목소리가 전달되지만 각각의 소리는 개별성을 지니고 있어 식별할 수 있는 것과 같다.

인간의 정신도 대기라는 큰 창고에서 자신을 지배하는 생각과 조화를 이루는 파동을 계속해서 끌어당기고 있다. 마음속에 품은 생각이나 아이디어, 계획이나 목적은 대기의 떨림에서 그것과 비슷한 것들을 끌어당기고, 이 비슷한 것들은 스스로 힘을 더해나가 점점 증식한다. 그리고 마침내 그것을 품은 사람의 마음속에 주요한 동기로 자리 잡는다.

그렇다면 아이디어, 계획, 목적이라는 원래 씨앗을 어떻게 마음에 심을 수 있을까? 간단하다. 생각을 반복하는 방법으로 심는 것이다. 명확하고 주된 목표를 선언문으로 써 머릿속에 집어넣고 잠재의식에 닿도록 소리 내 반복해서 읽으라고 하는 것도 같은 이유에서다.

우리가 현재의 모습이 된 것은 일상 속 환경에서 오는 자극을 통해 생각의 진동을 선택하고 받아들인 결과다. 따라서 불우한 환경의 영향력을 밀어내고 자기 삶을 주도적으로 건설하겠다고 마음먹어야 한다. 자신의 정신적인 면을 자세히 살펴보면 가장 큰 약점이 자신감 결여라는 사실을 깨달을 것이다. 그러나 이 결함은 극복할 수 있고 자기암시 원칙을 통해 소심함을 버리고 용기를 가질 수 있다. 이 원칙은 간단하게 적용할 수 있다. 긍정적 생각을 글로 쓰고 기억하며 반복해서 잠재의식을 작동하게 하면 된다.

자신감 선언

1. 나에게는 인생의 확고한 목표를 이룰 수 있는 능력이 있다. 그러므로 끈기 있게 기다리고 계속해서 노력할 것이다. 여기서 그럴 것을 다짐한다.

2. 내 지배적 생각은 외부로 표출되어 물리적 행동을 취하고 차츰

물리적 현실로 바뀐다. 그러므로 매일 30분씩 집중해서 내가 되고 싶은 모습을 그려볼 것이다. 그럼으로써 내 마음에 뚜렷한 이미지를 만들어낼 것이다.

3. 자기암시 원칙을 통해 그 어떤 열망이든 마음속에 계속 품고 있으면 목표를 달성할 실질적인 수단을 찾아낼 수 있다. 그러므로 나는 매일 10분씩 자신감을 계발할 것이다.

4. 인생의 목표를 명확하게 글로 쓰고, 목표를 달성하기 위한 자신감을 키울 때까지 계속 노력할 것이다.

5. 진실과 정의 위에 세워지지 않은 부와 지위는 오래가지 않음을 잘 알고 있다. 그러므로 나는 사람들에게 이익을 주지 않는 과정(거래)에는 관여하지 않을 것이다. 나는 내가 사용하고자 하는 힘을 스스로 끌어당기고, 다른 사람과 협력하여 성공할 것이다. 다른 사람을 도우려는 마음으로 다른 사람도 나를 돕도록 만들 것이다. 모든 인간을 사랑하는 마음을 키워 증오와 시기, 질투와 이기심 그리고 냉소의 마음을 버릴 것이다. 타인에 대한 부정적 태도는 나의 성공에 전혀 도움이 되지 않기 때문이다. 또한 다른 사람이 나를 믿도록 할 것이다. 나는 그들을 믿고 또 나 자신을 믿기 때문이다.

나는 이 선서에 서명하고, 기억하고, 그것이 차츰 내 생각과 행동에 영향을 끼쳐 결국 자립적이고 성공한 사람이 될 것이라는 완전한 믿음을 가지고 하루에 한 번씩 큰 소리로 낭독할 것이다.

이 선서를 뒷받침하는 것은 이제껏 누구도 설명하지 못한 자연의 법칙이다. 이는 오랫동안 과학자들을 의아하게 했다. 심리학자들은 이 법칙에 '자기암시'라는 이름을 붙였다. 어떻게 부르든 그것은 중요하지 않다. 중요한 것은 이것이 건설적으로 사용된다면 인류의 영광과 성공을 이루는 역할을 할 수 있다는 점이다. 반면 파괴적으로 사용된다면 인류를 파괴할 수도 있다.

여기서 아주 중요한 진실을 알 수 있다. 이름하여 패배한 사람들, 가난과 빈곤, 고통 속에서 살다 간 사람들은 자기암시의 원칙을 부정적으로 적용했기 때문이라는 사실이다. 모든 사고 자극은 그들의 물리적 실체로 옷을 입는 경향이 있기 때문이다.

모든 사고 자극이 결합하여 물리적 현실로 전환하는 화학 실험실인 잠재의식은 건설적 생각과 파괴적 생각을 구분하지 않는다. 우리가 사고 자극을 통해 제공하는 재료를 가지고 그대로 작업할 뿐이다. 잠재의식은 **용기**나 **믿음**에 의해 움직인 생각을 쉽게 현실로 전환하는 만큼 두려움이 불러오는 생각도 그대로 현실로 만든다.

의학계에는 '암시적 자살'에 관한 사례가 많다. 다른 수단만큼이나 부정적 암시 때문에 자살하기가 쉽다는 의미다. 조지프 그랜트라는 은행원의 사례가 그러하다. 그랜트는 은행장 허락 없이 은행 돈을 빌렸고 그 돈을 도박으로 탕진했다. 어느 날 오후 은행 감사가 찾아와 장부를 조사했다. 그랜트는 은행을 나와 인근 호텔로 갔다. 사흘 후, 사람들이 그를 발견했을 때 그는 침대에 누워 "정말 죽을 것 같습니다! 망신을 참을 수가 없습니다"라는 말을 되뇌며 신음하며 울고 있었다. 그리고 곧 죽었다. 의사는 그의 죽음을 '정신적 자살'이라고 발표했다.

전기를 건설적으로 사용한다면 산업을 움직이고 유용하게 쓸 수 있지만 잘못 사용하면 인생을 끝낼 수 있듯이, 자기암시의 법칙은 얼마나 이해하고 적용하느냐에 따라 당신을 평화와 번영으로 이끌 수도 있고 궁핍과 실패와 죽음의 나락으로 떨어뜨릴 수도 있다.

마음이 두려움과 의심, 무한 지성과 교감하고 그 힘을 이용할 수 있는 능력에 불신을 가지게 되면, 자기암시의 법칙은 이 불신을 잠재의식에 보내 그것을 물리적 실체로 전환하게 만든다. 이는 2 더하기 2가 4라는 것만큼이나 진실이다!

바람에 따라 배가 동쪽으로도, 서쪽으로도 움직일 수 있듯이 자기암시 법칙은 생각이 움직이는 방향에 따라 당신을 들어 올릴 수도, 아래로 끌어내릴 수도 있다. 월터 D. 윈틀의 다음 시에는 상상을 초월하는 성취를 이룰 수 있게 하는 자기암시 법칙이 잘 표현되어 있다.

> 패배할 거라고 **생각하면** 패배할 것이다
> 감히 내가 어떻게 하겠어라고 **생각하면**
> 감히 시도도 못 하게 될 것이다
> 승리하고 싶지만 그럴 수 없다고 **생각한다면**
> 절대로 승리할 수 없을 것이다
> 패배할 거라고 **생각하면** 패배할 것이다
> 우리가 세상에서 발견하는 것은
> 사람의 생각에서 성공이 시작된다는 사실이다
> **모든 것이 생각하기에 달렸다**
> 남보다 못하다고 **생각하면** 남보다 못한 것이다
> 자신이 높이 올라가리라 생각하면
> 자신에 대한 **확신이 있다면**
> 보답받게 될 것이다

인생의 전장에서는

강한 자나 약삭빠른 자가 늘 승리하는 건 아니다

빠르든 늦든 결국 승리하는 사람은

할 수 있다고 생각하는 사람이다

강조된 단어를 눈여겨보면 시인이 말하고자 했던 깊은 의미를 알 수 있을 것이다.

당신의 어딘가에, 아마도 뇌세포 속에는 성공의 씨앗이 잠자고 있을 것이다. 그 씨앗을 깨워 작동시키면 꿈꾸지 못했던 높이로 당신을 데려갈 것이다. 위대한 음악가가 바이올린 연주로 가장 아름다운 선율을 쏟아내듯 당신도 뇌 속에 잠들어 있는 천재성을 깨우면 그것으로 원하는 목표까지 닿을 수 있다.

에이브러햄 링컨은 마흔이 넘을 때까지 하는 일마다 실패했다. 그는 누구도 알아주지 않는 평범한 사람이었지만 마음과 머릿속에 잠자고 있던 천재성을 깨우는 놀라운 경험을 하게 되었고, 세상에서 가장 위대한 인물 중 하나가 되었다. 그 경험이란 그가 유일하게 사랑했던 앤 러틀리지와 함께한 슬픔과 사랑의 시간이었다.

사랑의 감정은 믿음이라 알려진 마음 상태와 매우 비슷하다. 사랑이라는 감정이 사고 자극을 영적인 형태로 전환하기 때문이다. 나는 뛰어난 성취를 이룬 수백 명의 일생과 업적을 분석하는 과정에서 그들 뒤에는 언제나 사랑한 연인의 영향력이 있었다는 사실을 발견했다. 사랑이라는 감정은 인간의 마음과 뇌에서 호의적인 자성을 만들어내는데, 그것이 대기에 더 높고 훌륭한 파동들이 쏟아져 들어오게 한다.

믿음의 힘에 대한 증거를 원한다면 이를 사용한 사람들의 업적을 살펴보라. 가장 대표적인 증거가 예수그리스도다. 기독교는 단일 힘으로 가장 많은 사람에게 영향을 끼친 종교다. 기독교의 근간은 믿음이다. 얼마나 많은 사람이 이 위대한 힘이 가진 의미를 왜곡하고 오해했는지, 기독교 안에서 어떻게 중심 교리에 어긋나는 교리와 신조가 만들어졌는지는 차치하고서라도 말이다.

기적이라고 해석되는 예수그리스도의 가르침과 업적의 요점은 믿음에 있다. 기적이라는 현상이 정말 있다면 이는 믿음이라고 알려진 마음 상태로 나타난 것뿐이다.

마하트마 간디는 역사상 믿음의 힘을 가장 잘 보여주는 사례다. 간디는 누구보다 큰 잠재력을 발휘했다. 돈, 전함, 군인, 물질적 풍요로움 같은 힘의 정통 도구 없이도 말이다. 간디는 돈과 집은 물론이고 제대로 된 옷 한 벌도 없었지만, 그에게는 힘이 있었다. 도대체 그 힘을 어떻게 얻었을까? 간디는 믿음의 원칙을 이해하고 그 믿음을 2억 명의 마음에 심어주는 능력으로 힘을 얻었다.

간디는 믿음을 사용해 지구상에서 가장 강력한 군대를 이루었다. 어떤 군사나 군사 장비로 이룬 것이 아니었다. 그는 2억 명의 마음을 하나로 합치고 함께 움직이는 놀라운 성과를 이루었다. 이런 일을 가능케 하는 것이 지구상에 믿음 외에 무엇이 있겠는가?

고용주뿐만 아니라 고용인도 믿음의 가능성을 발견하는 날이 오리라. 그날이 밝아오고 있다. 최근 경제 불황으로 전 세계는 믿음의 부족이 경제에 어떤 영향을 미치는지 충분히 목격했다.

분명 문명사회는 경제 불황 시기를 지나며 배운 교훈을 활용할 줄 아는 똑똑한 사람을 많이 배출했다. 그러나 세계는 사회에 두려움이 퍼졌을 때 산업과 경제가 마비될 수 있음을 똑똑히 보았다. 이 난관을 딛고 일어서는 기업과 산업의 리더들은 간디가 세상에 적용했던 방법을 따라 수익을 창출하고, 그가 세계 역사에서 유례 없이 많은 수의 추종자를 만들어내는 데 사용했던 전략을 사업에 적용할 것이다. 이런 리더는 제철소, 광산, 자동차 공장 등 우리 주변 현장에서 묵묵히 일하는 무명의 평범한 사람들 속에서 탄생할 것이다.

사업은 틀림없이 개혁에 들어서야 한다! 힘과 공포에 기반을 둔 과거의 방식은 믿음과 협력이라는 더 나은 원칙으로 대체될 것이다. 노동자들은 더 많은 일당을 받고, 회사에 자본을 대는 사람들만큼이나 배당금을 받게 될 것이다. 그러나 우선 그들은 고용주에게 더 많은 것을 제공하고 대중을 담보로 하는 다툼과 협상을 멈춰야만 한다. 배당금에 대한 권리를 스스로 얻어야만 한다.

무엇보다 중요한 것은 노동자들을 이끄는 리더는 간디가 사용한 원칙을 이해하고 적용하는 사람이 되리라는 점이다. 리더들은 이 방식으로만 추종자들에게 전적인 협조를 얻어낼 수 있다. 이것이 가장 고결하고 지속력 있는 권력을 구축하는 방법이다.

우리가 이제 막 벗어나고 있는 이 거대한 기계시대는 인간에게서 영혼을 앗아갔다. 리더들은 인간을 마치 차가운 기계 부품인 것처럼 여겼다. 그렇게 된 데는 갖기만 하고 주지는 않으려 했던 고용인들의 협상 태도에도 원인이 있다. 미래의 표어는 인간의 행복과 만족이 될 것이다. 그것이 현실화되면 사람들이 노동에 믿음과 개인적 이익을 조합하지 않았을 때 생산했던 것보다 훨씬 효율적인 결과를 낼 것이다.

기업과 산업을 운영하는 데 있어 믿음과 협력은 필수다. 다음에서는 산업가와 기업인이 '얻으려 하기' 전에 먼저 '주는 방식'으로 큰 재산을 축적했던 흥미로운 사례를 소개해보겠다.

이 사건은 US 스틸이 막 설립되던 때인 1900년대로 거슬러 올라간다. 이 이야기를 읽으며 다음의 기본적인 사실을 마음에 새기면 아이디어가 어떻게 막대한 부로 전환되었는지 이해하기 쉬울 것이다.

첫 번째, US 스틸이 탄생한 것은 찰스 M. 슈와브의 상상 속 아이디어를 통해서였다.

두 번째, 슈와브는 이 아이디어에 믿음을 결합했다.

세 번째, 슈와브는 아이디어를 물질적이고 재정적인 실체로 전환하기 위해 조직적인 계획을 세웠다.

네 번째, 슈와브는 유니버시티 클럽에서 행한 자신의 연설을 통해 계획을 실행에 옮겼다.

다섯 번째, 슈와브는 끈기를 가지고 계획을 추진했고, 계획이 완전히 실현될 때까지 확고한 결심을 이어갔다.

여섯 번째, 성공을 향한 뜨거운 열망을 바탕으로 성공을 준비했다.

막대한 부를 축적하는 방법이 궁금한 사람이라면 US 스틸을 일군 이야기에서 깨달음을 얻을 수 있을 것이다. 생각하면 부자가 될 수 있다는 말에 의구심이 든다면 이 이야기가 그 의심을 거두게 할 것이다. 책에 소개된 13가지 원칙의 주요 요점을 적용하는 과정을 볼 수 있기 때문이다. 아이디어에 담긴 놀라운 힘에 관한 이 이야기는 존 로웰이 〈뉴욕 월드텔레그램〉에 기고한 내용이다.

3장 믿음

10억 달러를 얻어낸 연설

1900년 12월 12일 저녁, 뉴욕 5번가의 한 연회장에 유니버시티 클럽 모임의 재계 유명인들 80여 명이 서부 출신의 한 젊은이를 기리기 위해 모였을 때만 해도 산업 역사에 한 획을 그을 사건을 목격하게 되리라는 것을 안 사람은 거의 없었다.

J. 에드워드 시몬스와 찰스 스튜어드 스미스는 최근 피츠버그를 방문하는 동안 찰스 M. 슈와브에게 받은 환대에 감사한 마음으로 만찬회를 마련하고 동부 지역 은행가들에게 이 38세의 철강 사업자를 소개하려고 했다. 그러나 두 사람도 슈와브가 그 모임을 압도할 거라고는 전혀 예상하지 못했다. 오히려 뉴욕의 격식을 차리는 사람들은 연설에 그다지 관심이 없을 테니, 재벌가들을 지루하게 만들고 싶지 않으면 15분이나 20분 정도 예의만 차리고 자리를 떠나는 게 좋을 거라 조언했다. 슈와브의 오른쪽에 앉은 존 피어폰트 모건조차 잠시 자리만 빛내고 일찍 나갈 생각이었다. 언론과 대중의 관심도 매우 낮아서 다음 날 특별히 기사화할 것도 없는 자리였다.

두 주최자와 기품 있는 손님들은 평소대로 코스 요리 만찬을 즐겼다. 대화는 거의 없었고 주제도 매우 제한적이었다. 머난거힐라강 지역이 주 활동 무대였던 슈와브를 만난 은행가나 브로커들은 거의 없었고 그에 대해 잘 알지도 못했다. 하지만 그날 저녁 식사가 끝나기 전 재계의 거물인 모건을 비롯해 자리에 있던 모든 사람이 슈와브에게 완전히 매료되었고, 마침내 10억 달러 가치를 지닌 US 스틸이 태동하게 되었다.

찰스 슈와브의 그날 연설을 기록으로 남기지 않은 것은 역사적으로 불운한 일이었다. 나중에 시카고 은행가들과의 만남

자리에서 연설의 일부를 다시 언급하기는 했다. 그리고 훨씬 더 이후에 정부가 철강 독과점을 해체하고자 소송을 진행했을 때, 슈와브는 증인석에서 모건의 투자를 받아낸 그 연설을 다시금 발표했다.

그러나 그의 연설은 그야말로 '편안한' 연설이었다. 문법도 맞지 않고(슈와브는 정확한 어휘에 신경 쓰지 않았다) 경구와 위트가 많이 섞여 있었다. 하지만 어찌 되었든 그의 연설은 모두 합쳐 자산만 50억 달러에 달하는 사람들에게 전기 충격을 가한 듯한 효과를 냈다. 연설이 끝나고도 모임에 있는 사람들은 그의 주문에 빠져 있었고, 90분 동안 대화를 나누고도 모건은 슈와브를 한적한 창가로 데려가 다리가 바닥에 닿지도 않는 불편한 의자에 앉아 한 시간 동안 더 이야기를 나누었다.

슈와브의 매력이 강한 마법을 부리긴 했지만, 그보다 더 중요하고 영향력이 컸던 것은 철강업계 확장에 관한 정교하고도 깔끔한 그의 계획이었다. 이미 많은 사람이 비스킷, 전선, 후프, 설탕, 고무, 위스키, 기름, 껌 회사가 진행하는 기업 합병을 따라 엉성하게 기획한 철강업계 트러스트 계획안을 들고 모건의 관심을 끌려던 상황이었다.

투기꾼 존 W. 게이츠도 프로그램을 가져와 모건을 설득했지만 모건은 그를 불신했다. 크래커 제조 회사와 성냥 트러스트를 결합하려 했던 시카고 주식거래소의 중개인 빌과 짐도 모건을 설득하는 데 실패했다. 신실한 척하는 시골 변호사 앨버트 H. 게리도 그 사업을 추진하려 했지만 모건에게 그다지 깊은 인상을 주지 못했다. 반면 슈와브는 능변으로 모건의 비전을 끌어올렸다. 게다가 이제껏 누구도 상상하지 못했던 대담한 금융 인수가 가져올 확실한 결과를 그려볼 수 있게 만들었다. 슈와브가 나서기 전까지 이 프로젝트는 일확천금을 노리는 헛된 망상으로만 여겨졌다.

수천만 개의 작고 비효율적으로 관리되던 기업이 크고 경쟁력 있는 조합에 들어가는 일은 이미 한 세대 전부터 있었다. 업계의 무법자 존 W. 게이츠가 고안한 금융 장치를 통해 철강업계에서는 이미 아메리칸스틸앤드와이어사가 설립되었고, 게이츠는 모건과 함께 손을 잡고 페더럴스틸사를 세우기도 했다. 내셔널튜브와 아메리칸브리지도 모건과 관련이 있었다. 무어 형제는 성냥과 쿠키 사업을 접고 양철판, 철근, 강철판을 포함하는 아메리칸 그룹을 결성하고 내셔널스틸사를 설립했다.

그러나 53개의 파트너사가 연합해 운영하는 앤드루 카네기의 거대한 조직에 비하면 다른 조합들의 존재감은 미미했다. 다른 조직들의 핵심 사업을 모두 합쳐도 카네기 조직에는 잇자국도 내지 못할 수준이었다. 모건도 이 사실을 알고 있었다.

괴짜로 소문 난 스코틀랜드 노인 카네기가 이를 모를 리 없었다. 카네기는 처음에는 놀라움으로, 그다음에는 분개하며 모건의 소규모 회사들이 자신의 사업을 잠식해 들어오는 상황을 지켜보았다. 시도가 대담해지자 카네기는 분노했고 복수를 준비했다. 그는 경쟁사들이 소유한 공장을 똑같이 복제하기로 했다. 그때까지는 철사, 파이프, 후프, 강판 등에는 관심이 없어서 이를 제조하는 회사들에 강철을 판매하는 데 만족하고 있었다. 이제 카네기는 유능한 슈와브를 등에 업고 경쟁자들을 궁지에 몰아넣을 계획을 세우기 시작했다.

그리고 그날 슈와브의 연설에서 모건은 자신의 문제에 대한 답을 찾았다. 가장 큰 규모의 카네기를 끌어들이지 않는 한 그건 제대로 된 트러스트가 아니었다. 소 없는 찐빵인 셈이었다.

1900년 12월 12일 밤, 슈와브는 연설을 통해 확언하지는 않았지만 카네기 제국을 모건의 그늘로 가져올 수도 있다고 암시했다. 연설은 철강 산업의 미래에 관한 이야기였다. 그는 철강 산업을 효율적으로 재편해야 한다고 주장했다. 각 부문을 전문화하고, 비생산적인 공장은 정리하여 이익 창출에 집중하고, 원자재 유통 비용과 간접비용과 운영비를 절감하고, 해외 시장을 선점하자는 것이 핵심이었다.

더 나아가 슈와브는 관습적으로 노략질하는 해적 같은 기업들에 대해서도 언급했다. 이들의 목적은 독점 기업을 만들어 가격을 올리고 그 특권을 이용해 높은 배당금을 받는 것이었고, 슈와브는 이런 행태를 진심으로 비난했다. 이 정책은 모든 분야에서 확장을 부르짖는 시대에 시장에 제약을 가하는 것뿐이라고 말했다. 철강 가격을 낮추면 시장은 무한 확장될 것이고, 철강 사용량이 늘어나면 세계 무역의 상당 부분을 차지할 수 있었다. 슈와브 자신도 깨닫지 못했지만 이 주장은 현대의 대량생산 전략을 언급한 것이었다.

유니버시티 클럽의 만찬은 그렇게 끝이 났다. 모건은 집으로 돌아와 슈와브의 장밋빛 청사진에 대해 생각했다. 슈와브는 피츠버그로 돌아가 '카네기 프로젝트'라는 철강 사업에 착수했고, 게리와 나머지 사람들도 주식시장으로 돌아가 추이를 지켜보았다.

준비는 이내 끝났다. 모건은 한 주 동안 슈와브가 제시한 계획이 합리적인지 검토해보았다. 재정적으로 문제될 것이 없다는 확신이 들었을 때 그는 사람을 보내 슈와브를 불렀다. 슈와브는 다소 조심스러운 태도를 보였다. 자신이 월가의 제왕과 은밀히 이야기 나누는 것을 카네기가 달가워하지 않으리라 여겼기 때문이다. 카네기는 월스트리트에 발도 들여놓지 않겠다고 할 만큼 그곳을 싫어했다. 그러자 중재자였던 존 W. 게이츠는 슈와브가 필라델피아의 벨뷰 호텔에 머물 때를 맞춰 '우연히' 모건이 그 자리에 등장한다는 계획을 세웠다. 하지만 슈와브가 호텔에 도착했을 때 모건은 갑작스레 병이 나서 집에 드러누웠고, 슈와브는 모건의 간청에 어쩔 수 없이 뉴욕에 있는 모건의 집 서재에서 회동하게 되었다.

오늘날 몇몇 경제사학자는 이 드라마가 시작부터 끝까지 앤드루 카네기가 깔아놓은 판이라고 믿는다. 슈와브를 만찬에 부르고, 유명한 연설을 하게 하고, 일요일 저녁에 슈와브와 월스트리트 제왕이 회동하게 만든 것이 모두 이 영리한 스코틀랜드 노인의 계획이라고 말이다.

하지만 사실은 이와 정반대다. 슈와브는 이 거래를 성사시키자는 전화를 받았을 때, 카네기가 매도 제안을 받아들일지 여부도 몰랐다. 게다가 카네기는 모건의 사람들은 기품이 없다며 호감을 보이지 않았다. 하지만 슈와브는 그와의 회동을 성사시켰고 손수 쓴 문서 여섯 장에 자기 생각을 물리적 가치로 표현했다. 새롭게 재편된 철강업계에서 핵심 기업으로 부상할 철강 회사들의 잠재적 수익을 산출한 것이었다.

네 남자가 이 숫자를 밤새 검토했다. 물론 수장은 돈을 종교처럼 신성시하는 모건이었다. 여기에 학자이자 신사인 그의 귀족적인 파트너 로버트 베이컨이 함께했다. 세 번째로는 모건이 투기꾼으로 여기며 경멸했지만 유용한 인물이었던 존 W. 게이츠가 동행

했다. 네 번째는 철강 생산과 판매 과정을 누구보다 잘 알고 있는 슈와브였다. 누구도 이 피츠버그 출신 사내가 도출해낸 수치에 의문을 제기하지 않았다. 그가 어떤 회사가 가치 있다고 말하면 그곳은 그 이상의 가치가 있었다.

또한 슈와브는 자신이 지목한 기업들만 트러스트에 포함해야 한다고 강력하게 주장했다. 그는 어떤 트러스트도 자신의 계획을 모방할 수 없다 확신했고, 모건을 등에 업고 쉽게 이익을 챙기려는 자들은 받아들이지 않았다. 따라서 배고픈 눈으로 바라보던 월스트리트의 기회주의자들도 의도적으로 제외했다.

동이 틀 무렵 모건은 자리에서 일어나 허리를 폈다. 그에게는 하나의 질문만이 남아 있었다.

"앤드루 카네기가 회사를 매각하도록 설득할 수 있겠는가?"

"해보겠습니다."

"매각하도록 설득한다면 이 사업은 자네에게 위임하지."

거기까지는 순조로웠다. 하지만 과연 카네기가 매각할까? 얼마를 요구할까? (슈와브는 대략 3억 2000만 달러를 예상했다.) 어떤 지급 방식을 원할까? 공동 소유를 하자고 할까, 주식을 달라고 할까? 채권? 현금? 하지만 현금으로 3억 달러를 끌어모을 수 있는 사람은 없었다.

1월의 어느 날, 나무줄기가 갈라질 정도로 추위가 매서운 날씨에 웨스트체스터의 세인트앤드루스 황무지에서 골프 경기가 열렸다. 카네기는 추위에 대비해 스웨터를 꽁꽁 껴입었고 슈와브는 분위기를 띄우기 위해 평소처럼 계속 떠들었다. 하지만 사업에 관련된 이야기는 일절 하지 않았다. 두 사람이 근처에 있는 카네기의 작은 별장으로 자리를 옮겨 몸을 녹이기 전까지는 말이다.

그곳에서 슈와브는 유니버시티 클럽에서 80명의 백만장자를 홀린 설득력을 발휘하여 안락한 은퇴 생활에 대한 장밋빛 약속을 쏟아내기 시작했다. 노년을 위한 막대한 금전적 보상에 대한 약속이었다. 카네기는 결국 두 손을 들었고 종이 한 장에 숫자를 써서 슈와브에게 건네며 말했다. "좋아, 이 가격이면 팔겠네."

거기엔 4억 달러가 적혀 있었다. 그 정도면 슈와브가 예상한 3억 2000만 달러와 비슷한 금액이었고, 거기에 2년간 자본 가치가 상승한 것을 반영하여 8000만 달러를 더한 정도였다. 훗날 대서양 횡단 여객선 갑판에서 이 스코틀랜드인은 모건에게 아쉽다는 듯 이렇게 말했다.

"1억 달러를 더 요구할 걸 그랬어."

"그러셨더라도 기꺼이 드렸을 겁니다." 모건이 쾌활하게 대꾸했다.

당연히 이 사건은 일대 파란을 일으켰다. 영국의 한 기자는 이 거대한 철강 합병이 철강업계의 "간담을 서늘케 했다"고 썼다. 예일대학교의 해들리 총장은 이 트러스트를 두고 적절한 규제가 이루어지지 않으면 "향후 25년 이내에 워싱턴에 황제"가 등장할 것이라고 말했다.

하지만 주가 조작의 달인인 킨이 공격적으로 새 주식을 사들이자 6억 달러어치의 잉여 자본이 눈 깜짝할 사이에 흡수되었다. 카네기는 수백만 달러를 손에 넣었고 모건의 인수단은 6200만 달러를 벌어들였으며, 게이츠부터 게리까지 관련자 역시 수백만 달러를 벌었다. 38세의 슈와브에게도 보상이 있었다. 그는 새로운 회사의 사장이 되어 1930년까지 회사를 운영했다.

US 스틸 설립에 관한 이 극적인 이야기를 소개하는 이유는 열망이 어떻게 물리적 형태로 바뀌는지를 완벽하게 보여주고 있기 때문이다. 눈에 보이지 않는 단순한 열망이 어떻게 물리적 실체로 전환될 수 있는지 의문을 갖는 독자도 있을 것이다. "무에서 유를 창조하는 것은 불가능하다"라고 말하는 이도 있을 것이다. 이에 대한 대답은 US 스틸의 이야기에 들어 있다.

이 초거대 기업은 한 사람의 마음에서 만들어졌다. 작은 철강 공장들을 한데 모아 재정적 안정성을 준다는 계획도 역시 한 사람의 마음속에서 나온 것이다. 그의 믿음과 열망, 상상력과 끈기가 US 스틸을 일구어낸 진짜 재료다. US 스틸이 합법적 기업이 된 뒤 철강 공장들과 설비들은 인수합병되었다. 자연스러운 결과로 보이지만 자세히 분석해보면 단일 관리 체계 아래 회사들을 통합한 그 과정 하나로 US 스틸의 자산 가치가 약 6억 달러 가까이 증가한 셈이다.

다시 말해 찰스 슈와브의 아이디어에 J.P. 모건과 다른 이들의 마음을 움직일 수 있다는 믿음이 합쳐져 6억 달러에 달하는 시장 수익을 발생시킨 것이다. 아이디어 하나로 나온 금액치고는 대단하지 않은가! 이 거래로 수백만 달러의 이익을 얻은 다른 사람들의 이야기는 상관할 바 아니다. 이 놀라운 성공 사례가 이 책이 담고 있는 성공 철학의 확실한 증거라는 게 중요한 것이다.

US 스틸은 번창하여 미국에서 가장 부유하고 힘 있는 기업이 되었으며, 수천 명의 일자리를 창출했고, 새로운 철강 사용처를 개발했으며, 지속적으로 새로운 시장을 개척하고 있다. 이로써 슈와브의 아이디어가 6억 달러의 이익을 창출했다는 것이 증명되었다.

부는 생각에서 시작된다!

얼마만큼의 부를 얻을 수 있는지는 생각을 실행에 옮기는 사람에 달려 있다. 믿음은 모든 한계를 없앤다. 부를 얻기 위한 대가로 인생이 무엇을 요구하든 협상할 준비가 되었을 때 이 말을 꼭 기억하라.

US 스틸을 창설한 슈와브는 당대에 무명이었다는 사실도 기억하라. 그의 아이디어가 세상에 모습을 드러내기 전까지 그는 앤드루 카네기의 충실한 부하에 지나지 않았다. 하지만 아이디어가 현실이 되고부터 슈와브는 빠르게 권력과 명성과 부를 얻을 수 있었다.

"잠재의식에 닿아
영향을 끼치기 위해서는
그만한 노력을 기울여야 한다.
속임수는 통하지 않는다."

부를 향한 세 번째 원칙

자기암시

잠재의식에 영향을 미치는 도구

자기암시는 오감을 통해 우리 마음에 닿는 모든 암시와 스스로 주는 자극을 의미하는 용어다. 이는 정신 중 의식적 사고를 담당하는 부분과 잠재의식 중 행동을 담당하는 부분 사이에서 소통을 담당하는 대리인 역할을 한다. 자기암시 원칙은 의도적으로 의식에 남도록 허용한 지배적 사고가(부정적 사고인지 긍정적 사고인지는 중요하지 않다) 잠재의식에 도달하여 영향을 끼친다.

생각은 자기암시 원칙의 도움 없이는 잠재의식 속에 들어갈 수 없다. 달리 말해 오감으로 감지한 모든 감각은 의식적 사고에 따라 들어가거나 거부될 수 있다. 따라서 의식 능력은 잠재의식으로 접근하는 것들을 통제하는 외부 경비원이라 할 수 있다.

인간은 오감을 통해 잠재의식에 닿는 대상을 통제하도록 타고났다. 그러나 인간이 항상 이런 통제력을 발휘하는 건 아니다. 오히려 대부분은 이 능력을 사용하지 못한다. 이것이 많은 사람이 가난하게 살아가는 이유다.

잠재의식은 비옥한 대지와도 같아서 좋은 씨앗을 뿌려주지 않으면 잡초만 무성해진다. 자기암시는 통제의 역할을 한다. 스스로 창조적인 생각을 잠재의식에 공급하기도 하고, 통제가 소홀할 때는 파괴적인 생각이 마음이라는 비옥한 대지에 침투하도록 내버려두기도 한다.

앞서 열망에 대한 6단계 원칙에서 돈에 대한 열망을 글로 써 매일 큰 소리로 두 번 읽고, 이미 그 돈을 가지고 있다고 생각하고 느끼라고 배운 바 있다. 이 지침대로 하면 절대적인 믿음으로 열망하는 대상을 잠재의식에 직접 전달할 수 있다. 이 과정을 반복하면 열망을 금전적 실체로 전환하기 위한 노력에 도움이 되는 사고 습관을 기를 수 있다.

돌아가서 열망을 키우는 6단계 원칙을 다시 한번 자세히 읽어보라. 그런 다음 '체계적인 계획' 장에 설명된 '조력 집단'을 조직하는 4가지 지침을 주의 깊게 읽어보도록 하자. 자기암시에 설명된 것과 이 두 가지 지침을 비교해보면, 이 지침들이 결국 자기암시 원칙을 적용하는 방법이라는 것을 알게 될 것이다.

그러므로 열망에 관한 선언문을 소리 내어 읽을 때('돈에 대한 의식'을 계발하는 일이다) 감정이나 느낌을 싣지 않고 단순히 단어를 읽기만 하는 것은 아무런 소용이 없다. 유명한 에밀 쿠에의 "나는 모든 면에서 날마다 점점 더 나아지고 있다"는 자기암시 글도 어떤 감정이나 믿음 없이 읽는다면 수백만 번을 읽어도 바라는 결과를 얻지 못할 것이다. 잠재의식은 오로지 감정이나 느낌과 잘 조화를 이룬 생각에만 반응하기 때문이다.

이것은 모든 장에 빠지지 않고 등장하는 내용이니만큼 매우 중요하다. 이를 제대로 이해하지 못해서 대다수 사람이 자기암시의 원칙을 적용해도 원하는 결과를 얻지 못한다. 무미건조하고 감정이 빠진 단어는 잠재의식에 영향을 주지 못한다. 믿음이 들어간 생각과 말로 잠재의식에 닿아야만 원하는 결과를 얻을 수 있다.

처음 시도로 감정을 다스리지 못한다고 해서 실망할 필요는 없다. 대가 없이 얻을 수 있는 것은 없다. 잠재의식에 닿아 영향을 끼치기 위해서는 그만한 노력을 기울여야 한다. 속임수는 통하지 않는다. 대가란 끈기를 가지고 이 책에 소개된 원칙들을 적용해나가려는 노력이다. 그보다 싼 가격으로 이 능력을 계발할 수는 없다. 당신이 그토록 얻고자 하는 '돈에 대한 의식'을 위해 그만한 노력을 할 가치가 있는지는 오로지 자신만이 결정할 수 있다.

지혜와 영리함만 있다고 해서 돈을 끌어당기고 유지할 수는 없다. 그러나 여기서 설명하는 돈을 끌어당기는 방법은 평균적인 법칙에 의존하지 않는다. 사람을 편애하지도 않는다. 한 사람에게 효과가 있으면 다른 사람에게도 효과가 있다. 그러나 누군가 실패한다면 그건 그가 실패했을 뿐 방법이 실패한 것은 아니다. 그러니 이 방법으로 시도했다가 실패한다면 성공할 때까지 더 노력하라.

자기암시 원칙을 사용하기 위해서는 집착이 될 때까지 열망에 집중해야 한다. 2장에 설명한 6단계 지침을 실행할 때는 먼저 집중의 원칙을 사용해야 한다. 이때 효율적으로 집중하는 방법이 있다. 6단계 중 첫 번째 단계는 '정확한 액수를 마음에 정하는 것'이다. 먼저 눈을 감고 돈의 물리적 형상이 실제로 떠오를 때까지 생각을 머릿속에서 놓치지 마라. 적어도 하루 한 번 실천하라. 믿음에 대한 장에서 설명했듯이 실제로 그 돈을 소유하고 있다고 생각해야 한다.

여기서 가장 중요한 것은 잠재의식이 절대적인 믿음을 가지고 내린 명령을 받아들이고 실행한다는 점이다. 잠재의식이 명령을 해석할 때까지 몇 번이고 반복해야 하더라도 말이다. 앞서 이야기한 대로 잠재의식을 정당하게 속이는 방법을 고려해보라. 잠재의식이 당신이 상상 중인 그 돈을 가지고 있으며, 이 돈은 이미 당신의 권리를 기다리는 중이라고 믿게 만들자. 그러므로 당신이 그 돈을 획득할 수 있게 잠재의식이 실용적인 계획을 주어야만 한다고 속이는 것이다.

그 생각을 당신의 상상력에 넘겨주도록 하라. 그리고 상상력이 어떻게 열망으로 부를 축적하기 위한 실용적인 계획을 세우는지 지켜보라. 서비스나 재화를 대가로 목표한 돈을 벌어들인다는 계획은 세우지 마라. 돈을 소유하고 있는 자신의 모습을 머릿속에 그리고 그 모습을 보라. 그리고 잠재의식이 필요한 계획을 넘겨주도록 요구하고 기대하라. 계획을 감지하기 위해 촉각을 세우고 계획이 나타났을 때 즉시 행동으로 옮겨라. 계획이 나타날 때는 '영감'이라는 형태로 육감을 통해 플래시처럼 마음에서 번쩍하며 터질 것이다. 이 영감은 무한 지능에서 직접 전송된 메시지와 같다. 따라서 수신하는 즉시 무시하지 말고 즉시 행동으로 옮겨라. 행동으로 옮기지 않으면 성공은 요원한 일이 된다.

6단계 중 네 번째는 '열망을 실현하기 위한 명확한 실행 계획을 세우고 즉시 행동으로 옮기라'였다. 먼저 앞에서 지시한 대로 눈을 감은 뒤 마음속으로 계획이 세워지고 실천하는 모습을 그려보라. 열망을 바탕으로 부를 일구기 위한 계획을 세울 때 이성에 맡기지 마라. 이성은 흠이 있다. 게다가 합리적 추론 능력은 게으를 수 있어서 이성에 전적으로 의존하면 실망하게 될 수도 있다. 목표로 한 돈을 상상할 때 이 보상을 대가로 자신이 제공할 노동력이나 상품을 떠올려라. 매우 중요한 과정이다!

부가 현실이 되기 위해 할 일

이 책을 읽고 있다는 것은 간절히 알고 싶은 것이 있어서다. 또한 그것을 배우려는 마음이 있다는 뜻이다. 배우고자 하는 마음이 있다면 알지 못했던 많은 것을 이 책에서 배울 수 있을 것이다. 하지만 겸손한 태도를 보여야만 배울 수 있다. 지침 중 어느 것은 따르고 어느 것은 무시하거나 거부한다면 당신은 실패할 것이다! 만족스러운 결과를 얻고 싶다면 믿음을 가지고 모든 지침을 따라야만 한다.

다음은 2장의 6단계 원칙과 이번 장에서 다룬 원칙을 결합해 정리한 것이다.

1. 잠자기 전 침대 같은 곳처럼 누군가의 방해를 받지 않을 만한 조용한 장소로 가서 눈을 감고 당신이 일구고자 하는 금액, 제한 시간, 그 돈을 벌기 위한 대가로 줄 노동력이나 제품을 적은 서약서를 소리 내어 반복해 읽는다. 스스로 하는 말이 들리도록 하라. 이때 이미 그 돈을 가지고 있다고 상상하라.

예를 들어 향후 5년 후인 1월 1일까지 5만 달러를 모으기로 했고, 영업 사원으로 일하면서 그 돈을 벌기로 했다고 가정하자. 이를 위한 선언문은 대략 아래와 같을 것이다.

"○○○○년 1월 1일까지 5만 달러를 손에 넣을 것이며, 이 돈은 그때까지 여러 가지 액수로 들어올 것이다."

"이 돈에 대한 대가로 나는 가장 효율적인 노동력을 제공할 것이다. (돈을 벌기 위해 내놓기로 한 노동력이나 상품)을 판매하는 영업 사원으로 최대한 많은 양과 가능한 한 가장 좋은 서비스를 제공할 것이다."

4장 자기암시

"나는 이 돈을 손에 넣을 것이라 믿는다. 지금 눈앞에 그 돈이 있다고 믿는다. 손에서 촉감도 느낄 수 있다. 정해진 때에 내가 대가로 제공한 서비스에 맞는 액수로 수중에 들어오기를 기다리고 있다. 나는 그 돈을 모을 계획이 떠오르기를 기다리고 있으며 떠오르는 즉시 따를 것이다."

2. 모으기로 한 돈이 상상 속에서 보일 때까지 이 선언문을 밤낮으로 반복하라.

3. 선언문을 어디서나 볼 수 있는 곳에 붙여두고 외울 때까지 잠들기 전과 잠자리에서 일어났을 때 읽도록 한다.

이 지침을 실행할 때 잠재의식에 명령을 내리기 위해 자기암시 원칙을 적용한다는 것을 기억하라. 잠재의식은 오로지 강한 감정과 느낌을 가지고 전달된 지시에만 움직인다는 사실을 명심하라. 믿음은 가장 강력하고 생산적인 감정이다. 이는 믿음을 다룬 장에 나온 지시를 따르라.

처음에는 이러한 지침이 추상적이라고 느끼겠지만 그런 생각에 방해받지 말자. 추상적이고 비현실적으로 들릴지라도 지침을 따라야 한다. 행동만이 아니라 정신도 이 지침을 따라간다면 완전히 새로운 세상의 힘이 당신 눈앞에 펼쳐질 것이다. 인간은 새로운 아이디어에 늘 회의적이기 마련이다. 그러나 설명한 지침을 따른다면 회의적인 태도도 곧 믿음으로 바뀌고, 이는 확고한 믿음으로 굳어질 것이다. 그러면 진심으로 "나는 내 운명의 주인이요, 내 영혼의 선장이로다!"라고 외치게 될 날이 찾아올 것이다.

많은 철학자가 인간은 자기 운명의 주인이라고 말하지만 왜 그런지는 설명하지 못했다. 인간이 이 땅에서 자기 존재의, 특히 재정 상태의 주인이 되는 이유는 이 장에서 자세히 설명했다. 인간이 자신과 환경의 주인인 이유는 바로 스스로의 잠재의식에 영향을 미쳐서 무한 지성의 협조를 얻어낼 능력을 지니고 있기 때문이다. 이번 장은 바로 이 철학의 정수를 담고 있다. 열망을 돈으로 전환하기 위해서는 여기서 소개한 지침을 끈기 있게 이해하고 적용해야 한다.

열망을 돈으로 전환하는 능력은 자기암시에서 나온다. 우리는 자기암시를 이용해 잠재의식에 접근해서 영향을 미칠 수 있다. 다른 원칙들은 자기암시를 활용하는 단순한 도구에 지나지 않는다. 이 생각을 늘 마음에 새기고 책에서 제안하는 방법을 이용해 부를 일구려 노력할 때 자기암시가 중요하다는 사실을 떠올려라. 어린아이 같은 마음으로 이 지침을 실행하라. 어린아이 같은 믿음을 가지고 노력하라. 나는 사람들을 돕고 싶다는 간절한 열망이 있기에 비실용적이라고 생각되는 제안은 하지 않으려 노력했다.

책을 다 읽고 나면 이 장으로 다시 돌아와 마음과 행동으로 이 지침을 따르라. 자기암시 원칙이 타당하다는 생각이 들고, 바라는 모든 것을 성취할 거라는 확신이 들 때까지 매일 밤 한 번씩 큰 소리로 이 장 전체를 소리 내어 읽어라. 인상적인 문장에 밑줄을 그어라. 지침을 있는 그대로 따르라. 그러면 성공의 원칙을 완벽히 이해하고 익히게 될 것이다.

나는 내 운명의 주인이며,
영혼의 선장이다.
윌리엄 어니스트 헨리

"학교를 졸업했다고
공부를 멈추는 사람은
평생 희망 없이
평범한 삶을 살게 될 것이다.
성공하려면 계속해서 새로운
지식을 추구해야 한다."

5장

부를 향한 네 번째 원칙

전문 지식

개인의 경험과 관찰

지식에는 두 가지 종류가 있다. 하나는 일반지식이고 다른 하나는 전문 지식이다. 일반지식은 아무리 다양하고 많이 알아도 돈을 모으는 데는 그다지 소용이 없다. 유명 대학의 교수들은 세상 속의 모든 지식을 거의 안다. 하지만 대부분 돈이 없거나 있어도 많지 않다. 지식을 가르치는 일에는 전문가이지만 지식을 체계화해 사용하는 데는 서투르기 때문이다.

지식을 체계적으로 정리한 다음 부를 향한 명확한 목적에 방향을 맞추어 실천 계획을 세우지 않는다면 지식을 통해 돈을 끌어들일 수 없다. 이 사실을 알지 못한 채 '아는 것이 힘'이라고 잘못 믿고 있는 사람들은 혼란스러워한다. 당치도 않은 말이다! 지식은 잠재적인 힘일 뿐, 오로지 확고한 목표에 맞춰 체계적인 활용을 통해 확실한 실천 계획을 세울 때만 비로소 힘이 된다. 오늘날 교육 체계에는 학생들이 획득한 지식을 어떻게 체계적으로 정리하고 사용해야 하는지 가르쳐주는 지침이 빠져 있다.

많은 사람이 헨리 포드가 학교를 제대로 다니지 못했기 때문에 유식하지 않다고 오해한다. 그러나 그들은 헨리 포드를 잘 알지 못할뿐더러 '배우다'라는 말의 의미를 제대로 모르는 사람들이다. '배우다educate'는 라틴어 educo에서 유래한 말로, 밖으로 끌어낸다는 의미, 즉 '내부에서부터 발전시키다'라는 의미를 담고 있다.

교육받은 사람이라고 해서 반드시 모든 지식이 풍부한 건 아니다. 타인의 권리를 해치지 않고 자신의 목표를 달성하려는 마음을 키우는 사람이 교육받은 사람이다. 이 정의에 어울리는 사람이 바로 헨리 포드다.

세계대전 기간 동안 시카고의 한 신문사 사설은 헨리 포드를 '무식한 평화주의자'라고 언급했다. 헨리 포드는 그 말에 이의를 제기하고 신문사를 명예훼손으로 고소했다. 법정에서 소송이 진행되는 동안 신문사 측 변호사는 포드를 증인석에 세워 그가 무지하다는 사실을 배심원들 앞에서 증명하려 했다. 변호사는 포드가 자동차 제조에는 전문 지식이 상당할지 몰라도 대체로는 무지하다는 점을 증명하기 위해 질문 공세를 퍼부었다.

질문들은 이러했다. "베네딕트 아놀드는 어떤 인물입니까?" "1776년 독립 전쟁 당시 영국군이 미국에 파병한 군인 수가 몇 명이었습니까?" 마지막 질문에 포드는 이렇게 대답했다. "영국이 보낸 군인 수를 정확히 모르지만 귀환한 수보다 상당히 많다고 알고 있습니다."

공격적인 질문에 답변하는 게 피로해진 포드는 그때 질문한 변호사를 가리키며 이렇게 답변했다. "당신의 그 말 같지도 않은 질문에 대답해야 한다면, 내 책상에 있는 버튼 하나를 누르는 것으로 그 질문에 답해줄 사람을 부를 수 있다는 걸 알아주길 바라오. 원하면 대답해줄 수 있는 사람이 주변에 있는데 내가 왜 굳이 그런 일반지식까지 머릿속에 담아두어야 하는 거요?"

확실히 논리적인 답변이었다. 변호사는 포드의 대답에 당황했다. 법정에 있던 사람 모두가 포드가 소양 있는 사람이란 것을 깨달았다. 지식인은 필요할 때 어디서 지식을 얻어야 하고, 그 지식으로 어떻게 확고한 실천 계획을 체계화하는지 아는 사람이다. 포드가 일반지식을 가지고 있었냐는 핵심이 아니다. 지금 이 책을 읽을 만큼 지성을 가진 사람이라면 포드의 일화가 주는 의미를 파악했으리라.

열망을 금전적 실체로 변환시키기 위해서 당신이 부의 대가로 제공하고자 하는 서비스, 상품, 직업에 관한 전문 지식이 필요하다고 느낄 수도 있다. 원하는 목표에 닿으려면 당신의 능력이나 기질보다 훨씬 더 전문적인 도움이 필요할지 모른다. 만약 상황이 그렇다면 주변 조력 집단의 도움을 받아 약점을 보완하면 된다.

막대한 부를 쌓으려면 힘이 필요하고, 힘은 전문 지식을 체계적으로 영리하게 사용함으로써 얻어진다. 하지만 막대한 부를 쌓은 사람이라고 해서 반드시 지식이 있어야 하는 것은 아니다. 포드의 일화는 전문 지식이 부족하지만 부를 꿈꾸는 사람에게 희망과 용기를 준다. 교육을 받지 못해 열등감에 시달리는 사람들이 있다. 하지만 부를 축적하는 데 필요한 지식을 가진 조력 집단을 조직해서 감독하는 사람은 지식을 갖춘 사람과 다를 바 없다. 배움이 부족해 열등감에 시달리고 있다면 이 사실을 명심하기 바란다.

토머스 에디슨은 평생 학교에 다닌 기간이 3개월에 불과했지만 지식이 부족하지도, 가난하게 살지도 않았다. 헨리 포드는 초등

5장 전문 지식

학교 6학년도 채 마치지 못했지만 스스로 노력해 미국에서 가장 부유한 인물이 되었다. 전문 지식은 어디든 넘치고 저렴한 서비스가 되었다. 대학교수들의 월급 명세서를 보면 알 수 있을 것이다.

지식을 사는 방법

우선 목적을 달성하는 데 필요한 전문 지식을 추려보라. 인생의 주된 목적과 달성할 목표를 알면 어떤 지식이 필요한지 알 수 있다. 이 질문에 답을 찾았다면 지식을 어디서 얻을지 생각해보자. 중요한 것들을 정리하면 아래와 같다.

▸ 본인의 경험과 지식

▸ 다른 사람의 도움을 받을 수 있는 경험과 지식

▸ 대학

▸ 공공 도서관(체계화된 지식을 얻을 수 있는 책과 정기간행물)

▸ 전문교육과정(야간대학이나 통신교육)

지식을 획득하면 실제적인 계획을 세우고 목적에 맞춰 체계화해 사용해야 한다. 지식은 가치 있는 일에 쓰일 때 의미가 있다. 그것이 학위가 그리 가치 있게 여겨지지 않는 이유다. 학위란 잡다한 지식을 얻었다는 뜻일 뿐이다. 좀 더 공부하고 싶다면 우선 쌓고자 하는 지식이 무엇에 필요한지 파악한 다음 어디서 그 지식을 얻을 수 있는지 알아보아야 한다.

성공한 사람은 자신의 목표, 사업, 직업과 관련해 전문 지식 쌓기를 멈추지 않는 반면, 성공하지 못한 사람은 학교를 졸업하면 공부가 끝났다고 생각한다. 그러나 학교교육은 공부 방법을 가르쳐주는 것에 불과하다. 대공황이 막을 내리고 새로운 세상이 펼쳐지면서 교육계도 크게 변했다. 현대는 전문 지식을 가진 사람을 필요로 한다! 컬럼비아대학교의 취업 담당관 로버트 P. 무어의 조언은 오늘날에도 유효하다.

전문가의 시대

회사는 인재를 채용할 때 회계와 통계 전공자, 다양한 분야의 엔지니어, 언론인, 건축가, 화학자, 리더십을 갖추고 활발하게 활동한 졸업 예정자 중 어느 분야에서 전문성을 갖춘 사람을 찾는다.

학교생활을 적극적으로 한 사람, 여러 사람과 두루 잘 어울리는 사람, 전공과 관련한 일을 해본 사람이 공부만 잘하는 학생보다 유리하다. 다재다능한 사람은 여러 군데서 일자리 제안이 들어오는데 무려 여섯 곳에서 제안을 받는 학생도 있다. 전 과목 A를 받은 학생이 더 나은 직업을 얻는다는 개념에서 벗어나 기업들은 이제 성적뿐만 아니라 활동 기록과 성격을 본다.

특정 분야의 선두 기업 대표자는 대학교의 미래 유망한 졸업생과 관련해 무어에게 이런 글을 보냈다.

우리는 관리 업무에서 발전 가능성이 큰 사람을 찾습니다.
따라서 학벌보다는 성격, 지성, 인성에 관심을 두고 있습니다.

수습 제도

무어는 여름방학 동안 사무실, 가게, 산업 현장에서 수습 프로그램에 참여하는 것을 제안하며, 대학에 들어와 2, 3년이 지나면 확고한 미래를 위한 과목을 들어야 하고 목적 없이 비전문 강의를 듣는 일은 지양해야 한다고 말했다. 무어는 교육기관이 직업 지도에 더욱 직접적인 책임을 져야 한다고 촉구하며 "대학들은 현재 모든 직업에서 전문가를 요구하는 현실을 직시해야 한다"고 말했다.

노력과 대가 없이 얻는 것은 대개 인정받지 못하며 신빙성이 없다 여겨지기도 한다. 공교육이 제공하는 훌륭한 기회에서 얻는 게 매우 적은 이유가 이 때문일지 모른다. 비용을 치르지 않고 지식을 쌓을 수 있었던 기회를 놓친 사람들은 이를 보완하려고 전문 교육과정을 들어 부족함을 메우고자 한다.

통신교육은 체계가 잘 잡힌 사업 기관이다. 수업료가 굉장히 저렴해서 납부 기한도 매우 짧은 편이다. 교육기관은 내가 수업을 잘 듣든 아니든 계속 청구서를 보낸다. 돈이 아까운 사람은 수업을 끝까지 듣는다. 우리가 잘 모르는 사실이 있는데, 통신교육 기관의 학비 수납처만큼 의사결정, 신속성, 행동, 한번 시작한 일은 끝내는 습관을 가르치는 데 능숙한 곳은 없다.

나는 그 사실을 25년 전 몸소 체득했다. 그때 나는 통신 과정으로 광고 수업을 들었다. 8회인가 10회까지 수업을 듣고 그만두었는데 학교에서는 계속 청구서를 보냈다. 내가 수업을 듣든 말든 수업료는 내야 했다. 그러다 보니 어차피 수업료를 내야 한다면(법적으로 그랬다) 끝까지 마치고 낸 만큼 얻어야겠다는 생각이 들었다. 그때는 통신학교의 수금 시스템이 다소 지나치다고 느꼈는데, 나중에는 그것이 귀중한 경험이었음을 알았다. 나는 돈을 내야만 했기 때문에 수업을 마무리할 수 있었다. 훗날 통신교육의 효율적인 수금 시스템 때문에 마지못해 수업을 끝마치고, 그 덕분에 돈을 벌 수 있었던 것을 생각해보면 가치 있는 일이었다고 생각한다.

미국에는 세계에서 가장 훌륭하다는 공립학교가 있다. 이 학교는 막대한 돈을 쏟아부어 좋은 건물을 지었고 변두리에 사는 아이들이 학교에 갈 수 있도록 교통수단도 제공했다. 하지만 이 멋진 시스템에 치명적인 약점이 있으니, 바로 모든 게 무료라는 점이다! 인간의 이상한 습성 중 하나는 바로 가격이 있는 것만 가치 있게 여긴다는 사실이다. 그래서 학비가 무료인 학교, 무료로 제공되는 공립 도서관은 사람들의 큰 관심을 끌지 못한다.

이런 이유로 사람들은 학교를 졸업하고 직장에 다니면서 추가로 다시 뭔가를 배워야 한다고 생각한다. 이것이 고용주가 통신교육을 수강하는 직원을 더 많이 배려하는 이유이기도 하다. 고용주는 쉬고 싶은 시간에 집에 돌아가 공부할 만큼 야망 있는 사람이라면 리더가 될 자격이 있다는 걸 경험으로 알고 있기 때문이다. 고용주가 마음이 넓어서가 아니라 사업적으로 좋다고 판단해서다. 통신교육은 졸업 후 직장에 들어갔는데, 추가적인 전문 지식이 필요하지만 학교에 다시 입학할 시간적 여유가 없는 사람에게 매우 적합하다.

인간의 고질적인 약점이 있다면 바로 야망이 없다는 것이다. 자투리 시간에 틈틈이 공부하는 샐러리맨이 더 빨리 승진하는 이유도 그래서다. 공부는 위로 올라가는 길을 열어주고 앞길에 놓인 장애물을 없애주며 기회를 주는 고용주에게 호감을 얻도록 한다.

삶을 변화시키는 전문 지식

경제공황 이후 경제가 바뀌면서 사람들은 추가적으로 새로운 수입원을 찾아야 하는 상황이 되었다. 대다수에게 해결책은 전문 지식을 얻는 것뿐이다. 많은 사람이 전과는 완전히 다른 직업을 찾아야 한다. 상인은 어떤 상품이 잘 팔리지 않으면 수요가 있는 다른 상품을 판다. 근로자 역시 효율적인 상인처럼 굴어야 한다. 자신이 제공한 서비스가 적합한 보상으로 돌아오지 않는다면 더 큰 기회를 잡을 수 있는 서비스 영역으로 전환해야 한다.

스튜어트 오스틴 위어는 건설 기사를 목표로 그 분야에서 경력을 쌓아가던 중 대공황을 맞았고, 업계가 어려워지면서 수입도 줄어들었다. 그는 고심한 끝에 법률 분야로 직업을 바꾸기로 하고 학교에 돌아가 전문 과정을 공부했다. 대공황이 끝나지 않았음에도 그는 교육과정을 마치고 변호사 시험에 통과한 후 재빨리 텍사스주 댈러스에서 변호사 사무실을 개업해 성공했다. 지금은 찾아오는 고객들이 너무 많아 돌려보낼 정도다.

"나는 부양해야 할 가족이 있어요"라거나 "나이가 너무 많아요"라고 핑계 댈 사람을 위해 덧붙이자면 위어는 학교로 돌아갔을 때 마흔이 넘었고 결혼도 한 상태였다. 신중하게 고려해 매우 전문화된 분야를 선택하고 가장 잘 가르치는 대학을 고른 위어는 대부분 법대생이 4년 동안 이수하는 과정을 2년 만에 끝냈다. 이처럼 지식을 얻는 방법을 알아두는 것도 도움이 된다! 학교를 졸업했다고 해서 공부를 멈추는 사람은 직업이 무엇이든 평생 희망 없이 평범한 삶을 살게 될 것이다. 성공하려면 계속해서 새로운 지식을 추구해야 한다.

구체적인 사례를 살펴보기로 하자. 경제공황 시기에 식료품점에서 일하던 한 판매원은 일자리를 잃었다. 경리 업무 경험이 있던 그는 회계 전문 과정을 수료하고 최신 부기와 사무 기술을 익힌 다음 자기 사업을 시작했다. 전에 일했던 식료품점을 시작으로 매우 저렴한 월 회비에 회계 일을 봐주기로 하고 100군데 이상의 작은 상점들과 계약을 맺었다.

그러던 그는 곧 실용적인 아이디어를 떠올렸다. 소형 화물 트럭에 현대식 회계 장비를 갖추어 이동식 사무실을 차린 것이다. 그는 '이동식' 회계 사무실을 여러 대 운영하며 업무를 보조할 직원도 여럿 채용해서 소상공인들에게 매우 저렴한 비용으로 최고의 회계 서비스를 제공했다.

상상력이 더해진 전문 지식은 독특하고 성공적인 사업의 밑바탕이 되었다. 작년에 그는 자신이 일했던 상점보다 열 배나 많은 세금을 냈다. 이로써 대공황이 그에게 몰아넣은 일시적 불운이 축복이었다는 게 증명되었다.

이 성공한 사업의 시작점은 아이디어였다! 그때 그 실직한 판매원에게 아이디어를 준 사람이 바로 나였으므로 잘 안다. 그런 점에서 여기서 더 나아가 훨씬 큰 수익을 창출할 수 있는 또 다른 아이디어를 제안해보려 한다. 어쩌면 이런 서비스가 절실히 필요한 수천 명의 사람에게 내 아이디어가 유용할 수도 있으니 말이다. 이 아이디어는 판매직을 그만두고 회계 장부 서비스로 전향한 그 판매원이 제시한 것이었다. 내가 처음 회계 일을 말했을 때 그는 단박에 말을 잘랐다. "아이디어가 좋긴 한데 그걸로 돈을 어떻게 벌지 모르겠는걸요."

넘어야 할 산이 또 하나 생긴 셈이었다. 그래서 우리는 손글씨를 잘 쓰고 이야기도 구성할 줄 아는 젊은 타이피스트의 도움으로 새로운 장부 시스템의 매력을 담은 멋진 책자를 준비했다. 평범한 스크랩북에 글자와 사진을 깔끔하게 정돈하고 사업의 효율성에 관한 이야기를 구성해 만든 책자는 말 없는 영업 사원 역할을 해냈고, 곧 사업은 고객들로 넘쳐났다.

전국에는 상품을 위한 매력적인 제안서를 제작할 줄 아는 전문가의 손을 필요로 하는 사람이 매우 많다. 이러한 서비스로 벌어들이는 연간 총소득은 고용 대행업체를 통해 버는 금액을 쉽게 넘어선다. 서비스를 구매한 상인들은 기업에서보다 훨씬 더 큰 이득을 얻을 수 있다.

지금 소개한 아이디어가 급한 문제를 해결하느라 불가피하게 탄생하기는 했지만, 아이디어의 역할은 그 일 하나에서 끝난 게 아니었다. 이 아이디어를 창조한 여성은 상상력이 풍부했고 자신의 아이디어로 새로운 직업을 창출할 수 있을 거라 생각했다. 마케팅을 위한 실용적인 안내서가 필요한 많은 개인 사업자에게 도움을 줄 수 있으리라 본 것이다.

'개인 사업자를 위한 마케팅 계획'이 바로 성공을 거두자 이 열정적인 여성은 고무되었고 비슷한 문제를 겪고 있는 자신의 아들을 위한 해결책을 고안했다. 막 대학을 졸업한 아들은 일자리를 찾지 못하고 있었는데, 아들을 위해 고안한 그의 계획서는 내가 그때껏 본 것 중 가장 훌륭한 이력서였다.

완성된 이력서는 거의 50페이지에 달했고 아들의 타고난 재능, 학벌, 경험치, 일일이 설명하기 어려울 만큼 방대한 여러 가지 정보가 깔끔하고 짜임새 있게 정리되어 있었다. 거기에는 아들이 원하는 직책과 그 자리의 적임자기 되기 위한 명확한 계획이 생생하게 담겨 있었다.

이력서를 준비하는 몇 주 동안 그는 매일 아들에게 도서관에 가서 자신의 서비스를 최대한 유리하게 판매하는 데 필요한 데이터를 찾아보게 했다. 또한 원하는 자리의 적임자가 되기 위한 이력서에 가치 있게 쓸 수 있도록 경쟁사를 찾아가 사업 방식의 중대한 정보를 모으게 했다. 완성된 이력서에는 장차 고용주가 사용하면 이익을 창출할 수 있는 매우 상세한 사업 제안이 6가지 이상 포함되어 있었다. 그리고 회사는 제안서의 내용을 실제로 사용했다.

혹자는 "일자리를 위해 이렇게까지 고생해야 하는가?"라고 묻고 싶을 것이다. 이에 대한 대답은 매우 직설적이면서도 극적이다. 개인의 노동력으로 수입을 얻어야 하는 수많은 사람이 가진 비극을 추측할 수 있는 주제를 건드리는 것이기 때문이다. "일을 잘하는 것은 수고로운 게 아니다! 이 여성이 준비한 이력서 덕분에 그의 아들은 원하는 월급에 원하는 일자리를 얻었다"라는 것이 이 질문의 답이다. 게다가 회사에 말단 사원으로 들어가지 않았다. 그는 중간 관리자급의 대우를 받았다.

아직도 "왜 그렇게까지 해야 하는가?"라고 묻는다면 한가지 더 말하겠다. 내 아들의 이력서는 밑바닥에서 시작했다면 그 자리까지 올라가는 데 걸렸을 시간을 10년이나 단축시켰다. 바닥부터 시작해서 차근차근 올라간다는 게 바람직해 보일 수 있지만 나는 그 말에 반대한다. 바닥에서 시작하는 사람 대부분이 기회를 맞이할 만큼 위로 올라가지 못한 탓에 바닥에 머무르고 마는 경우가 많기 때문이다.

게다가 바닥에 있는 사람의 전망은 밝거나 희망적이지도 않다. 그러다 보면 야망을 잃고 만다. 이런 것을 '틀에 박혀 산다'라고 한다. 즉 매일 타성에 젖어 사는 것을 그러려니 하며 그냥 받아들이게 된다. 이것이 바닥에서 한 두 단계 위부터 시작하면 좋은 또 하나의 이유다. 위에서 시작하면 주위를 둘러보며 성공한 사람은 어떻게 행동하는지 관찰할 수 있고, 기회가 왔을 때 주저하지 않고 잡는 습관을 가질 수 있다.

댄 핼핀은 이에 대한 훌륭한 예다. 핼핀은 대학 시절 1930년 너트 록킨 감독 아래 대학 미식축구 시즌에서 우승한 노트르담대학교 미식 축구팀의 매니저였다. 위대한 기업가 앤드루 카네기가 젊은 사업가들에게 높은 목표를 세우라고 영감을 주었던 것처럼 록킨 감독도 핼핀에게 목표를 높게 잡고 일시적인 실패를 패배로 받아들이지 말라는 영감을 주었다. 어쨌든 핼핀이 대학을 졸업할 때는 대공황으로 일자리가 없는 시기였다. 투자은행과 영화업계에서 전전하던 그는 미래 가능성을 보고 첫 직장에 들어갔다. 수수료 제로로 전기 보청기를 판매하는 일이었다. 아무나 할 수 있는 일이라는 걸 핼핀도 알았지만 그에게는 기회의 문을 열기에 충분한 일이었다.

핼핀은 2년 가까이 좋아하지는 않는 일을 계속했다. 불만족스러운 상황을 해결하고자 아무것도 하지 않았다면 그는 위로 올라가지 못했을 것이다. 우선 핼핀은 회사 영업부장 아래로 들어가겠다는 목표를 세우고 그 자리를 얻었다. 이후 올라간 한 단계 더 높은 자리는 그가 훨씬 더 큰 기회를 포착할 수 있게 했고, 기회도 그를 볼 수 있게 만들었다.

핼핀은 보청기 판매를 무척이나 잘 해냈고, 경쟁사인 딕토그래프의 A.M. 앤드루스 회장은 핼핀에게 만남을 청했다. 둘의 면담이 끝났을 때 핼핀은 딕토그래프의 새 영업부장이 되어 있었다. 앤드루스 회장은 핼핀을 시험하기 위해 플로리다로 3개월 동안 떠나 있으면서 그가 죽든 살든 알아서 하게 두었다.

그리고 그는 죽지 않았다! "세상은 승자를 사랑하고 패자를 기다려주지 않는다"는 너트 록킨의 정신은 핼핀이 일에 온 열정을 쏟아붓게 했다. 마침내 핼핀은 회사의 부사장이자 보청기와 무선 라디오 부서의 총괄 책임자로 승진했다. 보통 사람은 10년 동안 충실하게 노력해야 얻을 수 있는 자리를 핼핀은 6개월도 안 돼서 이루었다.

앤드루스와 핼핀 중 누가 더 잘했는지 딱 잘라 말하기는 힘들다. 둘 다 상상력이라는 귀한 자질이 있었기 때문이다. 앤드루스는 성공에 대한 강한 집착을 포착했다는 점에서 박수받을 만하고, 핼핀은 원하지 않는 직업을 그냥 받아들이고 현상을 유지한 채 타협하며 사는 삶을 거부했다는 점에서 인정받을 만하다. 이것이 내가 이 책의 성공 철학을 통해 강조하려는 핵심 중 하나다. 우리는 원한다면 얼마든지 조건을 통제할 수 있기에 위로 올라갈 수도, 바닥에 그대로 머무를 수도 있다는 점이다.

또 하나 강조하고 싶은 것은 성공과 실패는 대개 습관의 결과라는 점이다. 댄 핼핀은 노트르담 미식축구 팀을 최고로 이끌었던 최고의 미식축구 감독과 함께 일했다. 나는 그 감독의 열망을 옆에서 보고 핼핀이 이를 마음속에 새기게 되었다고 확신한다. 영웅을 숭배하는 마음은 정말로 도움이 된다. 그 영웅이 승자라면 말이다. 핼핀은 록킨이 역사상 가장 위대한 지도자였다고 내게 말한 바 있다.

동료가 사업의 성공과 실패를 좌우할 수 있다는 내 믿음은 최근 내 아들 블레어가 댄 핼핀과 자리 협상을 할 때 증명되었다. 핼핀은 입사 초봉으로 아들에게 경쟁사의 절반을 제시했다. 나는 부모로서 그 제안을 받아들이라고 압력을 넣었다. 마음에 들지 않는 상황과 타협을 거부하는 사람 곁에서 일하는 건 돈으로 따질 수 없는 자산이라고 믿었기 때문이다.

바닥은 누구에게나 단조롭고 암울하며 벌이도 시원찮다. 이것이 내가 적절한 계획을 세워 낮은 자리에서 시작하지 않을 방법을 장황하게 설명한 이유다. 나는 자신의 아들이 사회에서 산뜻한 첫출발을 할 수 있도록 멋진 이력서를 만든 여성이 창안한 새로운 직업에 관해서도 적지 않은 지면을 할애해 설명했다. 이 또한 같은 이유에서다.

세계경제의 붕괴로 상황이 변화하면서 개인은 자신의 능력을 홍보하기 위해 더 새롭고 나은 방법을 고안해내야 한다. 다른 무엇보다 인력에 많은 돈이 쏠린다는 사실을 고려할 때, 이런 절실한 필요성을 왜 이제야 깨달았는지 의아할 뿐이다. 경제 시장에서 임금을 위해 일하는 사람들에게 매달 지급되는 금액만 수억 달러에 달하며 연간 분배액은 수십억에 이른다.

여기에 간단히 설명한 아이디어에서 자신이 열망하는 부의 핵심을 발견하는 사람도 있을 수 있다. 이보다 훨씬 안 좋은 아이디어도 큰 부로 자라난 씨앗이 된 사례가 있다. F.W. 울워스의 5앤드10센트 스토어만 해도 보기에 별 볼 일 없는 아이디어였지만 결국엔 막대한 부를 벌어들였다.

이번 장에서 기회를 엿본 사람은 '체계적인 계획' 장에서 유용한 정보를 얻을 수 있을 것이다. 개인의 능력을 효율적으로 홍보할 능력이 있는 사람이라면 자기 능력을 더 잘 홍보해서 좋은 직장을 잡으려는 사람들에게 점점 더 일거리를 얻게 될 것이다. 이때 조력 집단 원칙을 적용해서 비슷한 능력이 있는 사람들끼리 함께 모여 일한다면 좀 더 빨리 수익을 남길 수 있다. 글을 잘 쓰는 사람이 광고와 판매를 맡고, 타이핑을 잘하는 사람이 문서 작성을 맡고, 사업 수완이 좋은 사람이 회사를 알리는 일을 맡는 식이다. 물론 한 사람이 모든 능력을 갖추었다면 능력이 허락하는 범위 내에서 혼자 사업을 이끌어가도 된다.

아들을 위해 자기소개서를 준비했던 그 여성에게는 전국 각지에서 도와달라는 요청이 쇄도하고 있다. 모두 그 아들처럼 돈을 더 벌고자 자기를 알리고 싶어 하는 사람들이다. 그 여성은 현재 개인의 이력을 극대화하는 데 탁월한 전문 타이피스트, 아티스트, 작가를 고용해 고객들에게 비슷한 분야의 평균 급여보다 더 높은 급여를 받을 수 있게 하는 서비스를 제공하고 있다. 그는 자신의 능력을 확신하기에 고객들의 인상된 임금 일부를 서비스 수수료로 받고 있다.

그의 계획서가 단순히 의뢰인이 같은 노동을 하되 전보다 임금만 높게 받도록 해주는 영리한 영업 전략이라고 단정해서는 안 된다. 그는 고용주와 구직인이 각각 원하는 바를 따져보고 고용인이 추가로 지급하는 임금에 대해 그만큼의 가치를 돌려받을 수 있는 계획을 준비한다. 이런 놀라운 결과를 이룰 수 있는 비결은 고객에게만 공개하는 기밀 사항이다.

당신에게 상상력이 있다면, 당신의 노동력을 비싼 비용에 팔곳을 찾는다면 지금 소개한 사례가 자극제가 될 것이다. 아이디어 하나로 대학에서 오래 공부한 의사, 변호사, 기술자의 평균 수입보다 더 많은 돈을 벌 수 있다. 이 아이디어는 관리직과 경영직의 새로운 자리를 찾는 사람들과 현재 위치에서 임금 조정을 바라는 모든 이에게 매우 매력적으로 다가온다.

모든 아이디어는 전문 지식이 뒷받침하고 있다. 안타깝게도 부를 일구지 못한 사람은 아이디어보다 전문 지식이 풍부한 경우가 많다. 그러므로 개인의 능력을 유리하게 판매하도록 돕는 능력이 있는 사람에게 더 많은 수요와 기회가 찾아올 것이다. 능력은 상상력을 의미하며, 이 상상력은 전문 지식과 아이디어를 결합해 체계적인 계획을 작성하여 부를 낳는다. 상상력이 있는 사람이라면 이번 장에서 자신이 열망하는 부를 일구어갈 수 있는 충분한 아이디어를 얻었을 것이다. 전문 지식은 어디서나 쉽게 얻을 수 있다. 기억하라. 아이디어가 가장 중요하다.

"아이디어를 낸 사람이
가격을 책정하고
똑똑한 사람이
그 가치를 손에 쥔다."

6장

부를 향한 다섯 번째 원칙

상상력

마음의 작업실

상상력이란 말 그대로 인간이 창조할 수 있는 모든 계획을 만들어내는 작업실이다. 뭔가를 하고자 하는 충동, 그 열망은 상상력의 도움을 받아 단순하던 형체가 점점 구체적 형태로 갖추어져 행동으로 나타난다. 인간은 상상할 수 있는 모든 것을 창조할 수 있다고들 한다. 모든 문명 시대를 통틀어 변화가 급격히 이루어지는 지금이야말로 상상력을 키우는 데 적기다.

상상력의 도움을 받아 인간은 지난 50년 동안 그 전 역사를 통틀어 이룬 것보다 더 많은 자연의 힘을 발견하고 이용했다. 인간은 하늘을 완전히 정복해서 이제 새는 비행기와 비교할 수 없게 되었고, 대기를 이용해 세계 어디와도 즉각적으로 교신할 수 있다. 수백만 킬로미터 떨어져 있는 태양을 분석하고 무게를 측정한 다음, 상상력의 도움을 조금 받아 태양의 구성 성분이 무엇인지도 밝혀냈다. 인간의 뇌가 생각의 파동을 내보내는 동시에 수신하는 장소라는 점을 발견했고 이를 실용적으로 이용할 방법을 연구하고 있다. 기관차는 이제 시속 500킬로미터가 넘는 속도로 달릴 수 있게 되었다. 뉴욕에서 아침을 먹고 샌프란시스코에서 점심을 먹을 수 있는 날이 머지않았다.

인간의 유일한 한계가 있다면 상상력을 키우고 사용하는 데 이성의 제약을 받는다는 것이다. 인간은 아직 상상력을 최대치로 사용하지 못한다. 이제야 자신에게 상상력이 있다는 사실을 발견했고, 그것을 아주 초보적인 방식으로 이용하기 시작했을 뿐이다.

상상력의 두 가지 형태

상상력은 두 가지 형태로 작동한다. 하나는 '합성적synthetic 상상력'이고 다른 하나는 '창조적 상상력'이다.

1. 합성적 상상력

오래된 개념, 아이디어, 계획을 새로운 형태로 정리할 수 있는 능력이다. 합성적 상상력은 무언가를 창조하지는 않는다. 단순히 경험, 교육, 관찰한 것을 자양분 삼아 작동할 뿐이다. 대부분 발명가가 이 상상력을 사용하는데, 예외적으로 합성적 상상력이 문제를 해결할 수 없을 때 창조적 상상력을 끌어내기도 한다.

2. 창조적 상상력

창조적 상상력을 이용하면 인간의 유한한 정신은 무한 지능과 직접 소통할 수 있다. 또한 '예감'과 '영감'을 받기도 한다. 인간이 떠올리는 기본적 또는 새로운 아이디어는 이 능력에서 나온다. 타인의 마음을 감지하고, 상대의 잠재의식에 감응하거나 소통할 수 있게 해준다.

창조적 상상력은 자동으로 발휘되는데(이는 다음 장에서 설명할 것이다), 강렬한 열망으로 자극될 때처럼 잠재의식이 매우 강렬한 파동으로 자극될 때만 활성화된다. 창조적 능력은 앞서 언급한 원인에 반응하는데, 얼마나 계발되었느냐에 따라 더 예민하게 반응한다. 이는 매우 중요한 사실이니 다음으로 넘어가기 전에 다시 천천히 생각해보자.

원칙들을 실행에 옮길 때 명심할 점은 열망을 부로 전환하는 방법은 어느 한 단계에서만 설명할 수 없다는 것이다. 그 이야기는 모든 원칙을 완전히 익히고 흡수하여 이용하기 시작할 때만 비로소 완성된다. 비즈니스, 산업, 금융의 뛰어난 리더나 위대한 화가, 음악가, 시인, 작가는 창조적 상상력을 계발한 덕분에 그 위치에 오른 것이다.

인체 근육이나 기관이 사용할수록 발달하듯이 합성적 상상력과 창조적 상상력도 사용할수록 예리해진다. 열망은 충동적인 자극에 불과하다. 막연하고 이내 사라진다. 물리적 실체로 전화되기 전까지는 추상적인 느낌일 뿐 아무런 가치도 없다. 열망을 돈으로 전환하는 과정에는 주로 합성적 상상력이 사용되지만, 창조적 상상력이 요구되는 상황에 직면할 수도 있다. 상상력은 사용하지 않으면 약해진다. 하지만 사용하면 되살아나고 예리해질 수 있다. 사용하지 않으면 둔해지기는 하나 그렇더라도 사라지는 건 아니다.

열망을 돈으로 전환할 때는 대게 합성적 상상력이 사용되므로 당분간은 이 능력을 계발하는 데 집중하는 게 좋다. 열망이라는 무형의 자극을 돈이라는 유형의 현실로 전환할 때 계획이 필요하다. 그리고 이 계획을 세울 때는 특히 합성적 상상력의 도움이 필요하다.

책을 다 읽고 다시 여기로 돌아와 상상력을 발휘하여 열망을 돈으로 전환하기 위한 계획을 세우도록 하라. 계획을 세울 때 필요한 지침은 이 책 전반에 걸쳐 소개되어 있다. 가장 필요한 지침을 실행으로 옮긴 다음 계획을 체계적으로 세워 글로 정리하라. 이 과정을 완성하는 즉시 무형의 열망은 확실한 형태를 띠게 될 것이다. 그 문장을 한 번 더 읽어보라. 큰 소리로 아주 천천히 읽어라. 열망과 그것을 현실로 이룰 계획을 글로 옮기는 순간, 당신은 생각을 물리적 실체로 전환하는 첫 단계를 거쳤다는 사실을 떠올려라.

우리가 사는 지구, 당신, 그리고 모든 물질은 진화를 거쳐 변화한 결과물로, 그 과정에서 미세한 입자들이 질서 있게 조직되고 배열되었다. 더욱 중요한 것은 이 지구와 인간의 신체를 이루는 수십억 세포 하나하나, 물질을 이루는 모든 원자는 다 같이 무형의 에너지에서 시작했다는 사실이다.

열망은 사고 자극이다! 그리고 사고 자극은 일종의 에너지다. 따라서 부를 일구겠다는 사고 자극, 즉 열망이 일기 시작할 때는 대자연이 지구를 만들 때 사용한 것과 꼭 같은 일이 우리 뇌 속에서 일어나게 된다. 과학이 밝힌 바에 따르면 우주 전체는 물질과 에너지라는 두 가지 요소로만 구성되어 있다. 에너지와 물질이 서로 결합해 하늘에 떠 있는 거대한 별과 땅의 사람에 이르기까지 인간의 눈에 보이는 모든 것을 창조했다.

이제 당신은 대자연의 방법으로 재화를 얻어내려 하고 있다. 열망을 물리적, 즉 금전적 실체로 전환하기 위해 대자연의 법칙에 성실하고 진지한 자세로 따라가려 한다. **당신은 할 수 있다! 이전에도 많은 사람이 해냈듯이 말이다!**

이 불변의 법칙대로 따르기만 하면 막대한 부를 쌓을 수 있다.

그러나 먼저 법칙에 익숙해지고 사용법을 배워야 한다. 나는 반복해서 설명하고 다양한 각도에서 접근하는 식으로 당신에게 막대한 부를 일구는 비밀을 알려주려 한다.

이상하고 역설적으로 들릴 수 있지만 이 비밀은 사실 비밀이 아니다. 대자연은 우리가 사는 지구를 통해, 우리가 볼 수 있는 별과 행성을 통해, 우리 머리 위와 발밑의 요소 속에서, 풀잎과 우리 눈에 비친 모든 형태의 생명체 속에서 이 비밀을 명확히 드러내고 있다. 대자연은 이 비밀을 생물학이라는 말로 보여준다. 현미경으로 보아야 간신히 보일 만큼 작은 세포가 지금 이 글을 읽고 있는 당신으로 바뀌게 된 과정을 통해 말이다. 열망이 물리적 실체로 전화하는 과정도 기적 같은 게 아니다!

여기 설명한 내용이 이해되지 않는다고 해서 실망할 필요는 없다. 전문가가 아닌 이상 읽자마자 이해될 만한 내용은 아니다. 그러나 언젠가 진전이 있을 것이다. 뒤에 나올 원칙들은 상상력에 관한 이해의 폭을 넓혀줄 것이다. 이 철학을 처음 접한다면 할 수 있는 만큼만 흡수하라. 그런 다음 다시 공부한다면 뭔가가 분명해지고 차츰 전체에 대한 이해로 넓어질 것이다. 무엇보다 중요한 것은 중간에 멈추지 않는 것이다. 적어도 이 책을 세 번 읽을 때까지는 계속하라. 그때가 되면 그만두고 싶지 않아질 것이다.

상상력을 실용적으로 사용하는 방법

모든 부는 아이디어에서 시작한다. 그리고 아이디어는 상상력에서 나온다. 아이디어가 막대한 부를 낳은 사례를 알아보자. 이 사례를 통해 상상력이 부를 쌓는 데 어떻게 사용되는지 깨닫기 바란다.

마법에 걸린 주전자

1880년대에 한 나이 든 시골 의사가 시내에 갔다. 그는 말을 세워두고 약국 뒷문으로 조용히 들어가 젊은 약국 점원과 흥정을 시작했다. 그는 훗날 많은 사람에게 막대한 부를 가져다줄 아이디어를 가지고 있었다. 남북전쟁 이후 미국 남부 지역에 가장 큰 이익을 가져다줄 아이디어였다.

한 시간 넘도록 의사와 점원은 조제실 뒤에서 조곤조곤 이야기를 나누었다. 그리고 의사는 떠났다. 의사는 마차로 돌아가 크고 낡은 주전자와 주전자 안을 저을 때 쓰는 커다란 나무 주걱을 가지고 돌아와 약국 뒤에 내려놓았다. 점원은 주전자를 살펴보더니 안쪽 주머니에서 지폐 뭉치를 꺼내 의사에게 건넸다. 지폐 뭉치는 정확히 500달러로, 점원의 전 재산이었다. 의사는 비밀 제조법이 적힌 작은 종이 한 장을 건넸다. 거기 적힌 글자는 사실 어마어마한 가치가 있었다. 하지만 의사는 이 사실을 몰랐다. 그 마법의 단어는 주전자를 끓이기 위해 필요한 것이었지만, 그 주전자에서 엄청난 돈이 흘러나올지는 의사도 점원도 알지 못했다

나이 든 의사는 주전자를 500달러나 받고 팔아서 기뻤다. 그 돈으로 빚을 갚을 생각에 마음이 가벼워졌다. 반면 점원은 평생 모은 돈으로 제조법이 적힌 종이와 낡은 주전자를 사는 큰 기회를 잡을 수 있었다. 그도 이 투자가 알라딘 램프 이상의 기적을 펼쳐낼 줄은, 주전자에서 황금이 넘쳐흐르게 하리라고 꿈에도 생각하지 못했다.

그때 점원이 실제로 산 것은 아이디어였다! 낡은 주전자와 나무 주걱과 종이에 써진 비밀 메시지는 아이디어에 따라온 부수적인 것들이었다. 주전자의 마법은 새 주인이 거기에 비밀스러운 재료를 섞고 나서 일어났다.

이 이야기를 잘 읽고 상상력을 발휘해보라. 약국 점원이 비밀 메시지에 무엇을 첨가해서 낡은 주전자를 황금으로 넘쳐흐르게 했을지 추측해보라. 이 이야기는 소설보다 더 소설 같은 실화다. 아이디어에서 시작한 실화 말이다. 이 아이디어가 대체 어떤 부를 낳았는지 살펴보도록 하자. 주전자의 내용물은 지금까지도 전 세계에서 막대한 부를 거두고 있다.

이 낡은 주전자는 오늘날 세계 최대의 설탕 구매자로, 수천 명에게 사탕수수 재배, 정제, 판매 관련 일자리를 제공하고 있다.

이 낡은 주전자는 연간 수백만 명의 유리병을 소비해 사람들에게 엄청난 일자리를 제공하고 있다.

이 낡은 주전자는 전국적으로 많은 점원, 속기사, 카피라이터, 광고 전문가에게 일자리를 주었고 상품을 멋지게 그려낸 아티스트들은 명예와 부를 얻었다.

이 낡은 주전자는 미국 남부 소도시를 남부의 산업 중심지로 탈바꿈시키고, 직간접적으로 그 도시의 산업 종사자와 주민에게 이익을 주었다. 이 아이디어의 영향으로 세계 모든 문명국은 혜택을 받았고 손댄 모든 사람에게 끊임없이 황금을 낳아주고 있다.

이 주전자에서 나온 황금은 남부에서 가장 유명한 대학을 설립하게 했으며, 그곳에서는 수천 명의 학생이 성공 기술을 배우고 있다. 다른 멋진 일도 많이 했다. 세계 경기 침체로 공장, 은행, 기업이 사업을 접고 수천 명이 일자리를 그만두는 동안 이 마법 주전자의 주인은 사업을 계속 이어갔고 전 세계적으로 꾸준히 고용을 창출했을 뿐만 아니라, 오래전 이 아이디어에 믿음을 보였던 사람들에게 추가 수익을 주었다. 낡은 주전자가 말을 할 수 있다면 온갖 언어로 무척이나 짜릿한 이야기를 들려주었을 것이다. 사랑 이야기, 사업 이야기, 그것으로 날마다 자극받은 사람들의 이야기를 말이다.

나 역시 그러한 사랑 이야기를 한 번은 경험한 사람이다. 이 이야기는 점원이 주전자를 산 약국과 그리 멀지 않은 곳에서 시작한다. 그곳은 내가 아내를 처음 만난 곳이며 아내에게 마법의 주전자에 관해 처음 들은 곳이다. 아내에게 청혼할 때 우리가 마시고 있던 게 바로 그 주전자에서 나온 상품이었다.

이제 마법의 주전자의 내용물이 세계적 음료임을 알았을 것이다. 나는 이 음료의 본고장에서 아내와 만났을 뿐만 아니라, 이 음료를 마시며 일하면, 사고에 자극을 주어 최고의 효율을 낼 수 있는 정신상태를 유지하기도 한다.

당신이 어떤 사람이든, 어디에 살든, 무슨 일을 하고 있든, 앞으로 '코카콜라'라는 단어를 볼 때마다 그 어마어마한 부의 제국과 단 하나의 아이디어에서 피어난 영향력을 기억하길 바란다. 약국 점원 아사 캔들러가 비밀 공식에 섞은 신비한 재료가 바로 상상력이었다는 사실도 말이다.

중간 정리를 해보자. 코카콜라가 전 세계의 도시와 마을과 골목에까지 영향력을 뻗친 방법은 이 책에서 설명하고 있는 부의 13가지 원칙과 같다는 사실을 명심하라. 또 코카콜라를 탄생하게 한 아이디어만큼 참신하고 훌륭한 아이디어라면 당신도 이 세계적 음료와 같은 엄청난 성공을 거둘 수 있음을 명심하라.

내게 100만 달러가 있다면

'뜻이 있는 곳에 길이 있다'는 속담을 증명하는 이야기가 있다. 시카고 남부의 가축 사육장이 많은 지역에서 목회 일을 시작한 교육자이자 목회자인 프랭크 W. 건솔러스가 들려준 이야기다.

건솔러스는 대학 시절 교육 시스템에 문제점이 많다는 것을 알게 되었고, 자신이 학장이 된다면 그것을 바로잡을 수 있다고 믿었다. 그는 젊은이들이 행동으로 터득하는 교육기관의 학장이 되겠다는 깊은 열망에 사로잡혔다. 그리고 정통적인 교육 방식에 얽매이지 않고 자기 생각을 실행할 수 있는 새로운 대학을 설립하기로 마음먹었다. 하지만 대학을 설립하기 위해서는 수백만 달러가 필요했다. 이렇게 큰돈을 어디서 구할 수 있을까? 야망에 찬 젊은 목회자의 머릿속은 이 질문으로 가득 차 있었다.

그러나 해결책은 없어 보였다. 건솔러스의 머릿속은 자나 깨나 온통 그 생각뿐이었다. 일하고 있을 때도 외출할 때도 그 문제만 생각했다. 결국 그 생각은 집착이 되어버렸다. 100만 달러는 큰돈이다. 건솔러스도 그 사실을 알고 있었지만 한계는 마음에서 정하는 것뿐이라는 진리도 알고 있었다.

목회자이면서 철학자였던 건솔러스는 성공한 모든 사람이 그러했듯 분명한 목표가 모든 일의 시작점이라는 사실을 알고 있었다. 목표를 물질적 실체로 전환해줄 불타는 열망이 뒷받침될 때 활기, 생명력, 그리고 힘이 생겨난다는 사실도 알고 있었다.

이 모든 위대한 진리를 알고 있었지만 어디서, 어떻게 100만 달러를 손에 넣을 수 있을지는 여전히 알지 못했다. 보통 사람이라면 "아이디어는 좋은데 쓸모가 없네. 100만 달러를 구할 수가 없으니 말이야"라며 포기했을 것이다. 대부분 사람이 그렇게 말했을 테지만 건솔러스는 아니었다. 이때 그가 한 말과 행동이 중요한데 그의 말로 직접 소개해보겠다.

"어느 토요일 오후, 방에 앉아 계획을 실행하기 위한 돈을 어떻게 모을지 생각하고 있었어요. 거의 2년을 생각해오고 있었지만 생각하는 일만 하고 아무것도 하지 않았죠. 이제 행동할 때였어요! 바로 그때 일주일 안에 100만 달러를 반드시 마련하겠다는 결심을 했어요. 어떻게 마련할지는 걱정하지 않았어요. 중요한 건 정해진 시간 내에 그 돈을 구하겠다고 한 결심이었죠. 그리고 정해진 시간에 돈을 구하기로 확고하게 결심하기 전에는 경험해보지 못한 묘한 확신이 차올랐어요. 내 안의 뭔가가 이렇게 말하는 것 같았죠. '어째서 이제야 결심을 한 거야? 그 돈은 항상 널 기다리고 있었는데 말이야.'

그러고 나니 일이 일사천리로 시작되었어요. 먼저 신문사에 전화를 걸어 내일 아침 '내게 100만 달러가 있다면 무엇을 할까'라는 제목으로 설교를 할 거라 말했어요. 그리고 당장 설교 준비에 들어갔는데 솔직히 하나도 어렵지 않았어요. 거의 2년 전부터 준비하던 내용이었으니까요. 설교의 영혼은 제 일부였거든요! 자정 훨씬 전에 설교를 다 썼고 자신감에 부풀어 잠들었죠. 이미 100만 달러를 가졌다는 생각이 들었어요.

다음 날 아침 일찍 일어나 욕실로 들어가 설교문을 읽고 무릎을 꿇은 뒤 내 설교가 누군가의 관심을 끌어 필요한 돈을 후원하게 해달라고 간청했어요. 기도하는 동안 그 돈을 모을 수 있을 거라는 확신이 다시 들었어요. 흥분한 나머지 설교문을 잊고 나갔는데 강단에 서서 설교를 시작할 때까지도 그 사실을 몰랐던 거예요.

설교문을 가지러 가기에는 너무 늦었죠. 그런데 오히려 그게 축복이었어요! 잠재의식은 제가 필요한 걸 내놓았어요. 저는 눈을 감고 열정을 다해 꿈에 관해 이야기했어요. 청중뿐만 아니라 신께 말하고 있다고 생각했어요. 100만 달러가 생긴다면 젊은이들이 실용적 배움을 얻고 정신을 계발할 수 있는 훌륭한 교육기관을 세우겠다는 마음속 계획을 설명했죠.

설교가 끝나고 앉았는데 뒤에서 세 번째쯤에 앉아 있던 신사가 천천히 일어나더니 강단 쪽으로 다가왔어요. 무슨 일인지 의아했죠. 그는 강단으로 오더니 손을 내밀며 말했어요. '목사님, 설교가 참 좋았습니다. 목사님이 하신 말씀대로 모든 것을 이루시리라 믿습니다. 100만 달러만 있다면요. 목사님과 설교에 대한 제 믿음을 증명하기 위해 내일 아침 제 사무실로 오시면 제가 100만 달러를 드리겠습니다. 저는 필립 D. 아머입니다.'"

젊은 건솔러스는 아머의 사무실로 갔고 100만 달러를 기부받았다. 건솔로스는 그 돈으로 일리노이 공과대학교의 전신인 아머 공과대학을 설립했다.

100만 달러는 일반 목회자가 평생에 볼까 말까 한 액수지만, 그 돈을 얻게 한 생각은 젊은 목회자의 마음속에서 순식간에 피어난 것이었다. 100만 달러는 그 생각의 결과로 얻어졌다. 그리고 그 아이디어는 젊은 건솔러스가 거의 2년 동안 마음속에 품고 있던 열망에서 생겨난 것이었다. 주목할 만한 사실은 **건솔러스가 돈을 구하겠다는 확고한 결심과 함께 명확한 계획을 세우고 나서 36시간 안에 그 돈을 실제로 얻었다는 점이다.**

젊은 건솔러스는 처음에 막연하게 100만 달러를 생각하며 기대만 품었다. 이는 새로운 이야기도, 특별한 이야기도 아니다. 이런 생각을 하는 사람들은 언제나 존재해왔다. 하지만 기념할 만한 토요일에 모호함을 걷어내고 '일주일 안에 돈을 얻고 말겠어'라 작정했을 때는 분명 특별하고 다른 점이 있었다.

신은 자신이 원하는 것을 정확히 알고, 그것을 가지려 결심한 사람의 편에 서는 것 같다. 건솔러스가 100만 달러를 손에 넣은 원리는 여전히 유효하다! 당신도 활용할 수 있다! 이 보편적 법칙은 그때나 지금이나 여전히 유용하다.

코카콜라 창립자 아사 캔들러와 프랭크 건솔러스의 공통점은 분명한 목적에 확고한 계획이 더해지면 아이디어를 돈으로 바꿀 수 있다는 놀라운 진실을 알았다는 것이다. 근면 성실하게 일하기만 하면 부자가 될 수 있다는 믿음을 버려라! 그것은 진실이 아니다. 부는, 특히 막대한 부는 열심히 일한다고 해서 얻어지는 것이 절대 아니다. 부는 명확한 원칙을 두고 분명하게 요구할 때 찾아온다. 우연히 얻어지는 게 아니다. 다시 말해 아이디어는 상상력을 일으켜 행동을 촉구하는 사고 자극이라 할 수 있다. 똑똑한 영업 사원은 상품을 팔 수 없는 곳에서도 아이디어는 팔린다는 사실을 알고 있다. 평범한 영업 사원은 이 사실을 모른다. 그래서 그들이 '평범'한 것이다.

할인된 가격에 책을 파는 한 출판업자가 출판사에 크게 이득이 될 만한 사실을 발견했다. 그는 많은 사람이 책을 살 때 내용이 아니라 제목을 본다는 점을 파악했다. 잘 팔리지 않던 책의 제목만 바꿨더니 100만 부 이상이 팔렸던 것이다. 내용은 바뀌지 않았는데 말이다. 기존의 책 표지를 걷어내고 '베스트셀러'라는 문구를 넣은 새 표지를 씌웠을 뿐이었다.

단순해 보이지만 바로 이런 게 **아이디어**다! **상상력**인 것이다!

아이디어에는 정해진 가격이 없다. 아이디어를 낸 사람이 가격을 책정하고 똑똑한 사람이 그 가치를 손에 쥔다. 막대한 부의 거의 모든 이야기는 아이디어를 고안한 사람과 그것을 파는 사람이 협력해서 조화롭게 일할 때 시작한다. 카네기는 자신이 못하는 일을 해낼 사람을 곁에 두었다. 바로 아이디어를 떠올리는 사람, 아이디어를 실행하는 사람이다. 그들을 곁에 두어 자신뿐만 아니라 그들까지 엄청난 부자로 만들었다.

많은 사람이 인생을 살아가며 행운을 꿈꾼다. 행운이 기회를 줄 수 있을지는 모르나 가장 안전한 계획은 행운에 의지하지 않는다. 내게도 인생 최고의 기회를 준 멋진 행운이 있었다. 그러나 그것이 내 자산이 되기까지 나는 25년 동안 단호하게 노력을 쏟아부어야만 했다.

내 인생의 행운은 앤드루 카네기를 만나 그와 함께 일한 것이었다. 카네기는 성공의 원칙을 철학으로 정리하는 아이디어를 내 마음속에 심어주었다. 많은 사람이 내 25년의 결과물로 이익을 얻었고 그 철학을 적용해 부를 일구었다. 시작은 단순하게도 누구나 발전시킬 수 있는 아이디어였다.

멋진 행운은 카네기를 통해 왔지만 결심, 확고한 목표, 목표를 향한 갈망, 25년간의 부단한 노력도 그럴까? 평범한 열망으로는 실망, 낙담, 일시적인 패배, 비난은 물론이고 줄곧 쫓아다니는 시간 낭비라는 걱정을 쫓아버릴 수 없다. **불타는 열망이 있어야 한다! 집념 말이다!**

카네기가 처음 아이디어를 심어주었을 때, 나는 살살 설득하고, 보살피고, 유도하며 그것을 살렸다. 그러자 아이디어는 점점 몸집이 커져 자기만의 힘을 갖더니 마침내는 나를 설득하고 보살폈으며 앞으로 이끌었다. 아이디어란 그런 것이다. 처음에는 내가 아이디어에 생명을 주고, 실행하고, 이끌지만 나중에는 그것이 스스로 힘을 가져 모든 방해물을 쓸어내버린다.

아이디어는 보이지 않는 힘이지만 그것을 탄생시킨 뇌보다

더 큰 힘을 가지고 있다. 자신을 탄생시킨 뇌가 죽어도 아이디어만
은 살아남는다. 기독교의 힘을 보라. 기독교는 그리스도의 뇌에서
아주 단순한 아이디어로 시작했다. 기독교의 주요 교리는 '남에게
대접받고자 하는 대로 남을 대접하라'였다. 그리스도는 자신이 왔
던 근원으로 돌아갔지만 그의 아이디어는 계속 이어지고 있다. 언
젠가 아이디어가 커져서 진가를 발휘하면 그리스도는 가장 깊은
열망을 성취하는 것이다.

"계획이 실패로 돌아왔을 때
그 일시적 패배는 영원한 실패가
아니라는 점을 반드시 명심하라."

체계적인 계획

열망을 행동으로 구체화하기

우리는 인간이 만들거나 획득하는 모든 것은 열망이라는 형태로 시작한다는 것, 이 열망은 추상적 형태에서 구체적 형태로 가는 첫 단계로, 상상력의 작업장에서 구체화할 계획이 만들어진다는 것을 알았다.

2장에서 돈에 대한 열망을 금전적 실체로 전환하기 위한 첫 실행 단계로, 분명하고 실질적인 6단계 원칙을 설명했다. 그중 하나는 명확하고 실용적인 계획을 세우는 것이었다. 이제 그 계획을 어떻게 세우는지 알아보자.

> **1.** 부를 일구기 위한 계획을 세우고, 실행하는 데 필요한 사람을 가능한 한 많이 모아서 조직을 꾸려라. 이후 설명할 '조력 집단' 원칙을 활용하면 된다. 이 지침은 반드시 지켜야 한다. 무시해서는 안 된다.
>
> **2.** 조력 집단을 꾸리기 전에 조직원들에게 협력의 대가로 당신이 어떤 이점과 이득을 줄 것인지 결정하라. 어떤 보상 없이 무작정 일

할 사람은 없다. 똑똑한 사람이라면 적절한 보상 없이 일을 부탁하거나 기대하지 않는다. 보상은 반드시 금전적인 형태가 아니어도 상관없다.

3. 부를 축적하기 위해 필수적인 계획을 완벽하게 세우기 전까지 조력 집단과 적어도 일주일에 두 번씩 만남을 가지는 약속을 정하라. 더 자주 만나면 좋다.

4. 조력 집단의 구성원과 완벽하게 어우러져야 한다. 그렇지 못하면 실패를 겪게 될 것이다. 조력 집단 원칙은 구성원들이 완벽한 조화를 이루지 못하면 작동하지 않는다.

여기서 명심해야 할 것들이 있다.

첫째, 당신은 매우 중요한 일에 착수하고 있다. 확실히 성공하기 위해서는 완벽한 계획을 세워야 한다.

둘째, 다른 사람이 가진 경험, 교육, 타고난 재능, 상상력의 이점을 끌어와야 한다. 막대한 부를 쌓은 모두가 이 방법을 따랐다.

혼자서 막대한 부를 쌓을 만큼 충분한 경험, 교육, 타고난 능력, 지식을 갖춘 사람은 없다. 그래서 타인의 도움이 필요하다. 부를 쌓기 위한 계획은 모두 당신과 조력 집단 구성원의 합작품이어야 한다. 계획은 혼자 세우더라도 반드시 조력 집단 구성원들에게 점검과 승인을 받아야 한다.

최초의 계획이 성공하지 못한다면 새로운 계획을 세우고, 그 새로운 계획도 실패한다면 또 다른 계획으로 대체하는 식으로 성공할 때까지 계속해서 새로운 계획을 세워라. 대다수 사람이 이 지점에서 실패하고 만다. 실패했을 때 끈기를 가지고 새로운 계획을 세우지 못하기 때문이다.

아무리 똑똑한 사람이라도 부를 일구는 데(다른 일에서도 마찬가지다) 실용적이고 효과적인 계획을 세우지 못하면 성공할 수 없다. 계획이 실패로 돌아왔을 때 그 일시적 패배는 영원한 실패가 아니라는 점을 반드시 명심하라. 계획이 적절하지 않았다는 의미일 뿐이다. 다른 계획을 세우면 된다. 그리고 다시 시작하라.

토머스 에디슨도 전구를 발명하기까지 1만 번의 실패를 거듭했다. 그의 노력이 성공의 빛을 보기 전까지 1만 번의 일시적 패배를 겪었다는 뜻이다. 일시적 패배는 오직 당신의 계획에 어떤 문제가 있다는 사실만을 알려줄 뿐이다. 그토록 많은 사람이 궁핍과 빈곤에 시달리는 이유는 제대로 된 계획을 세우지 못해서다. 헨리 포드가 부를 얻을 수 있었던 건 뛰어난 머리 때문이 아니라 완전하다고 증명된 계획을 세우고 따랐기 때문이다. 많은 사람이 포드보다 더 나은 교육을 받았음에도 부를 축적하기 위한 올바른 계획이 없어서 가난하게 살아간다.

성공 여부는 계획이 얼마나 견실한지에 달려 있다. 뻔한 말 같지만 진실이다. 새뮤얼 인설은 1억 달러가 넘는 재산을 탕진했다. 인설은 건전한 계획을 바탕으로 재산을 축적했다. 그런데 대공황 때문에 계획을 변경할 수밖에 없었고 그 변경으로 결국 일시적 패배를 겪었다. 변경한 계획이 좋지 않았기 때문이다. 노령의 인설은 이를 일시적인 패배가 아닌 완전한 실패로 받아들일 수도 있다. 하지만 그의 경험이 실패로 판명된다면 그것은 계획을 다시 세우려는 끈기가 부족해서일 것이다.

마음속에서 포기할 때까지는 실패한 것이 아니다. 이 사실을 몇 번이고 되새겨야 한다. 우리는 패배의 조짐이 보이면 너무 쉽게 엎어져버리기 때문이다. 제임스.J힐은 동부에서 서부를 가로지르는 철도 건설을 위해 자금을 모을 때 일시적인 패배를 겪었지만 새로운 계획을 세워 실패를 승리로 바꿨다. 헨리 포드 역시 자동차 업계에 처음 뛰어들었을 때뿐만 아니라 최고의 자리에 오른 후에도 일시적 패배를 겪었다. 그러나 새로운 계획을 세워 차곡차곡 부를 축적했다.

우리는 막대한 부를 일군 인물을 볼 때 종종 그들이 이룬 승리만 보고 거기에 도달하기 전까지 극복해야 했던 일시적 패배를 간과하고는 한다. 성공 철학을 따르면서 한 번도 실패하지 않고 부를 일굴 거라고 기대해서는 안 된다. 실패하면 계획이 적절하지 않다는 신호로 받아들이고 다른 계획을 세워서 바라는 목표를 향해 다시 나아가라. 목표에 닿기 전에 포기한다면 당신은 중도 포기자가 될 뿐이다.

"포기하면 절대 승리하지 못한다. 승리자는 절대 포기하지 않는다." 이 문장을 종이에 큼지막하게 적어서 매일 잠들기 전과 아침 출근하기 전에 볼 수 있는 곳에 붙여두라. 조력 집단을 선정할 때도 실패를 심각하게 받아들이지 않는 사람들로 선택하라.

어떤 사람들은 어리석게도 돈이 돈을 낳는다고 생각한다. 하지만 사실 전혀 그렇지 않다. 열망이 바로 돈을 만드는 힘이며, 이 책에 설명된 성공 원칙을 통해 열망이 재화로 바뀌는 것이다. 돈은 자동력이 없는 물체로, 그 자체로는 아무것도 아니다. 움직이는 것은 물론 생각하지도, 말하지도 못한다. 다만 돈을 열망하는 사람이 자기에게 오라고 부르면 '듣는다'.

부를 일구기 위한 시작 단계에서 현명한 계획은 꼭 필요하다. 이 장에서는 부를 쌓기 위해 노동력을 제공하는 사람들이 알아야 할 내용을 자세히 설명할 것이다. 힘이 될 만한 사실은 거의 모든 막대한 부가 개인의 노동력이나 아이디어를 판매한 데서 시작했다는 점이다. 가진 돈이 없는 사람이라면 부를 얻는 대가로 아이디어와 노동력 외에 무엇을 줄 수 있겠는가?

리더가 될 것인가, 추종자로 남을 것인가

대체로 세상에는 두 가지 유형의 사람이 있다. 하나는 리더이고 다른 하나는 추종자다. 처음부터 당신이 선택한 직업에서 리더가 될 것인지, 추종자로 남을 것인지 결정하라. 이에 대한 보상은 엄청나게 다르다. 추종자는 당연히 리더만큼의 보상을 기대할 수 없다. 그런데 많은 추종자가 비슷한 보상을 기대하는 실수를 범한다.

추종자라고 해서 불명예스러운 것은 아니다. 하지만 그렇다고 명예로운 일도 아니다. 대부분의 위대한 리더는 추종자로 시작했다. 대신 똑똑한 추종자였기에 위대한 리더가 될 수 있었다. 리더를 현명하게 따르지 못하는 사람이 효율적인 리더가 되는 경우는 거의 없다. 가장 효율적으로 따르는 사람이 보통 가장 빠르게 리더의 자리에 올라간다. 똑똑한 추종자에게는 많은 이점이 있는데, 무엇보다 리더에게 지식을 얻을 기회가 있다는 점이 그렇다.

리더십의 주요 덕목

다음은 리더십에서 중요한 자질이다.

1. 흔들리지 않는 용기

용기는 자신과 자신의 직무를 아는 데서 나온다. 자신감과 용기 없는 리더 아래서 일하고 싶은 추종자는 없다. 똑똑한 추종자는 그런 지도자 밑에서 오래 일하지 않는다.

2. 자제력

자신을 다스리지 못하는 사람은 다른 사람도 다스릴 수 없다. 자제력은 추종자에게 강력한 모범이 된다. 똑똑한 추종자일수록 따라 할 것이다.

3. 강한 정의감

공정함과 정의감이 없는 리더는 추종자에게 지시를 내릴 수도, 존경을 얻을 수도 없다.

4. 확고한 결심

결정을 망설이는 사람은 자신에게 확신이 없다는 뜻이다. 그런 리더는 다른 사람도 제대로 이끌 수 없다.

5. 명확한 계획

자기 일을 계획하고 계획대로 움직여야 한다. 실용적이고 명확한 계획 없이 추측으로 움직이는 리더는 방향타 없는 배와 같다. 조만간 암초에 부딪히고 말 것이다.

6. 보상보다 더 많이 일하는 습관

리더가 감내해야 할 불이익이 있다면 추종자보다 기꺼이 더 많이 일하겠다는 의지가 필요하다는 점이다.

7. 호감을 주는 성격

단정치 못하고 되는 대로 사는 사람은 성공한 리더가 될 수 없다. 리더십은 존경을 불러일으켜야 한다. 추종자는 모든 면에서 호감을 주지 않는 리더를 존경하지 않는다.

8. 공감과 이해

추종자에게 공감할 줄 알아야 한다. 더 나아가 그들과 그들의 문제를 이해해야 한다.

9. 세세하게 파악하는 능력

리더는 리더의 위치에서 모든 일을 세세하게 알고 있어야 한다.

10. 책임을 감수할 수 있는 의지

리더라면 추종자의 실수와 흠에 기꺼이 책임질 줄 알아야 한다. 책임을 전가하려 하면 리더 자리를 지킬 수 없다. 추종자가 실수를 저지르거나 무능하다면 리더는 이를 자신의 실패라고 여겨야 한다.

11. 협력

협력의 원칙을 이해하고 적용해야 하며, 추종자들도 그렇게 하도록 이끌어야 한다. 리더십에는 힘이 필요하며 힘은 협력에서 나온다.

리더십은 두 가지 형태가 있다. 첫 번째는 단연 효율적인 리더십이라 할 수 있는 형태로, 추종자들의 동의를 얻고 그들에게 공감하는 리더십이다. 두 번째는 동의나 공감 없이 힘에 의한 리더십이다. 역사는 힘에 의한 리더십은 오래가지 못한다는 것을 여실히 보여준다. 독재자와 왕이 몰락하는 것을 보라. 사람들은 힘으로 밀어붙이는 리더를 무작정 따르지 않는다.

세계는 리더와 추종자 사이에 새로운 관계를 맺는 시대로 들어섰다. 기업과 산업에서는 새로운 리더와 리더십을 요구하는 분위기가 선명하다. 전통적인 힘에 의한 리더십에 속한 사람들은 새로운 시대의 리더십을 습득하거나, 그렇지 않으면 평범한 추종자로 내려서는 수밖에 없다. 그들에게 다른 탈출구는 없다.

고용주와 고용인, 또는 리더와 추종자의 관계는 앞으로 수익의 평등한 분배를 바탕으로 한 상호 협력 관계로 변화할 것이다. 미래의 고용주와 고용인의 관계는 과거보다 더욱 파트너십에 가까워질 것이다.

프랑스의 나폴레옹, 독일의 카이저 빌헬름, 러시아의 차르, 스페인 국왕은 힘에 의한 리더십의 대표적 예다. 이들의 리더십은 끝났다. 이런 리더십의 원형은 쫓겨났거나 곧 내쳐질 미국의 기업, 금융, 노동계 리더에서 쉽게 찾아볼 수 있다. 이제는 추종자의 동의가 바탕이 되는 리더십만이 오래갈 수 있다. 힘에 의한 리더십에 사람들이 잠시 따를 수는 있지만 마음에서 우러나오는 행동은 아니다.

새로운 시대의 리더십은 앞서 소개한 리더십의 11가지 덕목과 더불어 다른 요소들도 포용해야 한다. 이 덕목을 바탕으로 리더십을 발휘하는 사람은 인생의 어떤 분야에서든 리더가 될 기회를 자주 발견할 것이다. 새로운 리더십의 부재는 경제공황을 길어지게 만든 원인이다. 대공황이 끝났지만 새로운 리더십을 발휘할 수 있는 인재는 턱없이 부족하다. 기존 유형의 리더 중 일부가 새로운 리더십에 맞춰 개혁하고 따라갈 것이다. 그러나 일반적으로 세계는 새 리더십에 맞는 새로운 인물을 찾아야 한다. 이런 사회의 변화가 당신에게 기회가 될 수 있다!

리더십이 실패하는 10가지 주된 이유

실패하는 리더가 저지르는 잘못을 살펴보자. 무엇을 해야 할지 아는 것만큼이나 무엇을 하지 말아야 할지를 아는 것도 중요하다.

1. 세심한 조직력의 부족

유능한 리더는 세세한 부분까지 조직하고 숙달하는 능력이 필요하다. 진정한 리더는 리더로서 마땅히 요구받는 일에 '너무 바빠서'라고 말하지 않는다. 리더든 추종자든 너무 바빠서 계획을 변경할 수 없다거나 긴급한 상황을 신경 쓸 여력이 없다고 한다면, 이는 자신의 무능을 인정하는 꼴이다. 성공한 리더는 리더로서 해야 할 일을 모두 숙달하고 있어야만 한다. 물론 유능한 중간 관리자에게 위임할 줄도 알아야 한다.

2. 허드렛일을 꺼리는 태도

정말 훌륭한 리더는 필요한 경우 누구의 임무인지 가리지 않고 기꺼이 나서서 일한다. '큰 사람이 되려는 자는 모두를 위해 가장 밑에서 일하는 자'라는 말이 있다. 모든 리더가 따르고 존중해야 할 진리다.

3. 아는 것을 행동하기보다 아는 것에 대한 보상을 바라는 태도

세상은 안다고 해서 보상하지 않는다. 세상은 행동하는 것, 다른 사람이 행동하도록 이끄는 것에 대해 보상한다.

4. 추종자와의 경쟁에 대한 두려움

추종자가 자기 자리를 차지할까 봐 두려워하는 리더는 그 일을 곧 현실로 경험하게 될 것이다. 유능한 리더는 자신의 세부 업무를 위임할 수 있는 추종자를 키운다. 그래야만 자신을 대표해 이곳저곳에 보낼 수 있고, 한 번에 여러 가지 일에 관심을 기울일 수 있다. 인간은 자고로 자신의 노력으로 얻을 수 있는 것보다 다른 사람을 수행하도록 만드는 능력에 더 많은 보상을 받는다. 효율적인 리더는 자기 직무에 대한 지식과 사람을 끌어당기는 인품을 통해 다른 사람의 효율성을 높이고, 그가 타인의 도움 없이도 더 잘 일할 수 있도록 이끈다.

5. 상상력 부족

상상력이 없는 리더는 긴급 상황에 대처하지 못하며 추종자를 효율적으로 이끄는 계획을 세우지 못한다.

6. 이기심

추종자의 공을 독차지하려는 리더는 분노를 산다. 진정 훌륭한 리더는 영예를 바라지 않는다. 공이 추종자에게 돌아가는 것을 바라보는 데 만족한다. 사람은 돈이 아니라 칭찬과 인정을 받기 위해 더 열심히 일한다는 사실을 알고 있기 때문이다.

7. 무절제함

추종자는 무절제한 리더를 존경하지 않는다. 게다가 어떤 부분에서든 절제하지 못하는 리더는 끈기를 발휘하지 못하고 자멸하고 만다.

8. 신의를 저버리는 행위

어쩌면 이 항목이 제일 앞에 와야 할지도 모른다. 자기 자신, 동료, 상사, 부하의 신뢰를 배반하는 리더십은 오래가지 않는다. 신의를 저버리는 행위는 그를 하찮은 존재로 전락시키며 멸시의 대상으로 만든다. 지위나 신분과 상관없이 신의를 저버리는 행위는 인생의 실패를 안기는 주요 요인이다.

9. 리더의 권위만 강조하는 태도

효율적인 리더는 추종자를 공포가 아닌 격려로 이끈다. 권위를 앞세워 강한 인상을 주려는 리더는 힘에 의한 리더 범주에 속한다. 진정한 리더라면 자신이 리더라고 애써 알릴 필요가 없다. 공감하고 이해하고 공정한 태도로 대하고, 자기 직무를 잘 알고 있다는 사실을 행동으로 보여주면 된다.

10. 지위를 강조하는 태도

유능한 리더는 지위를 이용해 추종자의 존경을 구하지 않는다. 지위를 지나치게 부각하는 사람은 다른 내세울 것이 없어서다. 진짜 리더는 누구에게나 사무실 문을 열어두며, 직무 공간은 형식적 절차를 강요하지 않고 과시하지 않는다.

이 10가지 항목은 리더십이 실패하는 가장 흔한 요인이다. 이 잘못 중 하나라도 저지른다면 충분히 실패로 이어질 수 있다. 리더십을 원한다면 목록을 잘 살펴보고 행여 이런 잘못을 저지르고 있는 것은 아닌지 확인하라.

새로운 리더십이 요구되는 분야

낡은 리더십을 대체해 새로운 유형의 리더가 기회를 찾을 수 있는 몇 가지 분야를 알아보자.

1. 정치는 새로운 리더에 대한 요구가 가장 강한 곳이다. 이 요구는 매우 시급하다. 정치인은 점점 합법적인 고급 사기꾼처럼 보인다. 감내할 수 없는 수준으로 세금을 인상하고 산업과 기업의 조직을 타락시키기 때문이다.

2. 산업계는 새로운 리더를 요구하고 있다. 과거의 리더는 사람이 아닌 배당금을 중심으로 생각하고 움직였다. 하지만 미래의 리더는 어느 개인이나 집단에도 어려움을 주지 않는 방식으로 신뢰를 쌓아야 하는 준공직자라는 생각을 지녀야 오랫동안 자리를 지킬 수 있다. 노동자 착취는 옛말이다. 경영, 산업, 노동 분야에서 리더십을 열망하는 사람은 이것을 명심해야 한다.

3. 앞으로 종교 지도자는 지난 과거와 아직 오지 않은 미래보다 추종자가 안고 있는 현재의 경제 문제, 개인 현안에 대한 해결책에 더

관심을 두어야 할 것이다.

4. 법률, 의학, 교육 분야에서도 새로운 형태의 리더십을 발휘해야 하며 상황에 따라서는 새로운 리더로 바뀌어야 할 수도 있다. 특히 교육 분야는 더욱 그렇다. 교육 분야의 리더는 학교에서 얻은 지식을 외부에 어떻게 적용하는지를 가르쳐야 한다. 이론보다는 실천 방법이 더 중요해질 것이다.

5. 언론 분야 역시 새로운 리더가 필요하다. 신문사는 특권에서 벗어나 광고 보조금에서 해방되어야 한다. 광고란의 이익을 위해 언론이 선전 기관이 되는 것을 중단해야 한다. 추문과 외설적 사진에 치우치는 신문은 결국 인간의 정신을 타락시키는 길로 가고 말 것이다.

이는 새로운 리더와 리더십에 기회가 열린 분야 중 일부에 불과하다. 세상은 급격한 변화를 겪고 있다. 이는 인간의 습성을 변화시키는 매체가 변화에 적응해야 한다는 것을 의미한다. 여기서 말하는 매체는 무엇보다 문명의 흐름을 결정하는 매체를 말한다.

자기소개서 작성하기

이력서는 변호사가 사건의 변론 취지서를 작성하듯 신중하게 준비해야 한다. 이력서 작성 경험이 없다면 전문가의 조언을 받아 활용하는 것이 좋다. 성공한 기업에서도 상품을 광고할 때 광고의 기술과 심리를 잘 아는 전문가를 고용한다. 자기 능력을 홍보해야 하는 개인도 그렇게 해야 한다. 자기소개서에는 다음 정보가 드러나야 한다.

1. 교육

어떤 교육을 받았고, 무엇을 전공했으며, 해당 분야를 공부한 이유를 간략하면서도 확실하게 기술하라.

2. 경력

구하는 일자리와 관련해 해본 비슷한 경험이 있다면 직장명과 주소까지 모조리 적어라. 당신이 원하는 일자리를 수행하는 데 도움이 될 수 있는 특별한 경험을 명확하게 제시하라.

3. 추천서

어느 회사든 관리자급 직원을 뽑을 때는 과거 이력에 대해 많이 알고 싶어 한다. 이전 고용주, 학창 시절 교사, 신뢰할 만한 저명인사의 추천서 사본을 첨부하라.

4. 사진

최근에 찍은 이력서용 사진을 붙여라.

5. 지원 직무 명시

원하는 특정 직무를 정확히 표기하라. "어떤 자리든 좋습니다"라는 말은 전문 소양이 부족함을 나타낼 뿐이다.

6. 직무 능력 언급

지원하는 자리에 맞는 직무 능력을 기술하라. 내가 왜 그 자리에 적합한지 자세히 설명하라. 이것이 지원서의 취지이며 채용 여부를 결정짓는 요소다.

7. 수습 기간 제안

일주일이나 한 달 또는 고용주가 판단할 수 있을 만큼 충분한 시간 동안 수습으로 일하겠다고 제안하면 일자리를 얻을 가능성이 커진다. 다소 공격적으로 보일 수 있지만 경험상 이 제안은 고용주에게 호의적인 반응을 불러온다. 능력에 자신 있다면 무조건 시도해보

라. 이 제안은 당신이 원하는 자리에 걸맞은 능력자라는 자신감을 보여주기 때문에 매우 설득력을 발휘한다. 제안이 수락되고 성실히 일한다면 수습 기간이라도 급여를 받을 수 있다. ① 직무에 걸맞은 자질이 있다고 확신하며 ② 수습 기간이 끝난 뒤 채용될 거라는 자신감이 있고 ③ 꼭 그 자리를 얻겠다는 투지가 있다면 도전하라.

8. 지원하는 기업에 대한 지식

지원하기 전에 해당 기업에 대해 충분히 숙지하고 이 분야에 대한 지식을 자기소개서에 나타내라. 당신이 상상력이 있고 해당 직무에 진정으로 관심 있다는 인상을 인사 관리자에게 심어줄 것이다.

법을 가장 많이 아는 변호사가 아니라 사건을 가장 잘 준비하는 변호사가 승리한다는 것을 기억하라. 당신이 사건을 잘 준비하고 제시한다면 이미 절반은 승리한 셈이다. 자기소개서가 길어질까 봐 걱정하지 마라. 당신이 일자리를 구하는 것만큼이나 고용주도 자격 있는 지원자를 찾는 데 관심이 많다. 사실 많은 기업가의 성공이 자질 있는 관리자를 선발하는 능력에 달려 있다. 그들은 가능한 한 많은 정보를 알기 원한다.

깔끔한 자기소개는 근면성을 보여준다는 점을 기억하라. 실제로 나는 고객들에게 눈에 띄고 두드러진 자기소개서를 작성하도록 도움을 주었고, 그들은 면접 없이 채용되었다.

성공하는 영업 사원은 언제나 자신의 매무새를 세심하고 단정하게 신경 쓴다. 첫인상이 중요하다는 사실을 알고 있기 때문이다. 자기소개서는 당신의 영업 사원이다. 좋은 옷을 입혀서 다른 지원자들과는 뚜렷하게 대조되도록 하라. 지원하는 자리가 가치 있다면 충분히 그만큼 노력할 가치도 있다. 헤드헌터를 통해 구직

할 때도 당신이 쓴 자기소개서를 사용하게 하라. 이렇게 하면 대리인과 지원하는 회사 모두에게 관심을 얻을 수 있다.

원하는 일자리를 얻는 법

누구나 자신에게 가장 잘 맞는 일을 하고 싶어 한다. 화가는 그림 그리기를, 공예가는 손으로 하는 일을, 작가는 글 쓰는 일을 좋아한다. 이에 비해 뚜렷한 재능이 없는 사람은 일반 기업이나 산업 분야에 눈을 돌린다. 미국의 장점이라면 농업, 제조업, 마케팅, 전문직까지 다양한 직업군이 존재한다는 것이다.

1. 정확히 어떤 직업을 원하는지 결정하라. 존재하지 않는 직업이라면 스스로 만들 수도 있다.

2. 함께 일하고 싶은 회사나 사람을 선택하라.

3. 가고 싶은 회사의 정책, 조직 구성원, 승진 기회 등을 조사하라.

4. 자신이 어떤 사람인지, 어떤 재능과 능력이 있는지 분석해보고 무엇을 내놓을 수 있는지 판단하라. 그리고 자신의 장점, 능력, 발전 상황, 아이디어를 회사에 전달할 구체적인 방법과 수단을 계획하라.

5. '일자리'는 생각하지 마라. 자리가 있는지 없는지는 신경 쓰지 마라. "제가 일할 자리가 있을까요?"라는 구태의연한 질문은 필요 없다. 오로지 당신이 줄 수 있는 것에만 집중하라.

6. 머릿속에 계획이 떠올랐다면 전문가의 도움을 받아 깔끔하고 상세하게 적어라.

7. 그 계획을 권한을 가진 관리자에게 전달하라. 나머지는 그의 몫이다. 어떤 회사나 아이디어든 노동력이든 인맥이든 자사에 가치

이 과정을 거치는 데 며칠 또는 몇 주가 걸릴 수도 있다. 하지
만 이 시간이 수입, 승진, 주변의 인정에서 차이를 만들어 적은 보
수로 말단에서 일하는 시간을 줄여줄 것이다. 많은 이점이 있지만
가장 큰 것은 목표에 도달하는 데 1~5년까지 시간을 절약해준다
는 점이다. 이제 막 취업 전선에 뛰어들었든 한창 일하고 있든, 신
중하고 정성 들인 계획이 성공 사다리에서 절반을 건너뛰게 해줄
것이다(물론 사장의 아들은 예외다).

새로운 마케팅 역학관계가 펼쳐지다

구직 시장에 뛰어든 사람이라면 고용주와 고용인 사이의 관
계가 크게 변화했다는 것을 눈치채야 한다. 앞으로는 돈이 아닌
'서비스'가 개인과 기업 시장의 지배적 요소가 될 것이다. 미래의
고용주와 근로자의 관계는 ①고용주 ②고용인 ③소비자로 구성
된 파트너십에 가까워질 것이다.

개인의 서비스를 마케팅하는 새로운 방식은 여러 가지 이유
로 새롭게 불릴 것이다. 가장 먼저 고용주와 근로자는 대중에게 효
율적으로 제품을 제공하는 동료로 여겨야 한다. 과거에 고용주와
근로자는 서로 물물교환하며 그 과정에서 그들이 최종 봉사하는
대상자인 제삼자, 즉 소비자는 고려하지 않았다.

대공황은 개인의 이익을 강력히 요구하던 사람들에게 권리를
짓밟힌 소비자의 강력한 항의 역할을 했다. 불황의 잔해가 청산되
고 경제 균형이 회복되면 고용주와 근로자는 이제 자신들이 봉사

하는 사람들을 희생시키면서 협상을 추진할 특권이 없다는 것을 깨달을 것이다. 미래의 진정한 고용주는 소비자가 될 것이다. 구직 시장에서 자신을 홍보하고 있는 사람이라면 이 점을 가장 염두에 두어야 한다.

미국 대부분의 철도 회사가 경제적 어려움에 직면했다. 매표소에서 기차 출발 시각을 물어보면 다짜고짜 손가락으로 안내판을 가리키던 불친절한 매표소 직원을 다 기억할 것이다. 노면전차 회사들도 시대의 변화를 겪고 있다. 전차 차장이 위풍당당하게 승객들과 언쟁을 벌이던 시절이 있었다. 이제 노면전차 선로가 뜯겨나가고 승객들은 버스에 올라탄다. 운전사는 깍듯함의 대명사가 되었다. 전국의 전차 선로가 방치되어 녹슬거나 철거되고 있다. 아직 노면전차가 운행되는 곳에서는 승객들이 전차 차장과 언쟁을 벌일 일도 없으며, 심지어 정거장이 아닌 곳에 서 있어도 전차가 기꺼이 멈춰준다.

시대가 참으로 많이 변했다! 나는 그 점을 말하고 싶은 것이다. 시대가 바뀌었다! 변화는 단순히 철도 회사와 전차에만 반영되는 것이 아니라 다른 삶의 방식에도 반영된다. 소비자가 봉이던 시절은 끝났다. 이제 소비자가 왕인 시대로 바뀌었다.

은행가들은 지난 몇 년간 일어난 급격한 변화로 배운 것이 있다. 은행은 대공황 전에 비해 무례한 태도가 눈에 띄게 줄었다. 과거 일부 은행가는 대출을 받으려는 고객들에게 엄격한 태도를 보이며 분위기를 냉랭하게 만들었다. 하지만 대공황 동안 수많은 은행이 파산하면서 그들은 자신을 가리던 벽을 자진해 철거했다. 이제 고객은 공개된 책상에 앉아 있는 은행원에게 편하게 다가갈 수 있으며 은행 전체에는 공손하고 환대하는 분위기가 흐른다.

식료품점에서는 점원이 친구들과 수다를 다 떨고 주인이 출납 업무를 끝낼 때까지 손님이 기다리는 일이 다반사였다. 신발을 닦아주는 것 말고도 고객을 위해 모든 서비스를 자처하는 공손한 주인이 운영하는 체인점들은 과거 상인들을 물러나게 했다. 시대는 계속 바뀌고 있다!

　　공손함과 서비스는 오늘날 상업에 따라붙는 표어가 되었다. 노동력을 제공하는 개인은 고용주보다 이를 훨씬 더 직접적으로 적용해야 한다. 최종적으로 고용주와 근로자를 고용하는 것은 그들이 서비스하는 소비자이므로 제대로 하지 못하면 고객에게 서비스할 수 있는 특권을 빼앗기게 될 것이다.

　　과거 가스 검침원이 문짝을 부서지라 두드려대던 때를 기억할 것이다. 문이 열리면 우거지상을 하고 다짜고짜 밀고 들어와 '나를 기다리게 했어?'라는 표정을 감추지 않았다. 그러나 이제는 완전히 바뀌었다. 가스 검침원은 당신을 도와드릴 수 있어 기쁜 신사처럼 행동한다. 하지만 가스 회사들이 검침원들의 무례한 행동을 채 바로잡기 전에 친절함으로 무장한 석유난로 영업 사원들이 경쟁 시장에 뛰어들었고, 석유난로 기업은 크게 성장했다.

　　대공황 기간에 나는 펜실베이니아의 무연탄 광산 지역에서 몇 달을 보내며 석탄 산업이 몰락한 배경을 조사했다. 그 결과 운영자들이 사업체를 잃고 노동자들이 일자리를 잃은 가장 큰 원인은 그들의 탐욕이었다. 지나치게 열성적으로 밀어붙인 노동조합과 이익만 추구하던 운영자들의 욕심은 석탄 사업의 위축을 불러왔다. 이는 석탄 가격의 인상으로 이어졌고, 결국 석유 관련 산업과 생산 기업에 좋은 사업 발판을 내어주었다.

　　'죄를 지으면 벌을 받는다'는 당연한 말의 의미를 깨닫지 못하던 때도 있었지만, 지금은 전 세계가 '뿌린 대로 거두리라'는 말을 뼈저리게 실감하고 있다. 대공황만큼 광범위하고 파급력이 큰 현상은 그저 우연으로 일어나지 않는다. 대공황에는 원인이 있었다. 세상에 원인 없는 일은 없다. 대공황은 씨를 뿌리지 않고 거두려는 태도에서 비롯되었다.

대공황을 세계가 뿌리지 않았지만 거둘 수밖에 없는 곡식으로 오해해서는 안 된다. 문제는 잘못된 씨를 뿌린 것에 있다. 농부라면 엉겅퀴 씨를 뿌려 곡식으로 거둘 수 없다는 것쯤은 안다. 세계대전이 발발하면서 사람들은 전 세계적으로 질적으로나 양적으로나 부족한 서비스의 씨앗을 뿌리기 시작했다. 주지 않고 얻기만 하려는 오락에 빠져 있었던 것이다.

위에 나온 예들은 현재 직장을 구하려는 개인이 관심을 가져야 하는 내용으로, 우리의 행동이 우리가 누구이며 어디에 있는지 보여준다는 것을 시사한다. 기업과 금융과 교통을 통제하는 인과의 법칙이 있다면 이 원칙이 개인을 통제하고 경제적 지위를 결정하게 될 것이다.

당신의 QQS율은?

지금까지 효율적이고 지속적으로 자신을 홍보하기 위한 성공 요인을 살펴보았다. 이 요인을 꾸준히 연구하고 분석해서 적용하지 않으면 누구도 자신을 효과적으로 홍보할 수 없다. 우리 모두 자신을 파는 영업 사원이 되어야 한다. 일반적으로 노동력의 질, 양, 노동을 수행하는 직업 정신이 임금과 고용 지속성을 결정 짓는다. 개인의 능력을 효과적으로 홍보하기 위해서는 질, 양, 직업 정신을 모두 더했을 때 자신을 위한 완벽한 영업 사원이 된다는

'QQS' 공식을 따라야 한다. QQS 공식을 외워라. 아니, 습관처럼 몸에 익혀라! 그럼 이 공식을 분석하고 정확히 이해해보자.

1. 노동력의 질Quality
자신의 직책과 연관된 작은 일에서 큰일까지 언제나 효율적으로 해내겠다는 태도로 업무를 실행하는 것.

2. 노동력의 양Quantity
항상 할 수 있는 만큼 일을 해내는 습관을 들이고 연습과 경험을 통해 역량을 계발하여 노동의 양을 늘리는 것을 목표로 삼는 것. 여기서 중요한 것은 '습관'이다.

3. 직업 정신Spirit
동료와 관련 업체의 협력을 유도하는 원만하고 조화로운 행동을 습관화하는 것.

노동력의 양과 질이 충분하다고 해서 고용 보장이 되는 것은 아니다. 일할 때의 품행, 즉 직업 정신이 임금과 고용 기간을 결정 짓는 가장 중요한 요인이다.

앤드루 카네기도 개인 능력을 성공적으로 홍보하기 위한 요소로 이 점을 꼽았다. 그는 몇 번이고 협력의 중요성을 강조했다. 융화되지 않고 일하는 사람은 제아무리 뛰어난 노동력을 가졌다 해도 함께 오래 일하지 못할 거라고 강조했다. 그는 원만한 사람이 되어야 한다고 주장했다. 자신의 말을 증명하기라도 하듯 카네기 는 조화로운 사람에게 큰 부자가 될 기회를 나누어주었다. 반면 그 렇지 못한 사람은 다른 이들에게 자리를 내어주어야만 했다.

유쾌한 성격도 중요하다. 올바른 직업 정신을 가지고 일할 수 있도록 하기 때문이다. 유쾌한 성격으로 동료들과 조화를 이루며 일하는 사람은 노동력의 질과 양이 부족하더라도 이를 보완할 수 있다. 그러나 유쾌한 태도를 대신할 수 있는 것은 없다.

노동력의 자본 가치

개인의 노동력을 팔아 돈을 버는 사람은 상인이 상품을 파는 것과 다르지 않기에 상인이 물건을 파는 원칙을 똑같이 적용해야 한다. 이 점을 강조하는 이유는 개인 노동자 대다수가 시장에서 상품을 파는 사람이 따르는 행동과 책임에서 자신은 자유롭다고 착각하고 있기 때문이다.

서비스를 홍보하는 새로운 방식은 고용주와 고용인을 협력 관계로 이끌었고, 이 관계를 통해 그들은 자신이 봉사하는 소비자의 권리를 생각하게 되었다. 이제 원하는 것을 '쟁취하던' 시대에서 '베푸는' 시대로 바뀌었다. 고압적인 태도로 장사하던 시절은 끝났다는 뜻이다. 다시 과거로 돌아갈 일은 없다. 앞으로 장사는 압박 같은 힘이 필요 없기 때문이다.

당신의 지력이 가진 자본 가치는 자기 노동력을 팔아 얻는 수입으로 결정된다. 노동력을 자본 가치로 추산해보자면 당신의 연 수입에 16과 3분의 2를 곱하여 계산할 수 있다. 특정 이율로 은행에서 빌릴 수 있는 금액으로 연 수입을 측정하는 것이 합리적이기 때문이다. 현재 은행은 연 6퍼센트 이율로 돈을 빌려주고 있다. 즉 돈이란 두뇌만큼 가치가 있지는 않으며 종종 훨씬 못 미치기도 한다.

뛰어난 지력은 잘 홍보한다면 다른 상품보다 훨씬 바람직한 형태의 자본이 된다. 경제적으로 어려운 시기가 닥쳐도 가치가 떨어지거나 빼앗기거나 소비되는 자본이 아니기 때문이다. 게다가 사업을 할 때도 투자한 자본에 유능한 지력이 받쳐주지 않으면 그 돈은 모래언덕처럼 쉽게 흩어지고 만다.

30가지 실패 요인

인생에서 가장 큰 비극은 열심히 노력했지만 실패하는 일이다. 그 비극은 성공하는 사람에 비해 실패하는 사람이 압도적으로 많다는 데도 있다.

내가 수천 명의 사람을 분석한 결과에 따르면 전체의 98퍼센트가 실패자로 분류되었다. 98퍼센트가 인생에서 실패자로 살아간다는 것은 이 사회와 교육에 뭔가 대단히 잘못된 점이 있다는 것이다. 하지만 나는 사회의 옳고 그름을 이야기하려고 이 책을 쓴 것이 아니다. 그러려면 지금의 100배에 달하는 분량이 나올 것이다.

나는 분석을 통해 인생의 실패에는 30가지 주요 원인과 부를 이루는 데는 13가지 주된 원칙이 있다는 사실을 알아냈다. 그 목록을 하나씩 살펴보며 당신의 성공을 가로막는 실패 원인이 몇 개가 있는지 확인해보라.

1. 태생적 불리함

간혹 지능이 부족하게 태어난 사람이 있다. 이 경우에는 조력 집단의 도움을 통해 약점을 보완하는 방법밖에 없다. 하지만 이는 30가지 실패 요인 중 개인의 힘으로는 쉽게 바로잡을 수 없는 유일한 원인임을 기억하라.

2. 명확한 삶의 목적 부재

인생에서 중심 목표나 명확한 목적이 없는 사람은 성공할 가망이 없다. 내가 분석한 사람 중 98퍼센트가 이런 부류였다. 이것이 실패의 원인이었을 것이다.

3. 평범함을 뛰어넘겠다는 야망의 부족

남보다 앞선 삶을 사는 데 무관심한 사람, 성공의 대가를 치르려 하지 않는 사람은 성공의 희망이 없다.

4. 낮은 교육 수준

이는 상대적으로 극복하기 쉬운 결점이다. 경험상 학식 있는 사람은 독학하는 경우가 많다. 지식인은 대학 졸업장을 가졌다는 의미가 아니라 다른 사람의 권리를 침해하지 않고 인생에서 원하는 것을 얻는 법을 배운 사람을 의미한다. 교육 수준은 지식의 양이 아니라 그것을 얼마나 지속적으로 잘 활용하는가로 가늠된다. 단순히 알고 있는 지식이 아니라 그 지식으로 무엇을 하느냐에 따라 보상을 받는 것이다.

5. 자제력 부족

절제는 자기 통제력에서 나온다. 이 말은 자신의 부정적인 면을 다스려야 한다는 의미다. 상황을 통제하기 전에 자신을 먼저 통제해야 한다. 그러나 이것은 가장 어려운 일이다. 자신을 정복하지 못하면 자신에게 끌려다니는 수밖에 없다. 거울 앞에 보이는 당신은 당신의 가장 친한 친구이자 가장 큰 적이다.

6. 건강 상태

건강이 나쁘면 누구도 성공하기 어렵다. 건강을 해치는 요인은 충분히 제어하고 통제할 수 있다. 건강에 도움이 되지 않는 행동들에는 ①건강하지 않은 음식을 과식하기 ②잘못된 사고 습관, 부정적인 사고방식 ③성적 탐닉 ④운동 부족 ⑤잘못된 호흡법으로 신선한 공기를 충분히 마시지 못하는 것 등이 있다.

7. 유년기의 불우한 환경

'될성부른 나무는 떡잎부터 알아본다'라는 속담이 있다. 범죄자는 대체로 불우한 유년 시절과 부적절한 교우 관계에서 비롯되는 경우가 많다.

8. 미루는 습관

실패의 가장 흔한 요인 중 하나다. 미루기라는 녀석은 늘 당신의 성공을 망치기 위해 호시탐탐 기회를 노리며 숨어 있다. 대부분의 사람이 인생에서 실패를 겪는 이유는 시간과 노력을 들여도 될 만한 '적기'를 기다리고 있기 때문이다. 기다리지 마라. 적기란 없다. 지금 있는 자리에서 자신이 가진 것을 가지고 일을 시작하라. 그러다 보면 더 나은 수단을 찾게 될 것이다.

9. 끈기 부족

대부분이 시작은 잘하는데 마무리가 좋지 않다. 게다가 실패할 조짐이 보이면 쉽게 포기하고는 한다. 하지만 끈기를 대신하는 것은 없다. 끈기를 가지고 밀어붙이는 사람에게는 실패가 알아서 지쳐 떨어진다. 실패는 끈기를 이길 수 없다.

10. 부정적 성향

부정적인 성향 때문에 주변 사람들이 떨어져 나가는 사람은 성공할 수 없다. 성공은 힘을 활용하는 데서 오는 것이며, 힘은 주변 사람들의 협력으로 얻을 수 있다. 부정적인 성향은 협력을 이끌어낼 수 없다.

11. 성적 자제력 부족

성적 에너지는 사람을 행동하게 하는 가장 큰 자극제다. 하지만 너무나 강력한 나머지 통제하고 다스려서 다른 분야로 생각을 전환해야 하기도 한다.

---

12. 대가 없이 얻으려는 태도

도박성도 흔한 실패 요인이다. 1929년에 수많은 사람이 도박처럼 주식 차익으로 돈을 벌려 했다가 월스트리트 주식시장이 붕괴된 일을 떠올려보라.

13. 확고한 결단력 부족

성공한 사람은 결단이 빠르고 결심을 바꾸더라도 매우 신중하다. 반면 실패하는 사람은 결심하기까지 시간이 오래 걸리고 자주, 성급하게 결심을 바꾼다. 우유부단함과 미루는 버릇은 쌍둥이처럼 붙어 있다. 우유부단한 사람은 일도 미루기 일쑤다. 실패의 쳇바퀴가 당신을 옭아매기 전에 이 둘을 제거하라.

14. 두려움

두려움에 관해서는 뒤에서 다룰 것이다. 자기 능력을 시장에 효율적으로 팔기 위해서는 두려움을 먼저 극복해야 한다.

15. 잘못된 배우자의 선택

이 또한 가장 흔한 실패 요인이다. 배우자와의 관계가 조화롭지 않으면 실패가 뒤따르게 된다. 더욱이 결혼 실패는 당사자를 비참함과 불행으로 얼룩지게 하고 모든 야망을 꺾어버린다.

16. 과도한 조심성

모험을 추구하지 않는 사람은 보통 남들이 선택하고 난 후에 남은 것을 가질 수밖에 없다. 조심성은 지나쳐도, 반대로 부족해도 좋지 않다. 둘 다 피해야 한다. 기회로 가득 찬 것이 인생이라는 점을 기억하라.

17. 잘못된 동업자 선택

사업에서 가장 흔한 실패 요인이다. 직장을 구할 때는 당신에게 영감을 주는 지적이고 성공한 고용주를 신중하게 선택해야 한다. 우리는 가장 가까이 지내는 사람을 모방하려는 경향이 있다. 모방할 만한 가치가 있는 고용주를 선택하라.

18. 미신과 편견

미신은 두려움의 한 형태이며 무지의 소산이기도 하다. 성공한 사람은 마음이 열려 있고 그 무엇도 두려워하지 않는다.

19. 잘못된 직업 선택

좋아하지 않는 일을 하며 성공할 수는 없다. 직장을 구할 때 가장 기본적 요소는 자신을 온전히 던져 일할 수 있는 직업을 고르는 것이다.

20. 집중적인 노력 부족

팔방미인은 어느 하나도 잘하지 못한다. 확고한 목표 하나에만 모든 노력을 쏟아부어라.

21. 무분별한 소비 습관

돈을 헤프게 쓰는 사람은 성공할 수 없다. 늘 가난의 두려움을 안고 살기 때문이다. 소득의 일정액은 저축하는 식으로 체계적인 습관을 들여야 한다. 통장 잔고는 임금 협상 시 배짱을 부릴 수 있도록 든든한 지원자가 된다. 돈이 없으면 제시받은 대로 감사하며 받아들일 수밖에 없다.

22. 열정 부족

열정이 없는 사람은 남들에게 확신을 주지 못한다. 열정은 전염성이 있어서 열정을 가지고 일을 제대로 수행하는 사람은 어디서나 환영받는다.

23. 편협함

어떤 사안에 꽉 막힌 사람은 발전하지 못한다. 편협하다는 것은 지식을 얻으려 하지 않는다는 의미다. 종교, 인종, 정치적 견해 차이를 인정하지 못하는 편협함이야말로 가장 위험하다.

24. 무절제

폭식, 폭음, 성적 방종은 가장 좋지 않은 무절제한 행동이다. 무엇이든 지나친 탐닉은 성공에 치명적이다.

25. 비협조적 태도

많은 사람이 특히 이 비협조적인 태도 때문에 자신의 지위와 인생의 큰 기회를 잃고 만다. 현명한 사업가와 리더는 이런 결점을 용납하지 않는다.

26. 노력으로 얻지 않은 힘

차근차근 노력으로 얻지 않은 힘은 성공에 치명적인 해가 된다. 벼락부자는 가난보다 훨씬 위험하다.

27. 의도적인 거짓

정직함을 대신할 수 있는 것은 없다. 어쩔 수 없는 상황으로 인해 정직하지 못한 행동을 할 때도 있지만 그로 인한 피해는 오래가지 않는다. 하지만 의도적으로 정직하지 않은 행동을 한 사람에게는 희망이 없다. 곧 자기 행동에 발목을 잡혀 명예가 실추되거나 자유를 구속당하는 등 대가를 치르게 될 것이다.

28. 자기중심적 태도와 자만심

이 두 가지 성향은 나에게서 떨어지라고 말하는 경고등과 같다. 이런 사람은 절대 성공할 수 없다.

29. 생각 없이 추측하는 태도

대부분의 사람이 무관심이나 게으름 때문에 숙고해서 사실을 파악하려 들지 않는다. 이런 사람은 추측이나 찰나의 판단에 의존한 의견에 따라 행동하고는 한다.

30. 자본 부족

이는 보통 사업을 처음 시작하는 사람들의 실패 요인이다. 평판을 쌀을 때까지 실수를 저질러도 충격을 흡수해주고 사업을 계속 이어갈 수 있도록 여유 자금이 있어야 한다.

이 목록에는 없지만 당신이 겪었던 실패의 원인이 있다면 여기에 적어보자.

이 30가지 실패의 주요 원인은 노력하고도 실패하는 사람이 겪는 삶의 비극을 보여준다. 나를 잘 아는 사람과 함께 목록을 살펴보고 30가지의 실패 요인에 근거해 스스로를 분석해보자. 혼자 하는 것도 도움이 되지만 보통은 타인이 보는 것만큼 자신을 잘 판단하지 못한다. 당신이 그런 사람일 수도 있다.

'너 자신을 알라'는 격언이 있다. 상품을 시장에 잘 팔기 위해서는 그 상품에 관해 먼저 알아야 한다. 개인의 능력을 팔 때도 마찬가지다. 자신의 단점을 완전히 파악해야 보완하거나 제거할 수 있다. 장점도 잘 파악해서 노동력을 팔 때 그 점을 강조할 수 있다. 정밀한 분석을 통해서만 자신을 알 수 있다.

유명 기업에 지원한 한 청년의 이야기는 자신에 대한 무지가 어떤 어리석은 실수를 하게 되는지 잘 보여준다. 그는 인터뷰에서 좋은 인상을 주었고 면접관은 얼마의 급여를 받고 싶은지 물었다. 그는 생각한 금액이 없다며 명확한 목표가 결여된 대답을 했다. 면접관은 "일주일간 일해보고 능력에 맞는 금액을 정하도록 하죠"라고 말했다. 그러자 청년이 대답했다. "안 됩니다. 지금 다니는 곳보다 더 많이 받아야 합니다."

현재 직위에서 임금을 재협상하거나 다른 일자리를 구할 때는 받는 임금보다 더 받을 수 있도록 실력을 먼저 갖추어야 한다. 돈을 원하는 것과 더 가치 있는 것은 완전히 다른 문제다. 많은 사람이 자신이 원하는 만큼의 돈을 받아야 한다고 착각하지만 당신이 요구하거나 원하는 돈과 당신의 가치는 아무런 관련이 없다. 당신의 가치는 얼마나 유용한 노동력을 제공하는지 또는 다른 사람이 유용한 노동력을 제공하도록 이끌 수 있는지에 달려 있다.

자기 분석표 작성하기

매년 상품의 재고 목록을 정리하듯 매년 자기를 분석하는 것은 개인의 능력을 효율적으로 홍보하기 위해 꼭 필요한 일이다. 자기 분석을 할 때는 결점에서 줄어든 점과 장점에서 늘어난 점을 밝히는 것이 좋다. 살아가다 보면 발전하기도, 정체하기도, 후퇴하기도 하기 때문이다. 물론 목표는 발전하는 것이어야 한다. 연간 분석은 자신이 발전했는지, 했다면 얼마나 많은 발전이 있었는지를 밝혀준다. 후퇴한 부분에 대해서도 알려준다. 개인의 능력을 효과적으로 팔려면 느리더라도 꾸준히 발전해나간 모습을 보여야 한다.

자기 분석표 작성은 연말에 하는 것이 좋은데, 그래야 분석 결과에 따라 개선할 점을 신년 계획에 넣을 수 있기 때문이다. 아래 질문에 답해보면서 자기 분석표를 작성해보자. 그리고 정확성을 기하기 위해 당신을 잘 아는 사람과 함께 대답을 다시 확인해보라.

자기 분석표 작성을 위한 28가지 질문

1. 올해 목표한 것을 이루었는가? (인생 전체 목표를 토대로 명확한 연간 계획을 세우고 노력해야 한다.)

2. 최선을 다해 내 질적 능력을 최대한 발휘했는가? 아니라면 개선

　　　　　　　　7장 체계적인 계획

해야 할 부분이 있는가?

3. 최선을 다해 내 양적 능력을 최대한 발휘했는가?

4. 항상 조화롭고 협조적인 태도로 일했는가?

5. 미루는 습관 때문에 일의 효율성이 떨어졌는가? 그렇다면 어느 정도까지 떨어졌는가?

6. 성격을 개선했는가? 그렇다면 어떤 면이 나아졌는가?

7. 끈기를 가지고 계획을 완료했는가?

8. 항상 즉각적이고 명확하게 결단을 내렸는가?

9. 6가지 기본 공포 때문에 효율성이 떨어진 적은 없는가?

10. 지나치게 소심하거나 경솔하게 행동한 적은 없는가?

11. 동료들과의 관계가 즐거웠는가, 불편했는가? 불편했다면 잘못의 비중이 내게 어느 정도 있는가?

12. 노력을 집중하지 못해 에너지를 낭비하지는 않았는가?

13. 언제나 열린 마음과 관용을 가지고 행동했는가?

14. 어떤 점에서 직무 능력이 향상했는가?

15. 무절제한 습관은 없었는가?

16. 공공연히 또는 은연중에 자기중심적인 태도를 보인 적은 없는가?

17. 동료들에게 존경받을 만한 태도로 그들을 대했는가?

18. 의사 결정 시 추측에 의지했는가, 정확한 분석과 사고에 기반했는가?

19. 시간, 비용, 수입에 대해 계획 세우는 습관을 들였는가? 그리고 계획한 범위를 지켰는가?

20. 더 나은 이익을 얻기 위해 사용할 수 있었던 시간을 아깝게 낭비한 적은 없는가?

21. 내년에 더욱 효율적으로 생활하려면 어떻게 시간 계획을 짜고 습관을 바꿔야 하는가?

22. 양심에 거스르는 행동을 한 적이 있는가?

23. 어떤 부분에서 급여를 받은 것보다 질적, 양적으로 더 나은 능력을 제공했는가?

24. 누군가를 부당하게 대우한 적이 있는가? 그렇다면 어떤 식으로 그랬는가?

25. 내가 만일 나를 고용한 고용주라면 올해 나에게 만족했겠는가?

26. 내게 맞는 일을 하고 있는가? 아니라면 그 이유는 무엇인가?

27. 내가 제공한 서비스에 구매자가 만족했는가? 아니라면 그 이유는 무엇인가?

28. 성공의 기본 원칙에 근거할 때 현재 점수는 어떠한가? (공정하고 솔직하게 점수를 매기고, 냉정하게 판단해줄 사람에게 확인받도록 하라.)

이 장의 내용을 읽고 완전히 이해했다면 능력을 홍보하기 위한 실용적 계획을 세울 준비는 끝났다. 이번 장은 개인의 능력을 판매할 계획을 세우는 데 꼭 필요한 원칙을 다루고 있다. 리더십의 주요 항목, 리더십이 실패하는 공통 요인들, 리더십을 위한 기회의 장, 인생이 실패하는 주된 요인, 자기 분석을 위한 질문들도 나와 있다.

이렇게 광범위한 정보를 자세히 설명한 이유는 개인의 능력을 팔아 부를 일구어야 하는 사람들에게 꼭 필요한 내용이기 때문이다. 재산을 잃은 사람들과 이제 막 돈을 벌기 시작한 사람들은 부자가 되려면 개인의 능력을 내놓는 것 말고는 달리 방법이 없다. 따라서 노동력을 팔아 최고의 이익을 내기 위해서는 실제로 사용할 수 있는 이런 정보를 알고 있어야 한다.

이번 장의 내용은 어떤 직업에서든 리더십을 얻고자 하는 사람들에게 매우 도움이 될 것이다. 특히 기업의 임원직에 지원하려는 사람들에게 더욱 그러하다.

여기에 소개된 내용을 완전히 습득하고 이해하면 자기 노동력을 팔 때뿐만 아니라 다른 사람을 분석하고 판단할 때도 도움이 된다. 인사 담당자와 고용 매니저를 비롯해 직원 채용과 효율적인 조직 관리에 책임이 있는 임원에게는 더없이 귀한 정보가 될 것이다. 이 말에 의구심이 든다면 28가지 자기 분석 질문에 답해보라. 꼭 그렇지 않다고 하더라도 질문에 답해보면 흥미롭고 여러모로 이득이 될 것이다.

어디서, 어떻게 부를 축적할 기회를 찾을 것인가

지금껏 우리는 부를 일구는 원칙을 알아보았다. 그렇다면 자연스럽게 이런 질문이 떠오를 것이다. "이 원칙을 적용할 기회를 어디서 찾을 수 있을까?" 그렇다면 자기 분석표를 놓고, 크고 작은 부를 좇는 사람에게 (미국이) 무엇을 제공하는지 확인해보라.

우리는 여러 가지 자유를 누린다. 사상의 자유, 선택의 자유, 교육의 자유, 종교의 자유, 정치적 자유, 경영의 자유, 직업 선택의 자유, 간섭 없이 얼마든지 재산을 소유하고 축적할 자유. 이뿐인가. 거주의 자주, 결혼의 자유, 모든 인종이 동등한 기회를 가질 자유, 여행의 자유, 음식 선택의 자유, 삶의 목표를 정하고 준비할 수 있는 자유도 있다. 원한다면 대통령을 목표로 삼을 수도 있다는 뜻이다.

다른 형태의 자유도 있지만 방금 열거한 자유를 보면 인생에서 무엇이 가장 중요한지 넓은 시야로 볼 수 있다. 바로 자유 중에서도 가장 높은 곳에 자리한 '기회'다. 미국은 본토에서 태어난 사람이든 귀화한 사람이든 모두에게 광범위하고 다양한 자유를 보장하는 나라이기에 자유가 주는 장점이 더욱 두드러진다.

이제 광범위한 자유가 우리에게 안겨준 축복에 관해 이야기해볼 것이다. 미국의 평균 수입을 버는 평범한 가족을 예로 들어 이 기회와 풍요의 땅에서 그들이 누릴 수 있는 혜택을 살펴보자.

1. 음식
사상과 행동의 자유 다음으로 삶의 3대 기본 요소인 의식주의 자유를 들 수 있다. 이 보편적 자유 덕분에 미국의 평균 가족은 자기 집에서 세계 여러 나라의 음식을 합리적인 가격에 먹을 수 있다.

2. 집
난방, 전기, 조리용 가스를 이용할 수 있는 집에서 안락하게 거주한다. 아침으로 먹는 토스트는 몇 달러밖에 하지 않고, 집 청소는 진공청소기가 한다. 주방과 욕실에서는 언제나 온수와 냉수를 쓸 수 있다. 음식은 냉장고에 보관한다. 세탁기로 빨래하고 식기세척기로 설거지한다. 이외에도 수많은 가전제품이 플러그만 꽂으면 바로 가동된다. TV만 켜면 24시간 내내 전 세계의 프로그램을 즐길 수 있다. 이처럼 미국인이 누릴 수 있는 자유는 앞으로도 계속 많아질 것이다.

3. 옷차림
전국 어디서든 부담 없는 금액으로 편하고 단정한 옷을 구입해 입을 수 있다.

의식주라는 삶의 3대 기본 요소만 언급했지만 이 밖에도 평균적인 미국 시민은 하루 여덟 시간을 초과하지 않는 적당한 노력의 대가로 다른 특권과 이점을 누릴 수 있다. 그중에는 아주 적은 비용으로 자유롭게 오고 갈 수 있는 교통수단의 특권도 있다.

또 미국은 자국민의 재산권을 보장한다. 은행에 여분의 돈을 예치하면 정부가 지켜주며 은행이 도산하더라도 그것을 보장해준다. 미국 시민이라면 여권 없이 다른 주로 이동할 수 있다. 원할 때 가고 마음대로 돌아올 수 있으며 기차, 자가용, 버스, 비행기, 배 등 원하는 수단으로 여행할 수 있다.

축복을 허락한 자본이라는 기적

정치인들은 선거운동을 할 때마다 미국의 자유를 부르짖고는 한다. 그러나 이들은 이 '자유'의 원천과 본질을 진지하게 고민하려 들지는 않는다. 나는 여기서 어떤 속셈, 유감, 저의 없이 불가사의하고 추상적이며 대단히 오인된 '어떤 것'에 관해 솔직하게 분석할 작정이다. 이것은 모든 미국 시민에게 그 어떤 나라보다 더 큰 부를 축적할 기회와 자유를 안겨준다. 내가 이 보이지 않는 힘을 이야기할 수 있는 것은 20년 이상 이 힘을 조직한 사람들과 그 힘의 유지 권한을 지닌 사람들을 살펴보았기 때문이다.

이 불가사의한 인류의 후원자 이름은 바로 '자본'이다!

자본은 돈만 말하는 것이 아니다. 공공의 이익을 위해, 그리고 본인에게도 이익이 되도록 돈을 효율적으로 사용하는 방법과 수단을 계획하는 지적인 사람들의 집단을 의미하기도 한다. 이 집단에는 과학자, 교육자, 화학자, 발명가, 경영 분석가, 대변인, 교통 전문가, 회계사, 변호사, 의사를 비롯해 산업과 기업 전 분야에서 고도의 전문 지식을 갖춘 사람들이 포함된다.

이들은 새로운 분야를 개척하고 실험하여 길을 만든다. 대학과 병원과 학교를 후원하고, 도로를 건설하고, 신문을 발행하고, 정부에 필요한 대부분의 비용을 부담하며, 인류가 진보하는 데 필요한 수많은 일을 처리한다. 간단히 말해 자본가들은 문명의 두뇌다. 교육과 계몽처럼 인간이 진보하기 위해 기본적으로 필요한 것들을 제공하기 때문이다.

두뇌가 없는 돈은 항상 위험하다. 돈은 적절하게 사용되어야 문명의 초석이 된다. 만약 조직화된 자본이 기계, 선박, 철도, 그리고 이것을 운영할 훈련된 집단을 제공하지 않는다면 편안하게 식탁에 앉아 다른 지역에서 재배한 과일과 채소로 식사하는 일은 불가능할 것이다. 자본의 도움 없이 이런 아침 식사를 뉴욕의 가족에게 전달하는 과정을 상상해보면 조직화된 자본이 얼마나 중요한지 짐작이 간다.

자본의 도움이 없다면 차 한 잔을 마시기 위해 저 먼 중국이나 인도까지 가야 한다. 수영 실력이 제아무리 뛰어나도 다녀오기 전에 지쳐버릴 거리다. 그 문제만 있는 게 아니다. 바다로 헤엄칠 수 있는 체력이 있다 해도 무엇으로 돈을 지급하겠는가? 설탕을 구하려면 쿠바까지 헤엄쳐 가거나 유타주까지 걷고 또 걸어야 한다. 설사 갔다 쳐도 설탕을 가지고 돌아오지 못할 수 있다. 설탕을 생산하려면 조직적인 노력과 자본이 필요하기 때문이다. 설탕을 정제하고 운송해 미국 각지에 배달하는 것은 말할 것도 없다.

달걀은 뉴욕 인근의 농장에서 쉽게 얻을 수 있지만, 포도 주스 두 잔을 마시려면 플로리다까지 먼 길을 걸어갔다가 다시 돌아와야 한다. 빵 네 조각을 얻으려면 캔자스나 다른 밀 재배지 중 한 곳으로 다시 또 긴 여정을 떠나야 한다. 시리얼은 메뉴에서 뺄 수밖에 없다. 훈련된 인력과 적당한 기계 없이는 이용할 수 없기 때

7장 체계적인 계획

문이다. 이 모든 것에는 자본이 필요하다. 쉬는 동안 수영해서 남미로 내려가서 바나나 두 개를 사고 돌아오는 길에 가장 가까운 농장에 들러 버터와 크림을 사갈 수 있다. 그런 다음에야 뉴욕의 가족은 자리에 둘러앉아 아침 식사를 즐길 수 있다.

터무니없지 않은가? 자본주의 시스템이 없다면 이 간단한 식품을 뉴욕 중심부로 가져오기 위해 이렇게 할 수밖에 없다. 그 간단한 아침 식사를 배달하는 데 사용되는 철도와 증기선을 건설하고 유지하는 데 필요한 돈은 상상을 초월할 정도로 엄청나다. 선박과 기차를 조종하는 데 필요한 훈련된 직원들은 물론이고 여러모로 수억 달러를 투입해야 한다. 하지만 수송 수단은 자본주의사회의 현대 문명이 요구하는 일부일 뿐이다. 운반을 하려면 먼저 땅에서 무언가를 재배하거나 제조해서 시장에 내놓을 준비를 해야 한다. 이 과정에서 장비, 기계, 포장, 마케팅을 비롯해 수백만 노동자의 임금에 들어갈 돈이 필요하다.

증기선과 철도도 갑자기 땅에서 솟아 저절로 작동하는 것이 아니다. 문명의 필요성에 의해 상상력, 신념, 열정, 결단력, 끈기를 지닌 사람들이 그들의 노동, 독창성, 조직 능력을 사용해 세상에 내놓은 것이다. 우리는 이런 사람들을 '자본가'라고 한다. 자본가들은 유용한 서비스를 구축하고, 실행하고, 획득하고, 만들어내고, 수익을 창출하고, 부를 일구리라는 열망에 따라 움직인다. 그리고 문명사회에 없는 서비스를 제공함으로써 막대한 부를 일굴 수 있다.

이해하기 쉽게 말하자면 우리 대부분이 알 만한 유명 인사들이 바로 이런 자본가들이다. '약탈자' 또는 '월가 사람'이라고 언급되기도 한다. 나는 어떤 집단이나 경제 체제에 찬반을 이야기하려는 것이 아니다. 약탈자라 언급한 집단을 싸잡아 비난하고 개인 자본가들을 이러쿵저러쿵 평가하려는 것이 아니다.

이 책의 목적이자 내가 25년 동안 헌신해온 목적은 사람들에게 열망하는 만큼의 부를 일굴 수 있는 가장 신뢰할 만한 원칙을 제시하는 것이다. 내가 자본주의 체제의 경제적 이점을 분석한 이유는 두 가지다.

> **1.** 부를 추구하는 사람들은 모두 크든 작든 축재하는 방식을 통제하는 자본주의 시스템을 인지하고 따라야 하기 때문이다.
> **2.** 정치인과 선동가가 해로운 것이라고 표현하는 조직적 자본주의와 반대되는 측면을 보여주기 위해서다.

미국은 자본주의국가이며 자본을 이용해 발달한 나라다. 자유와 기회라는 축복을 누릴 권리를 주장하고, 부의 축적을 추구하는 우리는 조직화한 자본이 이런 혜택을 제공하지 않으면 부를 일굴 수도, 기회를 잡을 수도 없다는 사실을 알아야 한다. 많은 사람이 자랑스러워하면서도 제대로 알지 못하는 이 자유에 대한 진실을 알아야 한다. 자유가 아무리 대단하고 많은 특권을 제공한다 해도 부는 노력 없이 이루어지지도, 이룰 수도 없다.

부를 축적하고 합법적으로 유지하는 방법은 오직 쓸모 있는 서비스를 제공하는 것뿐이다. 단순히 다수의 힘으로 압력을 가하거나 무엇이든 그에 합당한 가치를 내놓지 않고 합법적으로 부를 획득하는 시스템이란 결코 있을 수 없다. 경제법칙이라 불리는 원칙이 있다! 이것은 이론을 뛰어넘어 누구도 이길 수 없는 법과 같다.

이 원칙을 잘 알아야 한다. 그것은 어떤 정치인이나 정치기구보다 강력해서 노동조합의 통제를 받지 않는다. 사기꾼이나 자칭 리더라는 사람들 때문에 흔들리거나 영향을 받지 않으며 뇌물도 받지 않는다. 더욱이 모든 것을 보는 눈과 완벽한 장부 시스템을 갖추고 있어 대가 없이 얻으려는 모든 사람의 거래를 정확하게 기록한다. 조만간 회계감사원이 찾아와 개인의 크고 작은 기록을 조사하고 책임을 요구한다.

월가, 대기업, 자본 약탈 등 우리에게 자유를 선사한 이 시스템에 어떤 이름을 붙이든 이들은 이 강력한 경제 법칙을 이해하고 존중하며 적응하는 그룹의 대표자다. 이들의 부의 지속성은 경제 법칙을 존중하는가에 달려 있다.

미국 국민 대부분이 이 나라와 자본주의 체제를 좋아한다. 부를 축적할 기회를 찾는 데 이보다 더 좋은 나라는 없다. 행적을 보았을 때 자본주의 체제를 좋아하지 않는 사람들도 있다. 물론 그것 또한 그들의 특권이다. 이 나라, 자본주의 체제, 무한한 기회를 좋아하지 않는다면 떠날 권리도 있다.

미국에는 정직한 사람이 부를 축적할 자유와 기회가 있다. 사냥을 나갈 때 사냥감이 많은 곳을 선택하는 것처럼 부를 찾을 때도 당연히 같은 법칙이 적용된다. 부를 추구한다면 화장품과 미용 등에 수십억 달러를 지출하는 여성을 고객으로 연상해보라. 미식축구, 야구, 프로 권투 시합에 매년 수백만 달러를 열성적으로 쏟아붓는 남성 고객도 빼놓을 수 없을 것이다.

방금 언급한 예시는 부를 축적하기 위해 이용할 수 있는 자원 가운데 빙산의 일각이라는 것을 기억하라. 이 몇 가지 상품을 생산, 운송, 마케팅하는 데만 수백만 명의 정규 고용이 창출되며, 매달 노동의 대가로 받는 수백만 달러가 다시 사치품과 생필품 구매에 사용된다.

그리고 이 모든 과정을 거친 후에도 부를 축적할 기회가 넘친다는 점을 명심하라. 미국의 자유는 당신의 도움으로 일어선 것이다. 이 사업을 수행하는 데 가로막을 것은 아무것도 없다. 뛰어난 재능, 훈련, 경험만 있다면 막대한 부를 일구게 될 것이다. 물론 생각했던 것보다 적게 벌 수도 있다. 그러나 평범하게 일하는 데 그친다면 생활비 정도만 버는 선에서 만족해야 할 것이다.

자, 말한 그대로다! 기회는 당신 앞에 펼쳐져 있다. 앞으로 한 걸음 나가서 원하는 것을 선택하고 계획을 세우고 그 계획을 실행에 옮긴 다음 끈기를 가지고 밀어붙여라. 그러면 나머지는 자본주의가 알아서 할 것이다. 자본주의사회에서는 누구나 유용한 서비스를 제공하는 사람에게 기회를 주며 가치에 따라 부를 모을 수 있다.

이 체제는 누구에게도 권리를 부정하지 않지만 공짜로는 어떤 것도 약속하지 않는다. 자본주의 체제는 대가 없이 얻을 수 없다는 오랫동안 지켜온 경제법칙에 따라 통제되기 때문이다. 경제법칙은 자연적으로 결정되었다! 이 법을 위반한 사람이 항소할 곳은 존재하지 않는다. 대신 인간의 개입 없이도 위반에 대한 처벌과 준수에 대한 보상을 알아서 제공한다. 이 법이 폐지될 일도 없다. 하늘에 떠 있는 별처럼 확고하며 별을 통제하는 원리와 같은 시스템의 지배를 받기 때문이다.

이래도 경제법칙에 적응하기를 거부하겠는가? 물론 거부할 수 있다! 이곳은 경제법칙을 무시할 수 있는 권리를 포함해 모두가 동등한 권리를 가지고 태어나는 자유국가이기 때문이다. 그러면 어떻게 될까? 아무 일도 일어나지 않는다. 법을 무시하고 원하는 것을 힘으로 빼앗기 위해 수적으로 뭉치기 전까지는 말이다. 만약 그런다면 다음에는 조직적인 무력으로 무장한 독재자가 등장할 것이다.

미국은 아직 그 단계까지 오지 않았다. 이제 자본주의 체제가 작동하는 방식에 대해 알아야 할 것은 모두 들었다. 다행히도 우리는 그토록 끔찍한 현실에 관해서 굳이 알 필요가 없을 것 같다. 언론의 자유, 행동의 자유, 부를 얻는 대가로 유용한 서비스를 제공할 자유를 포기하기는 쉽지 않을 테니 말이다.

"내면의 조언을 들어라.
성공 원칙들을 실천할 때는
스스로 결단을 내리고 따르라."

8장

부를 향한 일곱 번째 원칙

결단력

미루는 습관 버리기

실패를 경험한 2만 5000명을 분석한 결과, 실패의 30가지 주요 원인 중 결단력 부족이 매우 높은 순위를 차지했다. 이것은 이론이 아닌 사실이다. 결단력의 반대말은 꾸물거림으로, 이는 모두가 정복해야 하는 공공의 적이다. 이 책을 다 읽고 내가 제시한 성공 원칙을 행동으로 옮길 준비가 되면 당신에게 빠르고 확고한 결정을 내릴 능력이 있는지 바로 확인할 수 있다.

수백만 달러 이상의 재산을 가진 사람들을 분석해보니 그들은 한결같이 빠른 결단력과 신중한 변경이 몸에 습관처럼 배어 있었다. 반면 부를 쌓는 데 실패한 사람들은 예외 없이 쉽사리 결단을 내리지 못하는 데 비해 결정된 사항은 너무 빨리 뒤집었다. 헨리 포드의 가장 탁월한 자질은 신속하고 분명하게 결단을 내리고, 그것을 바꿀 때는 신중하다는 점이었다. 주변에서는 포드가 완고하다고 말했다.

이런 성격이 잘 드러나는 일화는 세상에서 가장 못생긴 차라는 별명이 붙은 모델 T를 제조할 때였다. 잘 알려진 것처럼 모델 T

는 오로지 검은색으로만 출시되었다. 주변의 많은 조언자와 구매자가 끈질기게 색상 수정을 요구했지만 포드는 자신의 결정을 철회하지 않고 뚝심 있게 밀고 나갔다. 이 때문에 모델 T에 변화가 있기까지 정말 오랜 시간이 걸렸지만 변화의 필요성이 도래하기 전까지는 포드의 확고한 결단력이 막대한 부를 불러왔다. 포드의 확고한 결심을 단순한 고집으로 볼 수도 있지만 결단을 미루고 재빨리 바꾸는 것보다는 훨씬 낫다.

목표한 만큼 부를 일구는 데 실패한 사람들은 대개 다른 사람의 의견에 쉽게 영향을 받는다는 특징이 있다. 그들은 신문이나 항간의 소문을 비판 없이 그대로 수용해버린다. 의견이란 지구상에서 가장 값싼 상품이다. 누구나 다른 사람이 받아들여주기 바라는 자신의 의견을 많이 가지고 있다. 당신이 결정을 내릴 때 타인의 의견에 지나치게 영향을 받는 사람이라면 어떤 일에서도 성공하기 힘들다. 열망을 재화로 바꾸기는 더더욱 어렵다. 다른 사람의 의견에 휘둘리면 가지고 있던 열망도 사라지고 말 것이다.

내면의 조언을 들어라. 성공 원칙들을 실천할 때는 스스로 결단을 내리고 따르라. 조력 집단 외에는 당신의 확신을 건들지 못하게 하라. 그러므로 조력 집단을 선택할 때는 당신의 목표에 완전히 공감하고 협력할 사람들인지 확인해야 한다.

가까운 친구나 친척이 무의식중에 뱉은 의견이 당신을 불리하게 할 수도 있고, 농담이라고 건넨 말이 조롱이 될 때도 있다. 많은 사람이 열등감을 느끼며 살아가는데, 누군가가 악의 없이 그냥 뱉은 말이 의견이나 조롱이 되어 자신감을 꺾기 때문이다.

누구나 자기만의 철학과 생각이 있다. 이를 이용해 자기만의 결정을 내려야 한다. 결단을 내리는 데 다른 사람에게 사실이나 정보를 받아야 한다면 목적을 밝히지 말고 필요한 정보만 조용히 얻도록 하라.

지식이 얕은 사람일수록 많이 아는 것처럼 보이려 애쓴다. 그런 사람들은 대개 말이 많고 다른 사람의 말은 경청하지 않는다. 빠르게 결단을 내리는 습관을 기르고 싶다면 눈과 귀는 열고 입은 닫아라. 말이 너무 많은 사람은 그저 말뿐이다. 잘 듣지 않고 말만 한다면 유용한 정보를 얻을 많은 기회를 놓치는 것은 물론이고, 당신을 질투해 무너뜨리고 싶어 하는 사람들에게 계획과 목표를 노출만 할 뿐이다. 진정한 학식을 가진 사람 앞에서 입을 열면 당신의 지식이 수준을 드러낼 뿐이라는 사실을 명심하라.

곁에 있는 모두가 당신처럼 부를 축적할 기회를 엿보고 있다는 사실도 명심하라. 계획을 무분별하게 떠벌리면 나중에 다른 사람이 그 계획을 먼저 실행해 목표를 가로채는 황당한 경험을 할 수도 있다. 처음 내린 결심은 입안에 가두고 눈과 귀만 열어두어라. 이걸 잊지 않기 위해 큰 글씨로 다음 문장을 써서 매일 볼 수 있는 곳에 붙여놓자. "무엇을 하려는지 세상에 알리기 전에 먼저 행동으로 보여주라." 언제나 중요한 것은 말이 아니라 행동이다.

자유 혹은 죽음의 결정

결정의 가치는 결정을 내리는 데 얼마나 큰 용기가 필요한가에 따라 달라진다. 문명의 기초를 세운 위대한 결정은 때때로 죽음을 불사할 정도로 크나큰 위험을 무릅쓰고 내려졌다.

미국 흑인에게 자유를 찾아준 링컨의 노예해방선언은 엄혹한 환경 속에서 이루어졌다. 링컨은 노예해방 결정을 내리면 그동안 자신을 지지해주던 친구들과 정치인들이 등을 돌리게 되리라는 사실을 알고 있었다. 이 결정으로 수많은 사람이 전쟁터에서 목숨을 잃게 될 것이라는 사실도 알았다. 결국 링컨 자신도 이 때문에 목숨을 잃지 않았던가. 그것은 분명히 용기가 필요한 결정이었다.

로버트 E. 리 장군이 북부 연합군과 결별하고 남부 편을 들기로 했을 때도 용기가 필요했다. 그 결정이 자신은 물론이고 많은 사람의 목숨을 앗아갈 수 있다는 걸 잘 알았기 때문이다. 개인의 신념에 타협하기보다는 독배를 마시기로 선택한 소크라테스의 결정에도 용기가 필요했다. 그의 용기는 1000년을 앞서 당시 태어나지 않은 사람들에게 사상과 표현의 자유에 대한 권리를 부여해주었다.

하지만 미국인에게 있어 역사상 가장 용감한 결정은 1776년 7월 4일 필라델피아에서 내려졌다. 56인이 문서에 서명했을 때, 그들은 지금 이 결정이 모든 미국인에게 자유를 안겨주거나 아니면 자신들에게 교수형을 선고할 내용이라는 것을 알았다. 이 문서는 바로 그 유명한 미국 독립선언문이다. 모두가 잘 알고 있는 내용이지만 이 선언문이 분명하게 가르치는 위대한 교훈에 관해서는 잘 모를 것이다.

모두가 이 위대한 결정이 내려진 날을 기억한다. 하지만 이 결정에 용기가 필요했다는 사실을 아는 사람은 많지 않다. 역사 시간에 배운 몇몇 이름이나 지명은 기억하지만 그 이름, 날짜, 장소 뒤에 감춰진 진짜 힘은 제대로 알지 못한다. 워싱턴의 군대가 요크타운에 도착하기 훨씬 전에 우리에게 자유를 보장해줄 그 보이지 않는 힘에 대해서는 아는 바가 전무하다.

독립 역사를 배운 사람들은 조지 워싱턴이 건국의 아버지며 자유를 쟁취한 인물이라고 잘못 알고 있다. 워싱턴은 단지 독립을 도운 인물일 뿐 그때의 승리는 콘월리스 경이 항복하기 오래전부터 이미 예정된 것이었다. 미국이 그토록 찬양하는 워싱턴의 영광을 빼앗으려는 의도로 이런 이야기를 하는 것이 아니다. 나는 그가 승리할 수 있었던 진정한 동력인 놀라운 힘에 더 중점을 맞추는 것이다. 안타깝게도 역사가들은 이 힘의 존재를 완전히 놓쳐버렸는데, 이는 비극과 다름없는 일이다. 이 힘이야말로 삶의 역경을 극복하고 인생에 대가를 치러야 하는 모든 사람이 사용해야 하는 힘이기 때문이다.

이 힘을 탄생시킨 사건을 간략히 살펴보기로 하자. 이 이야기는 1770년 3월 5일 보스턴에서 일어난 한 사건에서 시작되었다. 영국 군인들은 거리를 순찰하면서 시민들에게 위협적인 태도를 보였고, 이 모습은 시민들에게 적개심을 안기기에 충분했다. 결국 시민들은 분노를 드러냈고 군인들을 향해 욕설을 퍼부으며 돌을 던졌다. 그러자 부대 지휘관의 명령이 떨어졌다. "발포!"

결국 전투가 시작되었고 이 때문에 많은 사람이 사망하고 부상을 입었다. 식민지인들의 분노가 들끓자 저명한 식민지 시민들로 구성된 주 의회가 소집되어 확고한 대책을 세웠다. 의회 대표단에는 존 핸콕과 새뮤얼 애덤스도 있었다. 이들은 보스턴에서 영국군을 몰아내자고 용감하게 목소리를 높여 말했다. 두 사람의 이 결정이 현재 미국이 누리고 있는 자유를 불러왔다는 점을 기억하라. 또 이들이 내린 결단에는 위험이 따르기에 신념과 용기가 필요했다는 점도 기억하라.

의회에서 새뮤얼 애덤스는 주지사 허친슨에게 영국군의 철수를 요구할 책임자로 임명되었다. 이 요구가 받아들여져 영국군은 보스턴에서 철수했지만 사건이 완전히 종결된 것은 아니었다. 문명의 전체 흐름을 바꾸어놓을 만한 상황이 다시 발생한 것이다. 이런 역사를 보면 미국 독립이나 세계대전 같은 엄청난 변화도 처음에는 아무것도 아닌 듯한 사건에서 시작되었다는 게 참으로 신기할 뿐이다. 이런 중요한 변화가 소수의 마음에서 일어난 확고한 결정으로 시작되었다는 것도 참으로 흥미롭다. 사실 존 핸콕, 새뮤얼 애덤스, 리처드 헨리 리가 미국 건국의 아버지라는 사실을 아는 미국인은 매우 드물다.

리처드 헨리 리는 새뮤얼 애덤스와 서신 왕래를 통해 식민지인들의 삶에 대한 걱정과 희망을 터놓으면서 이 역사에서 중요한 역할을 하게 된다. 애덤스는 이 경험으로 식민지 열세 곳이 어려운 상황을 헤쳐나가기 위해 간절히 필요했던 공조를 서신 교환으로 하면 되겠다는 확신을 품게 된 것이다.

보스턴에서 군인들과 충돌이 있은 지 2년이 지난 1772년 3월, 애덤스는 이 아이디어를 의회에 제안했다. 여기에는 '영국령 아메리카의 식민지 개선을 위한 우호적 협력'이라는 목적 아래 식민지 간에 연락 조직으로 교신 위원회를 발족하고, 각 식민지에 서신 담당자를 지정하자는 내용이 담겨 있었다. 이때 결성된 교신 위원회는 전국적인 힘이 뭉치게 된 초석으로, 지금의 미국인들에게 자유를 안겨주는 결과를 낳았다.

교신 위원회가 조직되고 식민지 전체에 위원회가 생기면서 조력 집단의 세력이 커지는 길이 열렸다. 이는 영국에 불만을 품은 미국 식민지 주민들이 조직적으로 세운 최초의 계획이었다는 점에서 주목할 만하다.

연합에는 힘이 있다! 식민지 주민들은 보스턴 때와 비슷한 양상으로 영국 군대에 계속해서 맞섰지만 체계적이지 않은 항쟁이라 소득이 없었다. 개인의 불만이 조력 집단 아래 하나로 규합되지 못한 탓이었다. 애덤스, 핸콕, 리가 뭉치기 전까지는 영국과의 문제를 해결하리라는 확고한 결단을 가지고 마음, 정신, 영혼, 육체를 하나로 합친 단체가 없었다.

　그러나 영국도 두고 보지만은 않았다. 그들 역시 자금적 여력과 조직적인 군대를 등에 업은 채 계획을 세우고 조력 집단을 모으고 있었다. 영국 국왕은 매사추세츠 주지사로 허치슨 대신 게이지를 임명했다. 신임 주지사가 가장 먼저 한 행동은 새뮤얼 애덤스에게 서신을 보내 저항운동을 그만두라고 협박한 것이었다. 그때 서신을 들고 간 펜턴 대령과 애덤스 사이의 대화를 들어보면 당시 분위기가 생생히 느껴진다.

　"난 게이지 주지사의 대리인으로 이 자리에 왔소. 애덤스 씨, 주지사님은 당신이 정부 정책에 반대하는 일을 그만둔다면 만족할 만한 혜택을 제공할 것이오. 더는 폐하의 심기를 건드리는 일은 그만두라는 충고요. 당신의 행위는 헨리 8세 법에 따라 처벌을 면치 못할 것이오. 주지사의 재량에 따라 영국으로 송환되어 국가 반역죄로 재판에 넘겨질 수도 있소. 하지만 당신이 정치 행로를 바꾼다면 막대한 이익을 얻을 뿐만 아니라 영국과 화해할 수도 있을 것이오."

　새뮤얼 애덤스에게 두 가지 결정권이 주어졌다. 저항을 그만두고 개인적 이득을 취하느냐, 아니면 저항을 계속하며 교수형에 처할 각오를 하느냐였다. 목숨이 경각에 달렸지만 신중하게 선택할 시간조차 없었다. 보통 사람이라면 이 상황에서 결정을 내려야 한다는 사실조차 받아들이기 힘들어할 테지만 애덤스는 달랐다. 그는 펜턴 대령에게 자신이 하는 말을 토씨 하나 빠뜨리지 않고 전하라 말했다.

"그렇다면 게이지 주지사에게 전하시오. 나는 오래전부터 왕 중의 왕이신 하나님과 평화롭게 지내왔소. 따라서 어떤 개인적인 이득도 내 나라를 위한 정의로운 대의를 포기하게 할 수는 없을 것 이오. 그리고 게이지 주지사에게 더는 성난 시민들의 마음을 모욕 하지 말라는 나 새뮤얼 애덤스의 조언을 전해주시오."

새뮤얼 애덤스가 어떤 성격의 사람이었는지는 언급할 필요가 없을 듯하다. 이 놀라운 이야기를 읽은 사람은 그가 최고의 충성심 을 가진 인물이었다는 걸 알 수 있을 것이다.

게이지 주지사는 애덤스의 신랄한 답변을 보고 격분하여 성명 을 발표했다. "영국 국왕의 이름으로 약속하노니, 즉시 무기를 내 려놓고 평화롭게 본연의 자리로 돌아오는 모든 사람에게 은혜를 베풀겠다. 다만 새뮤얼 애덤스와 존 핸콕은 사면에서 제외되며 극 악무도한 위법을 저질렀기에 그에 합당한 처벌을 받게 될 것이다."

애덤스와 핸콕은 그야말로 궁지에 몰렸다. 분노한 주지사의 협박으로 두 사람은 또다시 위험한 결정을 내려야 하는 상황이 되 었고 황급히 충직한 동지들을 비밀리에 소집했다. 여기서 조력 집 단의 추진력이 발생했다. 회의가 시작되자 애덤스는 문을 걸어 잠 그고 주머니에 열쇠를 넣었다. 그리고 식민지 의회를 조직해야 한 다며 천명하고 결론이 나기까지 누구도 방에서 나갈 수 없다고 선 포했다.

엄청난 동요가 일었다. 일부는 급진주의가 초래할 수 있는 결 과를 우려했다. 명백히 국왕을 거스르는 결정이 과연 현명한 것인 지에 대해 심각한 의구심을 표명하는 사람도 있었다. 그러나 방에 는 두려움과 실패를 모르는 두 사람이 있었다. 바로 핸콕과 애덤스 였다. 결국 이들의 설득에 다른 사람도 식민지 교신 위원회를 통해

1774년 9월 5일 필라델피아에서 1차 대륙회의를 개최하는 데 동의했다. 이날은 1776년 7월 4일보다 더 중요한 날이다. 대륙회의 개최 결정이 없었다면 독립선언문에 서명도 없었을 것이기 때문이다.

첫 대륙회의가 열리기 전 미국의 다른 지역에서는 또 다른 리더 한 사람이 『영국령 아메리카 권리에 대한 개요Summary View of the Rights of British America』라는 책을 출간하는 데 난항을 겪고 있었다. 바로 버지니아주의 토머스 제퍼슨이었다. 그 역시 영국 국왕이 임명한 버지니아 주지사 던모어 경과 팽팽한 긴장 관계에 있었다. 핸콕과 애덤스가 게이지 주지사와 첨예한 관계에 놓인 것처럼 말이다.

제퍼슨의 유명한 출판물 『영국령 아메리카 권리에 대한 개요』가 출간된 직후, 그는 영국 정부에 대한 반역죄로 기소되었다는 통고를 받았다. 이 위협에 고무된 그의 동료 패트릭 헨리가 연설에 나섰는데, 이날 헨리의 대담한 연설은 지금까지도 명문으로 불린다. "이것이 반역이라면 최대한 반역을 해봅시다."

1차 대륙회의가 열리고 2년 동안 식민지의 운명을 고뇌하던 이들은 힘도, 권력도, 군사력도, 돈도 없는 사람들이었다. 마침내 의장으로 임명된 리처드 헨리 리가 1776년 6월 7일 발표한 결의안은 사람들을 놀라게 했다. "여러분, 우리 식민지 연합체는 영국과 관계된 모든 정치 세력에 대한 아무런 의무가 없으며 그들에게서 완전히 벗어나 자유롭고 독립적인 상태를 영위할 권리가 있음을 선포합니다."

리의 획기적인 결의안에 격렬한 논쟁이 일었고, 논쟁이 길어지자 그는 인내심을 잃기 시작했다. 며칠간 격론 끝에 리는 연단에 올라가 명료하고 확고한 목소리로 선언했다.

"의장님, 이 문제로 며칠 동안 논의했습니다. 우리가 나아가야 할 길은 오직 하나입니다. 그런데 어째서 지체하시는 겁니까? 어째서 여전히 생각 중이십니까? 오늘을 미 공화국이 탄생한 행복한 날로 만듭시다. 파괴와 정복이 아닌 평화와 법이 다스리는 나라로 재건합시다. 유럽의 눈이 우리를 주시하고 있습니다. 그들은 우리에게 폭정이 만연하는 시대에 시민의 행복을 위하는 자유의 본보기가 되어주기를 바라고 있습니다."

하지만 리는 결의안이 표결에 부쳐지기 전에 가족이 병으로 위급하다는 소식을 듣고 버지니아로 돌아갔다. 떠나기 전 그는 친구 토머스 제퍼슨에게 이 일을 위임했고, 제퍼슨은 승리할 때까지 끝까지 싸울 것을 약속했다. 얼마 후 의장 핸콕은 독립선언문을 기초할 위원회 의장으로 제퍼슨을 임명했다. 위원회는 심혈을 기울여 선언문을 작성했다. 선언문이 의회에서 승인되면 거기에 서명한 모든 회원은 식민지가 영국과의 전쟁에서 패할 때 스스로 사형장에 가겠다고 서명한 것이나 다름없었다.

그렇게 6월 28일, 독립선언문의 초안이 작성되고 며칠 동안 논의와 수정을 거쳐 최종 준비를 끝마쳤다. 마침내 1776년 7월 4일, 토머스 제퍼슨은 의회 앞에 서서 역사상 가장 기념비적인 결단이 담긴 문서를 읽어내려 갔다.

"인류사에서 한 민족이 자신들을 타자에 얽매이게 하는 정치적 속박을 해체하고, 그리하여 세계 열강들 사이에 끼어 자연법과 자연의 신의 법이 부여한 독립과 평등의 지위를 차지하는 것이 필요하게 되었을 때, 인류의 신념을 엄정히 고려하여 우리는 독립해야만 하는 이유를 선언하지 않을 수 없다."

제퍼슨이 낭독을 마치자 선언문은 표결에 부쳐져 승인되었고, 56명이 목숨을 걸고 선언문에 서명했다. 이 결단으로 인간으로서 마땅히 결정의 자유를 누릴 수 있는 국가가 탄생했다. 이러한 신념을 바탕으로 한 결정에 의해서만 인간은 개인의 문제를 해결할 수 있으며 스스로 물질적, 정신적 부를 쟁취할 수 있다. 우리는 이 사실을 꼭 기억해야 한다!

독립선언문이 나오기까지의 사건들을 살펴보면 세계적으로 위상을 떨치는 이 나라가 탄생하게 된 것은 56명으로 이루어진 조력 집단의 결단 덕분이었다. 더욱 주목할 만한 사실은 이들의 결단력이 워싱턴 군대의 실패를 생각하지 않는 정신력으로 작용해 독립 전쟁을 승리로 이끌었다는 사실이다.

또 한 가지 주목할 점은 미국에 자유를 안겨준 그 힘은 스스로 결정하는 능력이 있는 사람이라면 누구나 사용할 수 있다는 사실이다. 그 힘은 이 책이 제시하는 성공 원칙에도 담겨 있다. 독립선언문 이야기 속에도 성공의 원칙이 적어도 6가지는 포함되어 있다. 바로 **열망, 결단력, 믿음, 끈기, 조력 집단, 체계적인 계획**이다.

강렬한 열망이 뒷받침하는 생각이 물리적 실체로 전환된다는 것은 이 성공 철학 전반에 스며 있다. 미국 건국사와 US 스틸의 창업 이야기는 생각이 놀라운 변화를 만드는 과정을 완벽하게 보여주는 사례라고 할 수 있다.

그러나 표면적으로 드러난 기적만 본다면 절대 그 안의 비밀을 발견할 수 없다. 오직 영원불변한 대자연의 법칙만을 발견하게 될 뿐이다. 이 법칙은 그것을 이용하리라는 믿음과 용기가 있는 사람이라면 누구든 사용할 수 있다. 어떻게 사용하느냐에 따라 한 국가에 자유를 가져다주기도 하며 개인에게 부를 안겨주기도 한다. 법칙을 이해하고 적용하는 시간 외에는 어떤 비용도 들지 않는다.

신속하고 확고한 결정을 내리는 사람은 자신이 원하는 것이 무엇인지 알고 보통 그것을 손에 넣는다. 사회 각 방면의 리더는 언제나 신속하고 확고하게 결정을 내린다. 그래서 그들이 리더인 것이다. 세상은 자신의 길을 확고히 알고 있음을 말과 행동으로 보여주는 사람에게 리더의 자리를 내어주고는 한다.

우유부단함은 보통 청소년기 시절부터 습관으로 형성된다. 명확한 목표 없는 생활은 학년을 거치며 점점 습관으로 굳어진다. 교육 시스템의 가장 큰 약점은 확고하게 결단 내리는 방법을 가르치지 않는다는 것이다. 대학교 신입생 선발 기준을 '대학교 졸업장을 따는 것'처럼 확고한 목표 의식으로 삼는다면 좋을 것 같다. 더 좋은 방법은 초등학교 때부터 결단력을 키우는 훈련을 받고 승급 시험을 보게 하는 것이다.

학교에서 교육하지 않은 탓에 어려서부터 체득된 우유부단한 습관은 성장해서 직업을 선택할 때까지 영향을 끼친다. 보통 학교를 갓 졸업한 학생은 아무 직업이나 선택하기 쉽다. 우유부단한 습관에 젖어 있는 탓에 처음 찾은 직업을 그냥 선택한다. 오늘날 월급쟁이 직장인 중 열에 아홉은 처음 자리에 그대로 머물러 있다. 원하는 자리에 올라가기 위해 계획을 세우려는 확고한 결단력이 없고, 어떻게 고용주를 선택하는지에 관한 지식이 없어서다.

확고한 결단을 내릴 때는 늘 용기가 필요하며 가끔은 아주 큰 용기가 필요하다. 독립선언서에 서명한 56명은 목숨을 걸고 서명했다. 물론 직업을 구하고 삶에서 원하는 것을 얻기로 확고한 결단을 내릴 때는 목숨까지 걸 필요는 없다. 경제적 독립, 부, 번듯한 기업, 직업적 지위는 그것을 열망하고, 계획하고, 요구하는 사람만이 도달할 수 있다. 새뮤얼 애덤스가 식민지의 자유를 열망하던 것과 같은 정신을 지닌다면 분명 부를 일굴 것이다.

"부는 소망에는 응답하지 않는다.
오로지 명확한 열망이 뒷받침된
계획을 끈기 있게
밀어붙일 때만 응답한다."

9장

끈기

믿음을 만들어내는 꾸준한 노력

끈기는 열망을 물질적 실체로 전환하는 과정에 꼭 필요한 자질이다. 끈기는 의지를 바탕으로 한다. 의지와 열망이 제대로 결합하면 강력한 한 쌍이 된다. 막대한 부를 축적한 사람은 대개 냉혈하고 가끔은 무자비하다는 평가를 받지만 그래서 종종 오해를 받는다. 그러나 그들은 열망을 받쳐주는 강력한 의지와 끈기를 발휘해 목표를 이루는 것일 뿐이다.

헨리 포드는 무자비하고 냉혈한 사람의 대명사로 꼽힌다. 그러나 그는 자신의 계획을 끈기 있게 밀어붙이는 습관이 있었을 뿐이다. 대부분의 사람이 반대나 불운의 싹이 보이면 즉시 목표와 목적을 쉽게 저버린다. 목표를 이룰 때까지 계속 밀어붙이는 사람은 소수에 불과하다. 포드, 카네기, 록펠러, 에디슨이 이 소수에 속하는 인물들이다. 끈기라는 말에 영웅 같은 의미는 없지만 탄소로 강철을 만드는 것같이 사람을 강하게 만들어준다.

일반적으로 부를 일구기 위해서는 13가지 성공 원칙을 모두 적용해야만 한다. 부를 일구는 모든 사람은 이 원칙들을 이해하고 끈기 있게 적용해나가야 한다. 이 책의 지침을 실천하려 한다면 2장에서 설명한 6단계 원칙을 실행할 때 가장 먼저 끈기를 시험하게 될 것이다. 명확한 목표를 가지고 이를 달성하기 위한 분명한 계획을 세우고 나아가는 극소수의 사람이 아닌 이상, 지침을 읽어도 일상에 적용하는 것은 쉽지 않을 것이다.

이 시점에서 당신의 끈기를 한번 점검해보라. 끈기 부족은 실패의 가장 큰 요인 중 하나이기 때문이다. 게다가 수천 명을 만나면서 나는 대다수의 공통적인 약점이 끈기라는 것을 알게 되었다. 그러나 이 약점은 노력으로 극복할 수 있다. 얼마나 쉽게 극복하느냐는 전적으로 열망의 강도에 달려 있다.

모든 성취의 출발점은 열망이다. 이것을 늘 마음에 새기고 있어야 한다. 작은 불로는 큰 열기를 얻을 수 없듯이 열망이 약하면 결과도 미미하다. 스스로 끈기가 부족하다고 생각한다면 열망의 불을 더 키워서 부족한 부분을 채울 수 있다.

책을 끝까지 읽고 나면 2장으로 돌아가 6단계 지침을 바로 실행에 옮기도록 하라. 이 지침을 따르는 열의가 곧 당신이 부를 얻고자 하는 열망이 어느 정도인지 알 수 있는 척도가 된다. 돈에 무관심하다면 아직 돈에 대한 의식을 획득하지 못한 것일 수 있다. 부를 축적하기 원한다면 이 의식은 반드시 가지고 있어야 한다. 부는 마치 물이 바다로 흘러가듯 자신을 끌어당길 마음의 준비가 된 사람에게 흘러간다. 이 책은 어떤 마음가짐을 가져야 열망하는 목표를 끌어당길 수 있는지 알려줄 것이다.

스스로 끈기가 부족하다고 느낀다면 '조력 집단의 힘'에 관한 장에 나온 지침을 꼼꼼히 살펴보라. 조력 집단을 곁에 두고 그들과 협력하여 노력한다면 끈기를 기를 수 있다. 자기암시와 잠재의식을 다룬 장에서도 끈기를 기르는 방법이 나와 있다. 이 지침들을 따라 당신이 열망하는 목표를 잠재의식에 명확하게 그려 넣는 습관이 들게 하면 된다. 이렇게만 한다면 끈기가 부족해 실패하는 일은 없을 것이다.

잠재의식은 당신이 깨어 있을 때나 잠들어 있을 때나 일하고 있다. 가끔 필요할 때만 이 원칙들을 실천하는 것은 무용한 일이다. 원하는 결과를 얻으려면 모든 원칙이 습관으로 굳어질 때까지 노력해야 한다. 돈에 대한 의식을 계발하려면 이 방법밖에는 없다.

돈이 그것을 얻기 위해 의식적으로 마음에 품는 사람에게 가듯 가난은 가난을 생각하는 사람에게 들러붙는다. 돈에 대한 의식으로 채워지지 않은 마음은 저절로 가난에 대한 의식이 장악하고 만다. 가난에 대한 의식은 애써 습관을 만들 필요도 없다. 반면 돈에 대한 의식은 타고 나지 않은 이상 일부러 계발해야 한다.

지금까지 설명을 잘 이해했다면 부를 축적하는 데 있어 끈기가 얼마나 중요한지 깨달았을 것이다. 끈기가 없다면 시작하기도 전에 패배하고 만다. 그러나 끈기가 있다면 부를 거머쥐게 될 것이다.

가위에 눌려본 사람이라면 끈기의 소중함을 잘 알 수 있다. 침대에 누워 자고 있는데 뭔가가 누르는 듯한 느낌에 반쯤 잠에서 깬다. 몸을 돌릴 수도, 꼼짝할 수도 없다. 몸을 움직여야 한다는 걸 알기에 의지를 발휘해 끈기를 가지고 애쓴 끝에 결국 손가락 하나를 움직일 수 있게 된다. 차츰 다른 손가락도 움직일 수 있게 되고 마침내 팔을 들 수 있게 된다. 그러고 나서 같은 방식으로 다른 쪽 팔도 움직일 수 있다. 한쪽 다리 근육이 움직여지면 다른 쪽 다리도 마저 움직여진다. 그런 다음 의지력을 최대한 발휘해 근육 전체를 움직일 수 있게 되고 감각이 돌아오며 마침내 가위에서 풀려난다. 한 단계 한 단계씩 이루어낸 것이다.

정신적 무력감에도 이와 같은 단계가 필요하다. 처음에는 천천히 시작해서 차츰 속도를 높여 의지를 완전히 다스리게 되는 것이다. 처음에는 더디게 느껴지지만 끈기 있게 해나가다 보면 어느새 성공에 도달하게 될 것이다.

조력 집단을 신중하게 선택했다면 당신이 끈기를 기르는 데 도움을 줄 구성원이 반드시 있을 것이다. 부가 필요해서 막대한 부를 일구게 된 사람들이 있는데, 그들은 상황 때문에 끈기를 체득할 수밖에 없었던 것이다. 끈기를 대신할 수 있는 것은 없다. 어떤 자질도 끈기를 대체하지 못한다. 처음에는 끈기 있게 행동하는 것이 힘들고 더뎌 보이더라도 이 사실을 떠올리며 힘을 내기 바란다.

끈기가 습관으로 밴 사람은 실패에 대한 준비도 즐기며 세운다. 몇 번을 실패하더라도 이들은 결국 사다리 꼭대기에 도착한다. 때로는 온갖 시련으로 인간을 시험하는 임무를 맡은 '숨은 안내자'가 있는 것처럼 느껴질 때도 있다. 실패해도 다시 일어나 계속 도전한 끝에 결국 성공한 사람들에게 세상은 이렇게 외친다. "당신이 해낼 줄 알았어!" 숨은 안내자는 끈기 시험에 통과하지 않은 누구에게도 성취를 허락하지 않는다. 이를 견디지 못하는 사람은 성공할 수 없다.

그러나 견뎌내는 사람에게는 끈기에 대한 풍성한 보상이 주어진다. 그게 무엇이든 바라는 목표를 이루게 되는 것이다. 그게 다가 아니다. 물질적 보상보다 훨씬 더 중요한 것을 받는다. 바로 '모든 실패는 성공의 씨앗을 품고 있다'는 깨달음이다.

끈기의 중요성을 겪어본 사람들은 실패를 일시적인 일 이상으로 치부하지 않는다. 이들은 열망을 끈기 있게 밀어붙이고 마침내 실패를 승리로 바꾸어낸다. 이들은 실패를 일시적인 것 이상으로 받아들이지 않는다. 이들은 열망을 끈기 있게 밀어붙이고 결국 실패를 승리로 바꿔놓는다.

우리는 실패를 겪고 다시 일어서지 못하는 사람을 수없이 많이 본다. 소수의 사람만이 실패를 교훈 삼아 더 많이 노력한다. 이들에게 인생의 후진이란 없다. 그러나 우리는 보이지 않지만 존재를 의심할 수 없는, 실패에 맞서 싸우는 사람들을 구원해주는 불가해한 힘이 있다는 사실을 간과하고는 한다. 이 힘에 이름 붙이자면 '끈기'일 것이다. 분명한 건 끈기가 없는 사람은 어떤 일에서도 뛰어난 성취를 이룰 수 없다.

이 글을 쓰고 있을 때 나는 고개를 들어 밖을 바라보았다. 한 블록도 떨어지지 않는 곳에 희망의 묘지이자 기회의 문이라 불리는 위대한 브로드웨이가 보였다. 전 세계 사람들이 명성, 부, 권력, 사랑, 그리고 성공이라 부르는 것을 좇아 브로드웨이로 찾아온다. 아주 가끔 누군가가 그 많은 무리에서 두각을 나타내면 세상은 브로드웨이 스타가 탄생했다고 알린다. 그러나 브로드웨이를 정복하는 것은 결코 쉽지 않다. 끝까지 포기하지 않고 노력해야만 재능과 천재성을 인정받고 부를 얻을 수 있다. 그런 사람은 브로드웨이를 정복하는 비밀을 알아낸 것이다. 그리고 이 비밀은 이 단어와 떨어질 수 없다. 바로 끈기다!

끈기로 브로드웨이를 정복한 패니 허스트의 고군분투기는 이 비밀에 대해 말해준다. 패니는 글로 부를 이루겠다는 꿈을 안고 1915년에 뉴욕에 왔다. 기회는 빨리 오지 않았지만 결국은 왔다.

4년 동안 허스트는 뉴욕의 혹독함을 몸소 체험했다. 그는 낮 동안 일을 하고 밤에는 꿈을 위해 글을 썼다. 희망이 보이지 않아도 "그래, 브로드웨이, 네가 이겼다"라고 말하지 않았다. 대신 "좋아, 브로드웨이. 네가 아무리 막아도 나는 안 돼. 널 포기하게 하겠어"라고 말했다.

한 출판사에서 서른여섯 번째 거절 편지를 받은 후에야 패니는 그토록 꿈에 그리던 반가운 연락을 받았다. 보통 작가라면 처음 거절 편지를 받는 즉시 작가를 포기했을 법하다. 하지만 패니 허스트는 4년 동안 브로드웨이 길을 수없이 걸으며 숱한 거절을 경험했다. 성공하리라는 열망이 있었기 때문이다.

그렇게 해서 드디어 보상의 날이 찾아왔다. 숨은 안내자가 패니를 시험했지만 굴복하지 않은 덕분이었다. 이제는 출판사가 먼저 그를 찾았고 자산은 순식간에 불어났다. 영화계가 그를 찾았고 돈은 홍수처럼 밀려들어 왔다. 그의 소설 『멋진 웃음Great Laughter』의 영화 저작료는 10만 달러로, 당시 출판 전 지급된 액수로는 최고가였다. 그리고 출판으로 번 저작료는 이를 훨씬 웃돌았다.

이는 끈기로 이룬 성공 이야기다. 패니 허스트의 이야기는 특별한 예가 아니다. 부를 일군 사람이 있다면 그에게는 분명 끈기가 있었다고 확신할 수 있다. 브로드웨이에서 구걸하면 커피와 샌드위치는 먹을 수 있겠지만 큰 부를 얻고자 하는 사람이라면 끈기를 꼭 가져야만 한다.

케이트 스미스가 이 글을 읽는다면 '아멘'을 외칠 것이다. 스미스는 정식으로 가수가 되기 전까지 몇 년 동안 돈도 받지 못하고 노래해야 했다. 마치 브로드웨이가 "할 수 있으면 와서 나를 가져"라고 말하는 것 같았다. 케이트는 끈기 있게 버텼고 결국 브로드웨이는 두 손을 들었다. "헛수고했잖아! 끄떡하지도 않네. 값을 말하고 이제 원하는 대로 해봐." 스미스는 값을 불렀다! 엄청난 액수였다. 그가 한 주에 버는 액수는 보통 사람들의 일 년 치 연봉보다 많았다.

끈기는 배신하는 법이 없다

여기서 나는 격려가 되는 중요한 말을 하고자 한다. 지금도 케이트 스미스보다 훨씬 뛰어난 실력을 갖춘 이들이 브로드웨이를 서성이며 기회를 엿보고 있지만 쉽게 기회를 얻지 못하고 있다. 브로드웨이가 지쳐 나가떨어질 때까지 끈기를 가지고 계속해나갈 용기가 부족했기 때문이다. 끈기는 하나의 정신 상태이며 훈련으로 다질 수 있다. 또한 다른 정신 상태와 마찬가지로 명확한 원인에 바탕을 둔다.

끈기의 8가지 요소

1. 명확한 목표

자신이 원하는 바를 아는 것은 끈기를 기르는 데 가장 우선하고 중요한 요소다. 강한 동기는 어떤 난관도 헤쳐나갈 수 있게 한다.

2. 열망

목표에 대한 열망이 강하면 상대적으로 끈기를 가지고 지속하기가 쉽다.

3. 자립심

스스로 계획을 실행할 수 있다는 믿음이 있으면 끈기 있게 계획을 밀고 나갈 용기가 생긴다. (자립심은 '자기암시' 장에서 알려준 원칙으로 기를 수 있다.)

---

4. 명확한 계획

체계적인 계획은 그것이 허술하고 터무니없더라도 끈기를 발휘하게 한다.

5. 정확한 지식

경험과 관찰을 바탕으로 계획이 건전하다는 것을 알면 끈기를 가지고 밀어붙일 수 있다. '앎'이 아닌 '추측'에 의한 계획은 끈기를 잃게 한다.

6. 협력

공감, 이해, 타인과의 조화는 끈기를 강화한다.

7. 의지

확고한 목표를 이루기 위한 계획에 집중하는 습관은 끈기로 이어진다.

8. 습관

끈기는 습관이다. 일상의 경험이 쌓여 습관처럼 굳어지는 것이다. 만인의 적인 두려움도 억지로라도 용기 있는 행동을 반복하면 없앨 수 있다. 전쟁에 참전해본 사람은 잘 알 것이다.

끈기 이야기를 마무리하기 전에 자신을 점검하고 어떤 점이 부족한지 확인하라. 솔직하고 꼼꼼하게 살펴서 끈기의 8가지 요소 중 몇 가지가 부족한지 점검하라. 이 분석이 스스로를 새롭게 발견하는 계기가 될 것이다.

끈기 부족의 징후들

이제 높은 성취를 가로막는 진짜 적에 대해 알아보자. 끈기 부족을 나타내는 징후와 더불어 이것의 깊은 잠재적 원인도 함께 알

아보자. 진정한 내가 누구이며 어떤 능력을 가지고 있는지 알고 싶다면 다음 목록을 세심하게 살피며 나를 직시하자. 부자가 되고 싶다면 다음 약점들을 극복해야 한다.

성취를 가로막는 적

1. 내가 원하는 것을 정확히 알지 못한다.

2. 이유가 있든 없든 일을 미루는 버릇이 있다(대개 변명을 한다).

3. 전문 지식을 습득하는 데 관심이 없다.

4. 문제를 직시하지 않고 언제나 우유부단하며 책임을 전가한다 (이때도 변명한다).

5. 문제 해결을 위해 명확한 계획을 세우기보다 핑계를 찾는다.

6. 자기만족에 빠진다. 이는 치료할 방법도, 구제될 희망도 없다.

7. 문제에 부딪히면 맞서 싸우기보다 늘 타협하려 든다.

8. 자신의 실수에 대해 남을 탓하고 불리한 상황을 어쩔 수 없다고 여긴다.

9. 열망이 부족해 행동을 일으킬 동기를 찾는 데 게으르다.

10. 실패의 조짐이 보이면 바로 포기하고 열의를 상실한다(6가지 기본 두려움 중 하나 이상을 가지고 있다).

11. 분석할 수 있는 서면으로 정리된 체계적인 계획이 부족하다.

12. 아이디어를 실행에 옮기거나 기회가 나타났을 때 그것을 잡는 데 소홀하다.

13. 의지를 다지기보다 바라기만 한다.

14. 부를 목표로 삼기보다 가난과 타협하려 한다. 보통 무엇이 되고, 무엇을 하고, 무엇을 갖겠다는 야망이 부족하다.

15. 비난을 두려워한다. 다른 사람의 생각과 말이 신경 쓰여 계획을

세우고 실행에 옮기지 못한다. 이는 열거한 항목 중 가장 안 좋은 약점이다. 잠재의식 속에 있어서 인지하지 못하기 때문이다.

그렇다면 비난에 대한 두려움에는 어떤 징후들이 있는지 살펴보자. 대다수 사람이 친지, 가족, 대중에게 지나치게 영향을 받아서 자기 삶을 영위하지 못한다. 그들에게 받는 비난이 두려워서다.

많은 사람이 결혼에 실패하지만 혼인 서약을 깨지 못한 채 비참하고 불행한 삶을 살아간다. 실패를 바로 잡았을 때 따라올 주변의 비난이 두렵기 때문이다. 이런 두려움에 굴복하는 사람은 돌이키기 힘든 손해를 입게 된다. 결국 그들은 야망, 자립심, 성취욕을 잃게 된다. 학교를 떠난 후 타인의 시선 때문에 다시 공부하는 것을 꺼리는 경우도 있다.

그런가 하면 비난이 두려워 가족의 의무라는 이름으로 친지들이 자기 삶을 망치는 것을 두고만 보는 사람도 있다. 아무리 가족의 의무라 해도 그것이 개인의 야망을 파괴하고 자기 삶을 온전히 살 권리마저 포기하게 할 수는 없다.

사업에서 기회가 생겨도 실패했을 때 받을 비난이 두려워서 그것을 놓쳐버리기도 한다. 성공에 대한 열망보다 비난에 대한 두려움이 더 큰 것이다. 목표를 높게 설정하거나 심지어 직업을 선택하는 일을 주저하는 사람이 너무 많다. 가까운 사람들이 "목표를 너무 높게 잡지 마. 사람들이 미쳤다고 할 거야"라며 비난할까 봐 두려워서다.

앤드루 카네기가 내게 20년을 쏟아부어 개인의 성공 철학을 정리해보라고 제안했을 때 가장 먼저 든 생각은 사람들의 평가에 대한 두려움이었다. 내가 품었던 목표를 훨씬 뛰어넘는 제안이었기 때문이었다. 비난에 대한 두려움이 생기자 곧장 내 머릿속에서는 온갖 핑계와 구실이 생기기 시작했다. "넌 못해. 엄청 대단한 일이잖아. 친척들이 뭐라고 생각하겠어? 어떻게 먹고살려고? 누구도 성공 철학을 정리한 적이 없는데 네가 무슨 자격으로 그걸 할 수 있다는 거야? 네가 뭔데 그렇게 높은 목표를 가져? 빈곤한 태생을 생각해봐. 네가 철학에 대해 뭘 알아? 사람들이 비웃을 거야. 다른 사람은 지금까지 왜 그걸 안 했겠어?"

수많은 질문이 머릿속에 스치며 내 생각을 사로잡았다. 마치 온 세상이 갑자기 나만 주목하며 카네기의 제안을 실행하고 싶은 내 열망을 조롱해 포기하게 만들려는 것만 같았다.

내 야망이 나를 지배하기 전에 바로 포기할 수도 있었다. 수천 명을 분석한 후 깨달은 점은 대부분의 아이디어가 실패로 돌아가며, 그 아이디어에 생명을 불어넣으려면 즉시 실행할 수 있는 명확한 계획이 필요하다는 사실이었다. 아이디어는 생기는 순간 바로 생명을 불어넣어야 한다. 생명을 불어넣은 아이디어는 끝까지 살아남을 가능성이 커진다. 많은 아이디어가 실행되지 못하는 이유는 마음 깊은 곳에 비난에 대한 두려움이 깔려 있기 때문이다.

사람들은 물질적 성공이 행운의 결과라고 믿는다. 물론 아주 근거 없는 믿음은 아니지만 운에만 의존하는 성공은 항상 실망으로 끝나기 마련이다. 성공을 위해 필요한 중요한 다른 요소를 놓치기 때문이다. 바로 스스로 행운을 만들 수 있다는 깨달음이다.

대공황 동안 코미디언 W.C. 필즈는 전 재산을 탕진하고 생계 수단이었던 공연 무대마저 사라져 직업과 수입을 모두 잃고 말았다. 더구나 예순을 넘긴 나이였기에 사람들은 그를 퇴물이라 생각했다. 무대에 다시 서고 싶은 열망이 컸던 필즈는 당시 새 사업으로 떠오르던 영화에 무보수로 출연하겠다고 제안했다. 그런데 설상가상으로 넘어져 목이 부러지는 사고를 당하고 말았다. 많은 사람이 그쯤에서 포기하고 그만두었을 것이다. 하지만 필즈는 끈기가 있었다. 끈질기게 밀고 나가면 언젠가는 행운이 찾아올 것이라 믿었고, 마침내 그렇게 되었다. 이 행운은 우연히 찾아온 게 아니었다.

마리 드레슬러는 60세쯤 자신이 돈도 직업도 없는 빈털터리 신세라는 것을 깨달은 후 행운을 좇았고, 결국 얻어냈다. 야망을 이루기에 너무 늦은 나이라고 여겨지는 노년에 그는 끈기 하나로 놀라운 성공을 이루었다. 에디 캔터는 1929년 주식시장 붕괴로 돈을 잃었지만 끈기와 용기만은 놓지 않았다. 여기에 탁월한 안목이 더해져 에디는 주당 1만 달러의 수입을 벌어들였다. 끈기만 있다면 다른 자질이 많이 없더라도 충분히 성공할 수 있다. 유일하게 믿을 수 있는 행운은 스스로 만드는 행운이다. 이런 행운은 끈기를 발휘할 때 찾아온다. 이것의 시작점은 확고한 목표다.

처음 만나는 사람 100명에게 인생에서 가장 바라는 것이 무엇이냐고 물어보면 열에 아홉은 제대로 대답하지 못할 것이다. 재차 물으면 안정, 돈, 행복, 명예와 권력, 사회적 지위, 안락한 삶, 노래, 춤, 글쓰기 능력 등을 댄다. 하지만 이것이 정확히 어떤 의미인지, 이 모호한 소망을 이룰 작은 계획이라도 말할 수 있는 사람은 거의 없다. 부는 소망에는 응답하지 않는다. 오로지 명확한 열망이 뒷받침된 계획을 끈기 있게 밀어붙일 때만 응답한다.

끈기를 기르는 법

끈기를 습관으로 만드는 데 필요한 4단계가 있다. 여기에는 대단한 지능이나 교육이 필요하지 않으며, 시간이나 노력도 거의 들지 않는다.

> 1. 성공에 대한 불타는 열망이 뒷받침된 명확한 목표.
>
> 2. 명확한 계획을 꾸준히 밀어붙이는 실행력.
>
> 3. 가족과 친구의 부정적 충고를 포함해 모든 비관적이고 사기를 꺾는 말과 행동에 영향받지 않는 굳건한 정신.
>
> 4. 계획과 목표를 이행하도록 격려하는 협력자.

누구든 성공을 위해서는 이 4단계가 필요하다. 성공의 13가지 원칙의 전체 목표도 이 4단계를 습관으로 만드는 데 있다. 이 4단계를 습관화하면 다음과 같은 결과를 얻을 수 있다.

> • 자신의 경제적 운명을 통제할 수 있다.
>
> • 생각의 자유와 독립을 이룰 수 있다.
>
> • 적든 많든 부를 이룰 수 있다.
>
> • 권력, 명예, 사회적 지위를 얻을 수 있다.
>
> • 행운을 만들 수 있다.
>
> • 꿈을 물리적 실체로 바꿀 수 있다.
>
> • 두려움, 낙담, 무관심을 통제할 수 있다.

4단계를 따르는 사람은 모두가 큰 보상을 받게 된다. 바로 스스로 가격표를 쓰고, 얼마를 썼든 그것을 받을 수 있는 특권이다.

확인할 방법은 없지만 월리스 심프슨의 한 남성을 향한 위대한 사랑은 우연에 의한 것도, 행운에 의한 것만도 아니었다. 불타는 열망이 있었고 매 단계에 깊은 고뇌가 있었다. 그에게 사랑은 다른 모든 것을 우선하는 의무였다.

심프슨은 윈저 공을 만나기 훨씬 전부터 자신이 무엇을 원하는지 알고 있었다. 그것을 찾는 데 두 번이나 실패했지만 굴하지 않고 계속 찾아갔다. "너 자신에게 진실하라. 그러면 밤이 낮을 따르듯 어떤 이에게도 거짓을 행하지 못할 것이다"라는 『햄릿』의 구절을 따르며 말이다.

심프슨은 느리지만 한 단계씩 끈기를 가지고 나아갔고 마침내 세계적으로 유명한 인물이 되었다. 참으로 믿기 힘든 성공이었다. 당신이 누구든, 심프슨과 심프슨을 위해 왕좌를 포기한 왕을 어떻게 생각하든 그는 끈기로 성공을 이룬 놀라운 예이자 전 세계 사람들이 보고 배워야 하는 자기 확신의 지침서가 맞다.

월리스 심프슨을 떠올릴 때는 자신이 무엇을 원하는지 알고 있던 사람, 그것을 얻기 위해 지구상에서 가장 위대한 왕국을 흔들었던 사람으로 기억해야 할 것이다. 당시로서는 젊지 않은 나이에 세계에서 가장 매력적인 남성의 사랑을 쟁취한 이 특별한 여성의 삶을 잘 들여다보기 바란다.

그렇다면 윈저 공은 어떨까? 이 세기의 로맨스의 주인공인 그에게서 어떤 교훈을 얻을 수 있을까? 사랑하는 여성을 선택하기 위해 너무 비싼 대가를 치른 것은 아닐까? 정확한 답은 윈저 공만이 줄 수 있을 것이다. 우리는 그저 추측만 할 뿐이다.

그래도 우리가 아는 분명한 사실 하나는 그가 스스로 동의해서 세상에 태어난 것이 아니라는 점이다. 막대한 부를 안고 태어나게 해달라고 요청한 것도 아니었다. 그는 지속적인 결혼 압박에 놓여 있었다. 유럽 전역의 정치인과 정치가가 미망인과 공주들을 앞에 들이밀었다. 그는 장남으로 태어나서 부모로부터 왕좌를 물려받았을 뿐 왕이 되려 한 적도, 어쩌면 바라지도 않았다. 40여 년 동안 그에게는 자유도 없고 원하는 대로 살 수도 없었으며 사생활도 거의 없었다. 그렇게 왕좌에 올랐을 때, 그에게는 왕의 의무만이 남겨졌다.

어떤 이는 이렇게 말할 수 있다. "그 모든 걸 누리니 에드워드 8세는 마음도 편하고 만족하면서 인생을 즐겼겠네." 그러나 현실은 모든 왕으로서의 특권, 부, 명예, 권력 뒤에 공허함만이 있었고, 그것은 오직 사랑으로만 채울 수 있었다. 윈저 공의 가장 큰 열망은 사랑이었다. 월리스 심프슨을 만나기 오래전부터 그는 이 위대하고 보편적인 감정이 심장의 끈을 세게 끌어당기고, 영혼을 마구 두드리며, 밖으로 표현하라고 말하는 것을 느끼고 있었다. 그래서 그가 영혼의 동지를 만났을 때 상대방도 사랑을 표출할 기회를 원한다는 것을 한눈에 알아챘고, 두려움이나 망설임 없이 마음을 열고 상대방을 받아들였다.

세계에서 가장 강력한 제국의 왕좌를 포기하고 자신이 선택한 여성과 여생을 함께하기로 한 윈저 공의 결단은 분명 용기 있는 일이었다. 그 결단에는 대가가 따랐지만 어느 누가 그 대가가 지나치게 크다고 말할 수 있겠는가.

윈저 공이 사랑을 향한 열망에 빠져 심프슨에 대한 사랑을 공표하고 심프슨을 위해 왕좌를 포기한 것에 흠잡으려는 심술궂은 사람들에게 한마디 하자면, 그는 둘의 관계를 굳이 공표할 필요가 없었다는 것이다. 여러 세기 동안 유럽에서 행해져 왔듯 그는 왕좌나 자신이 선택한 여인을 포기하지 않고도 은밀한 관계를 지속할 수 있었다. 그랬더라면 세간의 비난을 피할 수 있었을 것이다. 하지만 윈저 공은 보기 드물게 엄격한 사람이었다. 그의 사랑은 깨끗했으며 깊고 진실했다. 사랑이 그가 진정으로 열망한 것이었기에 그는 원하는 것을 갖고 대가를 치렀을 뿐이다.

과거에 윈저 공만큼 따뜻하고 정직한 통치자가 더 많았더라면 탐욕, 미움, 욕망, 정치적 묵인, 전쟁 위협으로 들끓는 유럽 대륙이 더 나은 방향으로 나아갔을지 모른다. 스튜어트 오스틴 위어의 말로 윈저 공과 월리스 심프슨에게 축배를 청한다.

> 당신의 조용한 생각이 우리의 가장 감미로운 생각이라는 것을 알게 된 사람은 복이 있습니다. 가장 어두운 심연으로부터 빛나는 사랑의 모습을 볼 수 있고, 보고 노래할 수 있는 사람은 복이 있습니다. 그리고 노래를 부르죠. '당신에 대한 내 생각은 표현된 시보다 훨씬 감미롭다네.'

인생의 가장 큰 보물을 찾아 차지했다는 이유로 어떤 사람들보다 비난과 욕설의 희생자가 된 두 사람에게 이 시로 경의를 표한다. 이제 세상은 끈기를 가지고 가장 위대한 삶의 보상을 찾은 윈저 공과 월리스 심프슨에게 박수갈채를 보낼 것이다. 우리도 인생에서 목표를 추구할 때 두 사람을 본보기로 삼아야 한다.

도대체 끈기가 있는 사람은 어떤 신기한 힘이 있어서 어려움을 극복할 수 있는 걸까? 끈기라는 자질이 사람들 마음속에서 영적, 정신적, 화학적 반응을 일으켜 초자연적 힘을 주는 걸까? 아니면 무한 지성이 패배한 후에도 계속해서 싸우는 사람 편에 서서 엄청난 에너지를 가지고 도와주는 걸까?

믿음을 만들어내는 꾸준한 노력

아무것도 없이 그저 끈기 하나만 가지고 자동차 불모지에 뛰어들어 거대한 산업 제국을 이룩한 헨리 포드와 같은 사람을 보며 내 머릿속에 이런 질문들이 맴돌았다. 정규교육은 거의 받지 못했지만 끈질긴 연구 끝에 전화 송신기, 영사기, 백열등 등 50여 개의 유용한 발명품을 만들어낸 에디슨도 마찬가지다.

나는 아주 오랫동안 포드와 에디슨을 가까이서 연구할 수 있는 행복한 특권을 누렸다. 그래서 그들이 이룬 엄청난 성취의 근간은 다른 자질이 아닌 끈기였다는 점을 자신 있게 말할 수 있다. 과거의 선지자, 철학가, 기적을 행하는 자, 종교 지도자를 연구하다 보면 끈기, 노력을 한 곳에 집중하는 태도, 명확한 목표가 그들의 성공 원인이었다는 결론에 이르지 않을 수 없다.

마호메트의 신비하고 대단히 흥미로운 인생을 오늘날 산업과 금융 시대에 성공한 사람들과 비교하면 특출난 하나의 자질을 공통으로 가지고 있다는 걸 알 수 있다. 바로 끈기다! 끈기의 힘이 어떻게 작용하는지 더 알고 싶다면 마호메트의 전기를 읽어보기 바란다. 특히 에사드 베이가 쓴 책을 추천한다. 《헤럴드 트리뷴》에 실린 토머스 서그루의 서평을 읽으면 문명 세계에 알려진 끈기의 놀라운 힘에 관한 가장 놀라운 실례를 책 전체로 확인하고 싶어질 것이다.

최후의 위대한 선지자
토머스 서그루

마호메트는 선지자지만 기적을 행한 적이 없다. 신비론자도 아니며 정규교육도 받지 못했다. 선지자가 된 것도 마흔이 되어서였다. 그가 신의 사자임을 천명하고 참된 종교의 말씀을 전하기 시작했을 때 사람들은 그를 조롱하고 미치광이 취급했다. 아이들은 그의 발을 걸어 넘어뜨렸고 여인들은 오물을 던졌다. 그는 고향인 메카에서 추방당했고 그를 따르던 사람들은 재산을 빼앗기고 사막으로 쫓겨났다. 10년간 신의 말을 전파했지만 그에게 남겨진 것이라고는 추방과 빈곤과 조롱뿐이었다.

하지만 다시 10년이 지났을 때 그는 메카의 지배자로서 아라비아반도 전체를 다스리게 되었고, 도나우강에서 피레네산맥을 아우르는 지역의 새로운 종교 수장이 되었다. 그렇게 될 수 있었던 원동력은 3가지였다. 말의 힘, 기도 능력, 마지막으로 신에 대한 인간의 유대감이 그것이었다.

그의 경력도 말이 안 되지 않았다. 마호메트는 메카의 쇠락한 호족 가문에서 태어났다. 세계의 교차로이자 마법의 돌 캐바의 고장이자 무역과 무역로의 대도시인 메카는 비위생적이라, 그곳의 아이들은 사막에 보내져 베두인족에게 길러졌다. 마호메트 역시 대리모 밑에서 유목민의 젖을 먹으며 건강하게 자랐다. 그는 양치는 일을 했고, 곧 대상을 이끄는 부유한 미망인 아래서 일하게 되었다. 그리하여 동양 곳곳을 누비며 다양한 종교를 가진 사람들과 이야기를 나누었고 기독교가 종파 싸움으로 몰락하는 모습도 지켜보았다.

그리고 스물여덟 살이 되었을 때 자신을 눈여겨보던 미망인 카디자와 결혼했다. 카디자는 아버지가 결혼을 반대하자 술을 먹여 취하게 만든 뒤 결혼 승낙을 받았다. 이후 12년 동안 마호메트는 똑똑한 상인으로 존경받으며 부유하게 살았다. 그러던 어느 날 사막에서 길을 잃고 헤매게 되었는데, 집에 돌아와서는 코란

의 첫 구절을 대며 대천사 가브리엘이 나타나 자신에게 신의 사
자가 되라고 했다는 말을 털어놓았다.

신의 말씀인 코란은 마호메트의 삶에서 기적과 같은 일이었다.
그는 시인이 아니었기에 글 쓰는 재능 따위는 없었다. 하지만 그
가 신의 계시를 받아 신실함으로 낭송한 코란 구절은 그 어떤 시
인이 표현할 수 있는 말보다 아름다웠다. 아랍인들에게 이것은
기적이었다. 그들에게 말씀의 선물은 가장 위대한 선물이었기
에, 마호메트의 힘은 전능했다. 게다가 코란은 신 앞에 모든 사
람은 평등하며 세상, 즉 이슬람도 그래야 한다고 말하고 있었다.
이는 정치적 이단이었다. 거기에 더해 마호메트는 카바에 있는
360개의 우상을 전부 파괴해야 한다고 주장했고, 결국 다시 추방
당하고 말았다. 이 우상들은 사막의 부족을 메카로 불러오는 역
할을 했는데, 이는 장사와 연결되어 있었다. 그래서 한때 마호메
트도 속해 있던 메카의 자본주의자 사업가들은 마호메트를 공격
했다. 어쩔 수 없이 사막으로 피신한 그는 그곳에서 세상을 통치
하고자 했다.

이윽고 이슬람의 부상이 시작되었다. 사막 밖으로 꺼지지 않는
불꽃이 일어났다. 그것은 죽음도 불사한 평등을 부르짖는 투쟁
의 불꽃이었다. 마호메트는 유대교인과 기독교인들에게 동참하
기를 호소했다. 그는 새로운 종교를 만들려는 것이 아니었다. 그
는 하나의 신을 믿는 모든 이에게 하나의 믿음으로 규합하기를
간청했다. 유대교인과 기독교인들이 그의 제안을 받아들였더라
면 아마 이슬람은 세계를 정복했을 것이다. 그러나 그들은 그러
지 않았으며 인도주의적 전쟁을 주장하던 마호메트의 혁신적 제
안마저 거절했다. 마호메트의 군대가 예루살렘으로 진격해 들어

갔을 때 그의 신념 덕분에 단 한 명의 사망자도 나오지 않았지만, 수 세기 후 십자군이 그 도시에 들어갔을 때는 남녀노소 할 것 없이 모든 이슬람교도의 씨를 말렸다. 그러나 기독교인이 이슬람교도의 아이디어를 하나 받아들인 것이 있는데, 바로 배움의 장소인 대학이다.

"조화의 정신으로 조직화되고
연결된 집단 두뇌는
한 사람의 두뇌보다
더 큰 사고 에너지를 낼 수밖에 없다."

부를 향한 아홉 번째 원칙

추진력

조력 집단의 힘

힘은 부를 일구는 데 꼭 필요하다. 계획은 그것을 실행으로 옮기기 위한 힘이 충분하지 않으면 아무 쓸모가 없다. 이번 장에서는 힘을 얻고 적용하는 방법에 관해 알아볼 것이다.

힘은 '체계적으로 구축해 지적으로 관리된 지식'이라 정의할 수 있다. 여기에 사용된 힘이라는 용어는 열망을 물리적 실체로 전환하는 체계적인 노력을 의미한다. 그리고 이 체계적인 노력은 명확한 목표를 향해 두 사람 이상이 조화롭게 일해나갈 때 생겨난다. 힘은 부의 축적을 위해 필요하며 축적된 부를 유지하기 위해서도 필요하다.

그렇다면 힘은 어떻게 얻을 수 있을까? 힘이 체계화된 지식이라면 지식의 근원이 무엇인지 살펴보자.

1. 무한 지성

이 지식의 원천은 다른 장에서 설명한 바와 같이 창조적 상상력의 도움을 통해 다가갈 수 있다.

2. 축적된 경험

인간의 축적된 경험(또는 그것이 정리되거나 기록된 문서)은 공공 도서관에 잘 정리되어 있다. 축적된 경험에서도 중요한 부분은 학교나 대학에서 체계적으로 분류하여 가르치고 있다.

3. 실험과 연구

과학 분야를 비롯해 다른 모든 분야에서 인간은 매일 새로운 사실을 모으고 분류하며 체계적으로 정리한다. 축적된 경험으로 얻을 수 없는 지식은 여기서 얻을 수 있다. 이때도 창조적 상상력이 사용된다.

지식은 세 항목 어디서든 얻을 수 있다. 그렇게 얻은 지식은 체계적으로 구축해 구체적인 계획을 세우고 행동으로 옮겨 힘으로 전환할 수 있다. 그러나 지식을 얻는 방식을 살펴보면 혼자만의 노력으로는 지식을 모으고 명확한 행동 계획을 세우는 일이 어렵다는 것을 알 수 있다. 계획이 크고 복잡할수록 다른 사람의 협력을 구해야 계획에 필요한 힘을 불어넣을 수 있다.

조력 집단을 통한 힘 구하기

조력 집단은 다음과 같이 규정할 수 있다. '두 사람 이상이 명확한 목적을 달성하기 위해 조화롭게 협력하여 지식과 노력을 조정하는 것.' 조력 집단의 도움 없이는 누구도 강력한 힘을 소유할 수 없다. 앞선 장에서는 열망을 물리적 실체로 전환하기 위해 계획을 세우는 방법을 설명했다. 끈기와 지능을 바탕으로 이 지침을 실행에 옮길 때 조력 집단의 구성원을 고르는 안목까지 더해진다면 이 목표의 절반은 달성한 셈이다.

신중히 구성한 조력 집단으로 이용할 수 있는 무형의 잠재력을 더 잘 이해하기 위해 조력 집단의 두 가지 특징에 관해 알아보자. 간단하게 경제적인 면과 정신적인 면으로 나눌 수 있다. 특징은 명백한데, 당신 곁에서 완벽한 조화의 정신을 바탕으로 진심 어린 조언, 상담, 협력을 제공하는 사람이 있다면 경제적 이득은 자연스럽게 생긴다. 이런 협력은 막대한 부의 근간이 된다. 이 엄청난 진실을 이해하고 있느냐에 따라 당신 부의 지위가 결정될 수 있다.

조력 집단의 정신적 측면은 훨씬 더 추상적이고 이해하기도 어렵다. 인류의 이해를 넘어서는 영적 힘과 관련이 있기 때문이다. 다음 문장이 이해에 도움이 될지도 모르겠다. "두 사람의 마음이 합쳐지면 눈에 보이지 않는 제3의 힘이 만들어지고 이것은 세 번째 정신으로 연결된다."

우주에는 에너지와 물질이라는 두 가지 요소만이 존재한다고 알려져 있다. 물질은 분자와 원자와 전자로 쪼개질 수 있다. 물질의 단위는 고립되고 나누어지며 분석될 수 있다. 마찬가지로 에너지에도 단위가 있다. 인간의 정신은 에너지의 형태로서 그 일부는 완전히 영적인 존재다. 두 사람의 마음이 조화를 이룰 때, 각각의 에너지에서 영적 부분이 친밀감을 만들며 이것이 조력 집단의 정신적인 면을 구성하게 된다.

조력 집단의 원칙 중 경제적인 면에 집중하게 된 것은 25년 전 앤드루 카네기를 만나고서부터다. 이 원칙을 발견하면서 나는 내 일생의 과업을 선택하게 되었다. 카네기의 조력 집단은 50명 정도로, 그들은 철강 제조와 마케팅이라는 명확한 목표를 가지고 있었다. 카네기는 그가 이룬 부의 공을 이 조력 집단에서 나온 힘에 돌렸다.

막대하든 그렇지 않든 우리 주위에 부를 이룬 사람들을 살펴보면 의식적이든 무의식적이든 조력 집단의 원칙을 적용했다는 사실을 알 수 있다. 막강한 힘을 얻는 데 다른 원칙은 없다!

에너지는 대자연이 가지고 있는 보편적 재료로, 사람을 비롯해 동식물과 같이 우주에 존재하는 모든 물질적 존재를 이 에너지로 만든다. 오직 대자연만이 이해하고 있는 과정을 통해 에너지가 물질로 전환된다. 인간은 생각과 관련된 에너지를 대자연의 재료로 이용할 수 있다.

인간의 두뇌는 전기 배터리와 비교할 수 있다. 물질의 모든 원자에 스며 있는 대기에서 에너지를 흡수해 우주 전체를 채운다. 하나보다 여러 개의 배터리를 합칠 때 더 많은 에너지를 내는 것은 당연한 일이다. 각각의 배터리는 그 안에 든 셀의 수와 용량에 따라 에너지를 방출한다.

인간의 두뇌도 비슷한 방식으로 기능하기에 어떤 두뇌가 다른 두뇌보다 뛰어난 것이다. 여러 배터리가 하나의 배터리보다 많은 에너지를 내듯, 조화의 정신으로 조직화되고 연결된 집단 두뇌는 한 사람의 두뇌보다 더 큰 사고 에너지를 낼 수밖에 없다.

이 비유를 통해 곁에 똑똑한 사람들을 두는 사람이 휘두르는 힘의 비밀을 알게 되었으리라. 바로 조력 집단이다. 다음 설명을 들으면 조력 집단 원칙의 정신적 측면에 대한 이해가 쉬울 것이다. 여러 사람이 협력하여 머리를 모으고 활용하면 그 연합에서 발생하는 에너지는 조력 집단 구성원들 모두가 이용할 수 있다.

헨리 포드는 가난하고 교육도 제대로 받지 못했으며 무지하다는 단점을 안고 사업을 시작했다. 그런 그가 10년이라는 아주 짧은 기간 내에 모든 약점을 극복하고 25년 후에는 미국에서 가장 부유한 사람 중 하나가 되었다. 포드가 토머스 에디슨과 친구가 되고 나서부터 성장세가 두드러졌다는 사실로 미루어볼 때, 한 사람의 영향이 또 다른 성취 요인이 되었다는 사실을 알 수 있다. 또 포드가 가장 괄목할 만한 성장을 이룬 시기는 하비 파이어스톤, 존 버로스, 루서 버뱅크와 친분을 쌓은 때였다. 이들은 모두 뛰어난 지략을 가진 사람이다. 이런 점을 볼 때 힘은 우호적인 동맹에서 발생한다는 것을 깨닫게 된다.

헨리 포드가 기업과 산업 분야에서 가장 박식한 사람 중 하나였다는 사실은 의심할 여지가 없다. 그가 쌓은 부도 마찬가지다. 위에 언급한 인물들을 포함해 포드와 친한 친구들을 분석해보면 다음 문장이 무얼 의미하는지 이해하게 될 것이다. "사람은 공감하고 조화롭게 지내는 사람들의 성격, 습관, 사고의 힘에 영향을 받는다."

헨리 포드는 위대한 정신을 지닌 사람들과 동맹을 맺음으로써 그들의 사고방식을 자기 것으로 흡수하여 가난과 무지를 극복했다. 에디슨, 버뱅크, 버로스, 파이어스톤과의 친분을 이용해 이들의 지능, 경험, 지식, 정신력의 핵심을 받아들여 자신의 지력을 키운 것이다. 또한 이 책에서 설명한 방식대로 조력 집단을 활용했다. 당신도 이 원칙을 사용할 수 있다.

우리는 이미 마하트마 간디를 언급했다. 간디는 자국 인도의 독립을 위해 영국에 대항한 지도자로 비폭력 저항운동을 펼쳤다. 그의 행보를 두고 괴짜 같다고 평하는 이들도 있다. 그러나 간디는 괴짜가 아니다. 추종자와 그를 리더로 믿는 사람들의 수로 보았을 때 현존하는 가장 강력한 영향력을 지닌 인물이라 할 만하다. 어쩌면 역사상 가장 강력한 인물일지도 모른다. 그의 힘은 간접적이지만 실재한다.

그가 어마어마한 힘을 어떻게 얻을 수 있었는지 살펴보자. 어쩌면 몇 마디로 설명할 수 있을 것이다. 그는 하나의 명확한 목표를 향해 2억 명의 마음과 힘을 합해 조화롭게 통합하도록 이끌어 힘을 얻었다. 간디는 기적을 이루었다. 오랜 시간에 걸쳐 2억 명을 어떤 강압도 없이 조화롭게 협력하게 한다는 것 자체가 기적이다. 사업을 하는 사람이라면 조직원이 힘을 합해 조화롭게 일하는 것이 얼마나 힘든 일인지 알 것이다.

앞서 살펴보았듯 힘을 획득하는 가장 큰 원천은 무한 지성이다. 두 사람 이상이 조화롭게 협력하여 명확한 목표를 향해 일하면 이 동맹은 무한 지성이라는 거대한 우주의 창고에서 직접 힘을 흡수할 수 있다. 이것이 힘의 가장 큰 원천이다. 천재들이 의지하는 원천이며 모든 위대한 리더들이 기대는 원천이다. 이 사실을 알든 모르든 말이다. 힘의 축적을 위해 필요한 지식을 얻는 다른 두 개의 원천은 인간의 오감처럼 신뢰하기 힘들다. 감각은 항상 믿을 수 있는 것이 아니기 때문이다. 반면 무한 지성은 실수를 범하지 않는다. 다음 장에서는 무한 지성에 쉽게 접속하는 방법을 다룰 것이다.

이 책은 종교서가 아니다. 따라서 책에 설명된 모든 기본 원칙은 직접이든 간접이든 누군가의 종교를 바꾸려는 의도로 해석하면 안 된다. 이 책은 부에 대한 목표를 명확하게 설정하고 물질적 실체로 전환하는 방법을 독자에게 알려주는 것만을 목적으로 한다. 읽고 생각하고 묵상에 잠겨보라. 곧 이 책의 주제 전체가 펼쳐지면서 전체적인 시야로 보게 될 것이다. 지금은 각 장의 내용을 보고 있다.

돈이란 늘 사람들 곁에 있지만 가까이 다가가면 숨거나 피해버리는 습성을 가지고 있다. 누군가와 사랑에 빠지는 과정을 생각해보라. 서로에 대해 탐색하고 알아가고 감정이 커져 곁에 있고 싶어지는 그런 일련의 과정은 돈에 다가가는 과정과 다르지 않다. 중요한 것은 부에 대한 생각을 가지는 것이다. 그 힘은 믿음과 합쳐질 때 성공을 발휘할 수 있다. 열망도 함께 더해져야 한다. 끈기도 마찬가지다. 그리고 계획을 통해 실행으로 옮겨져야 한다.

물살이 위에서 아래로 흐르듯 큰돈이 밀려올 때는 그것을 축적한 사람을 따라 흐른다. 강같이 돈에도 보이지 않는 거대한 힘의 흐름이 존재한다. 다만 한 방향은 모든 이를 부의 방향으로만 데리고 올라가는 데 반해, 반대 방향은 자력으로 빠져나갈 수 없는 불운의 물살에 빠진 이들을 가난과 비참함이 있는 곳으로 실어 보낸다.

막대한 부를 쌓은 이들은 인생에 이런 흐름이 존재한다는 사실을 알고 있다. 이는 생각의 흐름이다. 사고의 긍정적 정서를 가진 사람은 부의 흐름을 타게 된다. 반대로 부정적 정서를 가진 사람은 가난의 흐름에 휩쓸린다. 부를 얻기 위해 이 책을 읽고 있는 사람이라면 생각이 얼마나 중요한지 알 수 있을 것이다.

만약 당신이 가난으로 가는 흐름에 있다면, 책에서 알려주는 원칙을 노로 사용해 강 반대편으로 넘어갈 수 있다. 그러나 원칙은 적용하고 사용할 때만 당신을 반대 물살로 데려갈 것이다. 단순히 읽고 이렇다 저렇다 평가하는 것은 결코 도움이 되지 않는다.

긍정적 흐름과 부정적 흐름 사이를 왔다 갔다 하며 양쪽을 모두 경험하는 사람도 있다. 1929년에 월스트리트 주식시장 붕괴로 수백만 명이 긍정적 흐름에서 부정적 흐름으로 휩쓸렸다. 두려움

10장 추진력

과 절망 속에서 수많은 사람이 긍정적 물살로 돌아가기 위해 고군분투했다. 이 책은 특별히 그런 이들을 위해 쓰였다.

빈곤과 풍요는 종종 자리를 바꾼다. 주식시장의 붕괴는 이 진실을 세계에 알렸지만 이 교훈을 오래 기억하지는 않을 것이다. 빈곤은 자발적으로 풍요의 자리를 차지한다. 하지만 풍요가 빈곤의 자리를 차지하려면 계획을 잘 세워 신중하게 실행해야 한다. 빈곤을 위해서는 계획이 필요 없다. 다른 이의 도움도 필요 없다. 과감하고 무자비하기 때문이다. 그러나 풍요는 수줍고 소심하다. 그들은 마음을 빼앗아야만 한다.

누구나 부를 바란다. 그러나 부를 향한 불타는 열망을 뒷받침하는 명확한 계획만이 부를 축적하는 신뢰의 수단이라는 것을 아는 사람은 극히 소수에 불과하다.

"사랑이 인생에서 가장 위대한
경험이라는 것은 의심할 여지가 없다."

11장

성 에너지

열정과 창의력의 근간

'전환'이란 간단히 말해 '하나의 요소가 에너지 형태나 다른 형태로 변하거나 옮겨가는 것'이다. 성적 감정은 하나의 정신 상태로 이동한다. 성에 대한 지식이 부족한 사람은 이 정신 상태를 보통 육체와 연결 짓는다. 성에 대한 지식을 얻는 과정에서 그것을 단지 육체적인 것으로만 인식하기 때문이다. 성적 감정에는 다음과 같은 건설적인 잠재력이 숨어 있다.

1. 인류의 영속화

2. 건강 유지

3. 전환을 통한 평범함에서 천재성으로의 변화

성 에너지의 전환은 간단하고 쉽게 설명된다. 육체적 표출에서 다른 속성으로 사고 전환을 하는 것이다.

성은 인간의 가장 강력한 욕구다. 성적 열망에 사로잡힌 사람은 평소에는 없던 상상력, 용기, 의지력, 끈기, 창조적 능력이 발현

되기도 한다. 그러나 이것이 너무 강렬하게 밀려올 때는 목숨과 명예를 쉽게 내놓기도 한다. 이렇게 강력한 자극원의 다른 배출구를 찾아 방향을 바꿔준다면 상상력과 용기를 고취해 문학이나 예술 등 여러 직업을 비롯해 부를 축적하는 일에도 창조력을 발휘할 수 있다.

성 에너지를 전환하려면 의지력을 발휘해야 그만한 노력의 대가를 얻을 수 있다. 성적 열망의 표출은 선천적이고 자연스러운 현상이다. 그러므로 이 욕구를 억압하거나 없애려 해서는 안 되며 그렇게 할 수도 없다. 그러나 성적 욕구에 육체, 정신, 영혼을 질적으로 향상시킬 수 있는 배출구를 마련해주어야 한다. 배출구가 없다면 육체적으로만 표출되기 쉽다.

강에 댐을 지어 물을 잠시 가두어둘 수는 있어도 갇힌 물은 언젠가 터져 나오는 법이다. 성적 감정도 똑같다. 잠깐 억누르고 조절할 수는 있지만 본성에 의해 표출 방법을 찾을 수밖에 없다. 이때 창조적 노력으로 전환되지 않는다면 결국은 덜 가치 있는 배출구를 찾고 말 것이다.

과학적 접근을 통해 우리는 다음 두 가지 사실을 알 수 있었다.

> **1.** 위대한 성취를 이룬 사람은 성적 본능을 고도로 계발하여 성적 에너지를 전환하는 방법을 깨달은 자다.
> **2.** 막대한 부를 쌓고 문학, 예술, 산업, 건축, 기타 전문 분야에서 뛰어남을 인정받은 남성은 여성의 영향으로 동기부여 받은 사람이다.

이 놀라운 발견은 2000년 전으로 거슬러 올라가 전기와 역사를 살펴 나온 결과다. 위대한 성취를 이룬 사람들의 삶 곳곳에서 그들이 성적 본능을 고도로 계발했다는 확신이 보였다.

감정에 좌우되지 않는 육체는 존재할 수 없듯이 성적 감정은 저항할 수 없는 힘이다. 이 감정에 휩싸이면 인간에게는 엄청난 실행력이 생긴다. 이 말의 진실을 이해하면 성 에너지의 전환을 통해 천재성을 띠게 된다는 말의 의미도 이해할 것이다.

성적 감정에는 창조력의 비밀이 숨겨져 있다. 인간을 비롯한 생물체는 생식선을 파괴하면 행동을 이끄는 주요 원천을 제거한 것이나 다름없이 변한다. 거세한 동물을 관찰해보라. 황소도 거세를 당하면 젖소처럼 유순해진다. 사람이나 동물이나 성전환은 남성 또는 수컷이 가진 내면의 투쟁 본능을 앗아가버린다. 이는 여성도 마찬가지다.

10가지 정신 자극

인간의 정신은 자극에 반응하며 자극을 통해 열정, 창조적 상상력, 강한 열망 등으로 알려진 특성을 북돋운다. 정신은 다음 자극에 가장 잘 반응한다.

> **1.** 성적 표현의 욕구
>
> **2.** 사랑
>
> **3.** 명예, 권력, 돈을 향한 불타는 열망
>
> **4.** 음악
>
> **5.** 동성 또는 이성 간의 우정
>
> **6.** 두 명 이상이 조화를 이루어 영적 또는 현실적 발전을 도모하는 조력 집단
>
> **7.** 박해받는 사람들이 겪는 것과 같은 공동의 고통

8. 자기암시

9. 두려움

10. 술과 마약

성적 표현 욕구는 가장 높은 자극으로, 정신적 기운을 가장 효과적으로 끌어올리고 신체 활동의 바퀴가 구르게 만든다. 위에 열거한 자극 중 여덟 개는 자연스럽고 건설적이다. 그러나 나머지 두 개는 파괴적인 자극이다. 그것을 목록에 올린 이유는 정신 자극의 주요 원천과 비교하기 위해서다. 비교해보면 성적 감정이 모든 자극 중에서 가장 강렬하고 강력하다는 걸 알게 될 것이다.

이 비교 결과는 성적 에너지를 전환하면 천재성을 띠게 된다는 설명에 증거로도 쓰일 수 있다. 그렇다면 여기서 말하는 천재란 어떤 사람일까? 대개 '평범한 사람의 사고 주파수로는 접근할 수 없는 지식의 원천과 자유롭게 소통할 수 있을 정도로 사고의 주파수가 높은 사람'을 말한다.

물론 이 천재의 정의에 관해 묻고 싶을 것이다. 우선 "평범한 사람의 사고 주파수로는 이용할 수 없는 지식의 원천과 천재는 어떻게 소통할 수 있는가?" 다음 질문은 이것이 될 것이다. "천재만 접근할 수 있는 지식의 원천이 있는가? 만약 그렇다면 그 원천은 무엇이며 천재는 어떻게 거기에 도달할 수 있는가?"

이제부터 책에서 이야기한 내용의 타당성에 대한 증거를 제시할 것이다. 적어도 실험을 통해 당신만의 증거를 찾을 수 있도록 할 것이다. 그 과정에서 위 두 가지 질문에 대한 답도 함께 찾을 수 있을 것이다.

천재성은 육감을 통해 계발된다

'육감sixth sence'의 존재는 누구나 인정한다. 이 육감이 바로 창조적 상상력이다. 그런데 대다수의 사람이 이 창조적 상상력이란 능력을 평생 사용하지 못한다. 사용한다 해도 대개 우연히 발현되는 경우가 많다. 비교적 소수의 사람만이 특정한 목적을 품고 창조적 상상력을 사용한다. 이 능력을 자유로이 사용하고 그 기능을 이해하는 사람을 천재라고 부르는 것이다.

창조적 상상력은 인간의 유한한 정신과 무한 지성 사이를 직접 연결해준다. 종교에서 말하는 소위 계시와 발명의 기본, 새로운 이론의 발견이 창조적 상상력을 통해 일어난다. 아이디어나 개념이 흔히 말하는 예감처럼 머리에 번뜩이며 떠오르는 건 다음 원천에서 나온 것이다.

> **1.** 무한 지성.
>
> **2.** 자신의 잠재의식. 오감을 통해 두뇌에 도달하는 모든 감각의 인상과 충동적 사고가 이곳에 저장되어 있다.
>
> **3.** 의식적 사고를 통해 생각 및 아이디어와 개념의 이미지를 표출하는 다른 사람의 정신.
>
> **4.** 다른 사람의 잠재의식 창고.

사람은 오로지 위의 4가지 범위 내서만 아이디어의 영감을 받거나 예감을 느낀다. 창조적 상상력이 가장 활발하게 기능할 때는 정신이 어떤 자극 때문에 매우 빠르게 진동할 때다. 말하자면 정신이 일반적이고 평범한 사고보다 빠른 속도로 기능하고 있어야 한다는 것이다.

두뇌는 10가지 정신 자극 중 하나 이상에 자극을 받으면 평범한 사고 너머의 경지에 올라서고, 이로 인해 상상력이 확장되면서 회사나 직업적 문제를 해결할 때 사용하는 저차원적 사고를 뛰어넘어 고차원적 사고를 하게 된다.

정신 자극을 통해 사고가 고차원에 도달하는 것은 비행기를 타고 하늘 위로 올라가는 것과 같다. 비행기를 타면 지상에서는 보이지 않던 지평선 너머까지 볼 수 있다. 그렇듯이 고차원 사고에 도달하면 일상에서 골몰하던 의식주 같은 기본 문제에서 벗어나 다른 자극에 사고가 방해받거나 구속받지 않는다. 비행기에 있으면 언덕과 산맥같이 시야를 가로막던 것이 사라지듯 평범하고 보통의 사고들이 사라지는 세계에 있게 되는 것이다.

이렇듯 사고가 높은 수준에 도달해 있는 동안에는 창조적 능력이 자유롭게 활동한다. 육감이 활동할 수 있는 길이 열리면서 다른 상황에서라면 받아들일 수 없는 아이디어를 포용하게 되는 것이다. 천재와 평범한 사람을 구분하는 선이 바로 육감이라는 능력이다. 창조적 능력은 더 많이 사용하고, 의존하고, 창의력으로 사고 자극을 끌어내려 노력할수록 잠재의식의 범위 밖에서 나오는 진동에 더 기민하게 반응하고 수용적으로 변한다. 이 능력은 사용할수록 커지고 더 다양하게 계발된다.

의식이라고 알려진 것은 전적으로 육감을 통해 작동한다. 위대한 예술가, 작가, 음악가, 시인이 위대할 수 있었던 것은 그들이 창조적 상상력을 통해 내면에서 들려오는 아주 작은 목소리를 따랐기 때문이다. 상상력이 풍부한 사람은 최고의 아이디어가 이른바 예감에서 나온다는 것을 알고 있다.

한 유명한 연설가는 두 눈을 감고 오롯이 창조적 상상력에 의존할 때 탁월한 연설이 나온다고 한다. 연설의 절정 직전에 눈을 감는 이유를 물었을 때 그는 이렇게 대답했다. "그렇게 해야 내면에서 떠오르는 아이디어를 말할 수 있기 때문입니다." 미국에서 가장 성공한 한 금융가도 결정을 내리기 전에 2~3분 눈을 감는 습관이 있다고 한다. 그 이유에 대해 그는 이렇게 답변했다. "눈을 감으면 뛰어난 지능의 원천을 활용할 수 있기 때문입니다."

미국의 과학자이자 발명가 엘머 R. 게이츠 박사는 창조적 능력을 계발하고 사용하는 과정에서 200개가 넘는 특허권을 보유했다. 천재성을 얻는 데 관심이 있는 사람이라면 그가 사용한 방법이 무척 흥미로울 것이다. 게이츠 박사는 세상에 잘 알려지지 않은 과학자지만 진정한 천재였다.

그의 실험실에는 '개인적인 소통의 방'이라 불리는 방이 있었다. 방에는 방음장치가 되어 있고 빛은 전부 차단되어 있었다. 그리고 노트가 올려진 작은 탁자 하나가 놓여 있고 탁자 앞 벽에 조명 스위치가 있었다. 게이츠 박사는 창조적 상상력의 힘을 끌어내고 싶을 때 방에 들어가 탁자에 앉아 조명을 껐다. 그리고 자신이 작업 중인 발명품의 알려진 인자에 집중하며, 알려지지 않은 인자와 관련해 아이디어가 번쩍 떠오를 때까지 그 자세를 유지했다.

한번은 아이디어가 굉장히 빨리 떠올라 거의 세 시간을 적어 내려 갔다. 생각이 멈추고 필기한 내용을 살펴보았을 때, 거기에는 과학계에 아직 알려지지 않은 원리가 아주 상세히 적혀 있었다고 한다. 게다가 그가 품고 있던 문제에 대한 해답이 노트에 논리 정연하게 정리되어 있었다. 이 방식으로 게이츠 박사는 200개 이상의 특허를 완성했다. 별난 머리에서 시작된 일이지만 결과는 매우 놀라웠다. 이 이야기의 진실은 미국 특허청에서 확인할 수 있다. 게이츠 박사는 개인이나 기업을 위해 앉아서 아이디어를 내는 일로 돈을 벌었다. 미국 대기업들은 그에게 시간당 어마어마한 수수료를 내야 했다.

추론 능력은 자주 오류를 범한다. 보통 개인의 축적된 경험으로 좌우되기 때문이다. 경험으로 축적된 지식이 모두 정확한 것은 아니다. 오히려 창조적 능력으로 나온 아이디어가 훨씬 믿을 만하다. 이는 추론 능력보다 훨씬 신뢰할 수 있는 지성의 원천에서 나오는 능력이기 때문이다.

천재와 평범한 괴짜 발명가의 가장 큰 차이점은 천재가 창조적 상상력을 발휘해 일한다면, 괴짜는 이 능력을 전혀 모른다는 데 있다. 에디슨이나 게이츠 박사 같은 과학 발명가들은 합성적 상상력과 창조적 상상력을 모두 사용했다.

과학 발명가나 천재는 발명할 때 알려진 아이디어나 경험으로 알게 된 원리를 합성적 능력(추론 능력)을 사용해 체계적으로 결합한다. 발명 작업에 축적된 지식이 부족하다는 생각이 들면 창조적 능력으로 얻을 수 있는 지식을 끌어온다. 이 방법은 각자 다르지만 그 과정을 정리하자면 다음과 같다.

1. 발명가는 정신을 자극하여 사고를 고차원으로 올린다. 이때 하나 이상의 정신 자극이나 자신이 택한 다른 자극을 사용한다.
2. 발명가는 자신이 작업 중인 발명에서 알려진 요인에 집중하며 이를 완벽한 이미지로 마음속에 그린다. 잠재의식이 이미지로 꽉 찰 때까지 매달리며, 마음에서 모든 생각을 비우고 편안하게 해답이 떠오를 때까지 기다린다.

이 과정을 거치면 결과가 분명하고 빨리 나오기도 한다. 물론 육감이나 창의력 상태에 따라 원하는 결과에 이르지 못할 때도 있다. 에디슨은 합성적 능력을 사용해 1만 번 동안 다양한 시도를 해본 끝에 결국 창의력을 사용해서 전구를 발명할 완벽한 해답을 얻었다. 축음기를 발명한 과정도 비슷했다.

창조적 상상력이 실재한다는 믿을 만한 증거는 무수히 많다. 교육을 많이 받지 않고도 각 분야에서 리더가 된 사람들을 자세히 분석해보면 증거를 찾을 수 있다. 대표적 인물로 링컨은 창조적 상상력을 발견하고 사용해 위대한 업적을 이룬 훌륭한 리더 중 한 명이다. 그는 앤 러틀리지를 만난 후 사랑에 자극을 받아 창조적 상상력을 발견하고 사용하기 시작했다. 이 일화는 천재성의 원천을 연구하는 데 있어 매우 중요하다.

역사의 페이지는 성적 열망이 창의력을 불러일으켜 성취를 이룬 위대한 리더들의 기록으로 가득하다. 나폴레옹 보나파르트도 그런 리더 중 하나였다. 첫 번째 부인 조세핀을 향한 성적 열망에 사로잡혔을 때 그는 무적과 같았다. 그러나 더 나은 판단 또는 추론 능력에 기대어 조세핀을 멀리하면서 그는 몰락하기 시작했고, 결국 전쟁에 패해 세인트헬레나섬에 유배되고 말았다.

아내의 영향으로 정상에 올라 돈과 권력을 맛본 후 아내를 저버리고 새로운 여성에게 빠졌다가 파멸에 이른 비슷한 사례는 쉽게 찾아볼 수 있다. 그저 추론적 능력으로 만들어질 수 있는 어떤 성공 방법보다도 올바른 원천에서 얻은 성적 영향력이 강력하다는 사실을 발견한 사람은 나폴레옹만이 아니었다.

인간의 정신은 자극에 반응한다! 이 자극 중 가장 크고 강력한 것이 성적 욕구다. 성적 욕구를 활용해 얻은 추진력은 인간을

11장 성 에너지

고차원으로 끌어올려 저차원 세계에 놓인 걱정과 골칫거리를 통제할 수 있게 해준다.

하지만 안타깝게도 천재만이 이 사실을 깨닫는다. 평범한 사람들은 성적 욕구가 가져올 수 있는 큰 잠재력을 발견하지 못한 채 그냥 담고 살아간다. 이런 이유로 천재는 적고 평범한 사람은 넘치는 것이다. 기억을 환기하기 위해 탁월한 업적을 이룬 몇몇 위인의 이름을 기록했다. 이들은 모두 성적 욕망이 매우 높았다는 공통점이 있다.

조지 워싱턴

나폴레옹 보나파르트

윌리엄 셰익스피어

에이브러햄 링컨

랠프 월도 에머슨

로버트 번스

토머스 제퍼슨

엘버트 허버드

엘버트 H. 그레이

오스카 와일드

우드로 윌슨

존 H. 패터슨

앤드루 잭슨

엔리코 카루소

이 밖에 당신이 알고 있는 다른 위인들도 있을 것이다. 문명의 역사를 통틀어 어느 분야에서 뛰어난 성공을 거두었지만 성적 욕망을 따르지 않은 인물은 찾기 힘들다. 과거 인물에서 생각하기 싫다면 당신이 알고 있는 위대한 업적을 이룬 인물들의 목록을 작성하고 그중 성적 욕망이 높지 않은 사람이 있는지 살펴보라. 성적 에너지는 모든 천재의 창조적 에너지다. 성애를 통한 추진력이 없었던 위대한 리더, 건축가, 예술가는 과거에도 없었고 미래에도 없을 것이다.

　내 설명을 성적 욕구가 높은 사람은 전부 천재라는 의미로 잘못 받아들일 사람은 없을 것이라 믿는다. 창조적 상상력을 사용해 스스로 사고를 자극할 때만 천재라 불릴 수 있다. 이런 사고의 주파수를 증가시키는 주된 자극이 성 에너지인 것이다. 그러니 단순히 성 에너지를 지녔다고 해서 천재성이 나타나는 것은 아니다. 반드시 성 에너지를 육체적 탐닉에서 다른 형태의 열망과 행동으로 전환해야만 한다. 천재에서 멀어지는 이유는 강한 성적 열망을 잘못 이해하고 잘못 사용해 스스로 타락의 길로 가기 때문이다.

젊을 때 성공하기 힘든 이유

　2만 5000명을 분석했을 때 발견한 흥미로운 사실은 성공을 이룬 뛰어난 이들은 대체로 40세 이전에 두각을 나타내지 않다가 50세가 넘어서부터 성공 가도를 달리기 시작했다는 점이다. 나는 이 사실에 적잖이 놀라 그 후 12년이 넘는 시간 동안 원인을 조사해보았다.

　그들이 40~50세 이전에 성공에 이르지 못하는 주된 이유는 성 에너지를 육체적 탐닉으로 낭비하는 경향이 있기 때문이었다. 대다수의 사람이 이 성적 욕구에 단순히 육체적 접촉을 초월하는 더 중요한 가능성이 내포되어 있다는 것을 전혀 모른다. 성 에너지가 최절정이던 젊은 시절을 허투루 보내고 나서야 이 사실을 깨닫게 된다. 그러나 깨달음을 얻고 나면 괄목할 만한 성취를 이룰 수 있게 된다.

많은 사람이 가끔은 다른 방향으로 전환되었으면 훨씬 이익이 되었을 에너지를 40세가 훌쩍 지나서도 낭비하고는 한다. 더 섬세하고 강력해질 수 있는 감정들이 사방으로 흩뿌려지고 마는 것이다. 남성의 이런 습관에서 '난봉꾼' 같은 말이 생겨난 것이다.

성적 욕구는 인간의 감정 중에서 가장 강력하고 충동적이라, 이 욕구가 육체적 탐닉이 아닌 다른 행동으로 전환된다면 천재성이 발현될 수 있다.

술과 마약 같은 인위적인 자극제로 천재성을 끌어올린 역사 속 사례도 적지 않다. 에드거 앨런 포는 술에 취한 상태에서 "이제껏 인간이 감히 꿈꾸지 못했던 것을 꿈꾸며" 『갈까마귀』를 집필했다. 제임스 휘트컴 라일리는 술에 의지해 최고의 글을 썼다. 아마도 그는 그때 "현실과 꿈, 강 위의 방앗간, 시냇물 위의 안개가 질서 있게 섞인 모습"을 보았을 것이다. 로버트 번스 역시 몹시 취한 채로 "그 먼 옛날을 위하여, 친구여, 우정의 술잔을 들자, 당장, 그먼 옛날을 위하여"라는 최고의 글을 써냈다.

그러나 명심할 사실은 이런 사람 중 많은 이가 마지막에는 망가지고 말았다는 것이다. 대자연은 인간이 안전하게 사고를 자극할 수 있는 묘약을 준비해놓았다. 이 묘약은 어디서 오는지 알 수 없는 섬세하고 비범한 사고에 주파수를 맞출 수 있도록 해준다. 이 천연 자극제를 대체할 만족스러운 자극제는 아직 발견되지 않았다.

심리학자들은 성적 욕망과 영적 욕구 사이에 밀접한 관계가 있다고 말한다. 사람들이 원시 종교에서 흔히 보이는 종교적 부흥회라고 알려진 시끌벅적한 행사에 참여하는 이유도 바로 이 때문이다.

세상과 문명의 운명은 인간의 감정이 건설한다. 사람들은 이성이 아닌 느낌으로 행동에 영향을 받기 때문이다. 창의력은 차가운 이성이 아니라 전적으로 감정에 의해 작동한다. 그리고 인간의 감정 중 가장 강력한 것이 바로 성애다. 앞서 목록에 나온 다른 자극들도 있지만 그 어떤 것도, 그것들을 다 합친 것보다도 성애의 원동력은 따라올 수 없다.

사고 자극이란 일시적이든 영구적이든 사고 주파수를 증대하는 영향력을 말한다. 앞서 말한 열 개의 주된 정신 자극은 사람들이 가장 많이 의지하는 자극들이다. 이 자극을 통해 무한 지성과 소통하고 잠재의식 창고에 마음대로 출입할 수 있는데, 이 과정에서 천재성을 얻게 된다.

3만 명이 넘는 영업 사원의 교육을 담당한 강사는 성적 열망이 높은 남성이 실적도 가장 좋다는 놀라운 사실을 발견했다. 흡인력이라는 것이 실은 성 에너지와 같기 때문이다. 성적 욕망이 높은 사람은 흡인력이 매우 강하다. 따라서 이 활력을 계발하고 이해한다면 인간관계에서 유리하게 활용할 수 있다. 성 에너지가 다른 사람에게 전달되는 방법에는 무엇이 있는지 알아보자.

1. 악수

손을 맞잡아보면 흡인력이 있는지 없는지 바로 느껴진다.

2. 어조

흡인력, 즉 성 에너지는 목소리를 특색 있게 만들어 악기처럼 매력적으로 들리게 한다.

3. 자세와 태도

성적 욕망이 높은 사람의 행동은 활기차면서도 우아함과 편안함이 배어 있다.

4. 사고 주파수

성적 욕망이 높은 사람은 사고와 성적 감정을 결합하거나 마음대로 조정하여 주변 사람에게 영향을 끼친다.

5. 차림새

성적 욕망이 높은 사람은 대체로 외모에도 매우 신경을 쓴다. 그들은 성격, 체격, 피부색에 맞게 자신을 꾸민다.

유능한 관리자는 흡인력을 영업 사원의 첫째 요건으로 꼽는다. 성 에너지가 부족한 사람은 열정도 없을뿐더러 다른 사람의 열정을 끌어낼 수도 없다. 무엇을 판매하든 열정은 영업 사원에게 가장 중요한 자질이다.

성 에너지가 부족한 연설가, 강연자, 설교자, 변호사, 영업 사원은 다른 사람에게 영향력을 미치기 힘들다. 대부분 사람은 감정에 호소할 때 마음이 움직인다는 점을 고려하면 성 에너지가 영업 사원의 타고난 능력으로 얼마나 중요한지 이해할 것이다. 노련한 영업 사원이 판매왕에 오르는 이유는 그가 의식적이든 무의식적이든 성 에너지를 판매에 대한 열정으로 전환했기 때문이다. 이제 성 에너지의 전환이 현실에서 어떤 의미가 있는지 알았을 것이다.

성적 대상을 마음속에서 지우고 열정과 투지를 영업에 쏟는다면 자신도 모르는 사이 성 에너지 전환 기술을 터득한 것이다.

성 에너지를 전환해 사용하고 있는 영업 사원의 대다수가 자신이 그렇게 했다는 사실이나 어떤 식으로 했는지 인지하지 못한 상태로 하는 것이다.

보통 사람이 성 에너지를 전환하기 위해서는 더 많은 의지력이 필요하기에 의지력이 약하면 이 능력을 획득하는 데 시간이 걸린다. 비록 큰 의지가 요구되기는 하나 그 보상을 생각하면 충분히 노력할 만한 가치가 있다고 느낄 것이다.

올바른 성적 욕구가 불러오는 변화

대부분의 사람은 성에 관한 주제에 너무나도 무지하다. 그동안 무지하고 악의적인 사람들이 성욕을 오랫동안 크게 오해하고 비난하며 조롱해온 탓에 '성'이라는 단어가 교양 있는 집단에서는 꺼려지기에 이르렀다. 이들은 성욕이 높은 축복받은(그렇다. 축복받은 것이다) 사람들을 위험한 대상으로 여기고, 저주받은 사람 취급했다.

의식이 많이 높아진 시대임에도 여전히 많은 사람이 높은 성적 욕구가 저주라는 그릇된 믿음 때문에 열등감에 시달리고 있다. 성 에너지가 가진 장점에 대한 설명이 방탕한 생활을 정당화하는 것이라 오해하지는 말라. 성적 감정은 지혜롭고 분별력 있게 사용할 때만 이득이 된다. 이를 오용하면, 그리고 실제로도 종종 오용되어 육체와 정신이 풍요로워지기보다 오히려 피폐해지는 지경에 이른다. 이 힘을 더 잘 활용하게 하는 것이 이 장의 책임이다.

무분별한 성생활은 폭음과 폭식만큼이나 해롭다. 제1차세계대전이 발발한 후에는 무절제한 성생활이 만연했다. 지금 위대한 리더가 부족한 이유가 이 때문일지도 모른다. 성 에너지를 허투루

쓰면 창조적 상상력을 발휘할 수 없기 때문이다. 성적인 면에 있어서 지구상에서 유일하게 인간만이 대자연의 목적을 거스르고 있다. 다른 동물들은 자연의 법칙과 조화를 이루며 성욕을 적절히 충족시킨다. 오로지 짝짓기 시기에만 성욕에 반응하는 반면 인간은 항상 성욕을 분출하려 한다.

지식을 가진 사람이라면 술과 담배로 인한 과도한 자극이 두뇌를 포함해 신체의 생명과 연결된 장기를 파괴한다는 사실을 알고 있다. 그러나 그에 비해 과도한 성욕의 배출 또한 술과 담배만큼이나 창의력을 파괴한다는 사실을 아는 사람은 적다.

성적 방종은 이성과 의지를 파괴할 뿐만 아니라 일시적 또는 영원한 광기에 빠지게 만든다. 건강염려증, 즉 상상 질병도 성의 진정한 기능을 몰라서 생긴 생겨난 습관이다.

성 에너지 전환에 대한 무지 때문에 당사자들도 손해를 입지만, 반대로 그들도 우리에게 많은 이점을 줄 수 있는데 주지 못하는 피해를 보고 있는 셈이다. 이렇듯 성에 대한 무지가 만연한 이유는 이 주제를 신비주의와 침묵으로 눌러왔기 때문이다. 신비주의와 침묵이 합쳐져 젊은이들 사이에는 성을 금기시하는 분위기가 형성되었다. 그 결과 성에 대한 호기심만 늘어나 이 금지된 주제를 더 알고 싶은 욕구만 크게 만들었다. 정작 이 주제에 대해 젊은 세대를 가장 잘 교육할 수 있는 입법자들과 의사들에게는 부끄러운 일이지만 성에 대한 정보를 얻기가 쉽지 않았다.

어떤 분야에서도 40세 이전에 최고의 창의력을 발휘할 수 있는 사람은 많지 않다. 보통 사람의 경우 40~60세 사이에 가장 큰 역량을 발휘한다. 이는 수천 명을 자세히 분석해 나온 결론이다. 따라서 40세 이전에 실패를 경험했거나 40세쯤에 노년이 다가오는 게 두려워 낙담할 필요가 없다. 40~50세 사이가 가장 큰 결실을 이루는 때다. 그러니 두려움과 떨림보다는 희망과 큰 기대를 품고 이 시기를 맞이해야 한다.

증거를 원한다면 미국인에게 가장 성공했다고 알려진 인물들에 대한 기록에서 다음 사람들을 찾아보라. 헨리 포드는 마흔이 넘어서야 본격적인 성공 가도를 달리기 시작했다. 앤드루 카네기도 40세가 훌쩍 넘어 노력의 성과를 거두기 시작했다. 제임스 J. 힐은 40세에 여전히 전신원으로 일하고 있었다. 그의 놀라운 성취는 40세 후에 벌어졌다. 산업과 금융 분야에서 성공한 인물들의 전기를 살펴보면 40~60세가 가장 생산적인 시기였음을 보여주는 증거가 넘친다.

보통 사람은 성 에너지의 전환 기술을 (터득할 수 있다면) 30~40세에 터득하기 시작한다. 대부분 그 기술이 뭔지도 모른 채 우연히 발견하게 되며, 발견했다는 사실을 모르는 경우도 많다. 35~40세에 자신의 역량이 증가했다고 느낄 수는 있으나 대부분 그 원인은 알지 못한다. 이는 인간이 30~40세에 대자연의 힘으로 사랑과 성의 감정이 조화를 이루기 시작하고, 그로 인해 이 위대한 힘들을 끌어와 행동 자극으로 사용하기 때문이다.

성 자체는 어떤 행동에 대한 강력한 원동력이긴 하지만 마치 사이클론 같아서 종종 통제할 수가 없다. 그래서 사랑이라는 감정과 합쳐지면 목표, 침착함, 정확한 판단으로 차분해진다. 마흔이 된 사람 중에 이 말의 의미를 이해하지 못하고 경험으로 확증하지 못한다면 얼마나 불행한 것인가?

오로지 성적으로만 상대를 만족시키려 한다면 성취를 이룰 능력이 충분한 사람이라 해도 행동이 체계적이지 못하고, 비뚤어지고, 파괴적으로 변할 수 있다. 도둑질이나 속임수를 일삼고 심지어 살인까지 저지를 수 있다. 하지만 성에 사랑의 감정이 섞이면 분별력 있고 균형과 이성을 유지하며 행동하게 된다.

범죄학자들이 발견한 바에 따르면 강력 범죄자도 사랑에 빠지면 교화될 가능성이 크다. 그러나 성행위로 교화된 경우는 없다. 이 조사 결과는 많이 알려졌지만 그 원인에 관해서는 잘 모른다. 결국 교화는 사람의 감정적 측면인 마음을 통해 이루어지는 것이지 머리나 이성에 의한 것이 아니다. 교화는 '마음의 변화'를 의미한다. '생각의 변화'가 아니다. 원치 않는 결과를 피하려고 이성에 따라 행동을 바꿀 수는 있지만 진정한 교화는 변하고자 하는 열망, 즉 마음의 변화가 일어나야만 한다.

사랑, 로맨스, 성은 사람을 최고의 성취를 이루도록 이끄는 감정이다. 사랑은 안전밸브 역할을 하여 균형, 안정, 건설적인 노력을 할 수 있게 붙들어준다. 이 3가지 감정이 더해지면 천재성이 나타나기도 한다. 하지만 사랑의 감정을 느끼지 못하는 천재도 있다. 그들은 대부분 파괴적인 행태를 보이거나 타인에게 정의와 공정함을 가지고 대하지 않는다. 산업계와 금융계에서 천재라 불리는 사람 중에도 동료의 권리를 무자비하게 짓밟는 이들이 있다. 양심이라고는 전혀 찾아볼 수 없다. 독자들도 그런 자들을 이미 알고 있으리라.

감정은 마음의 상태다. 대자연은 인간에게 화학반응 원칙과 비슷한 방식으로 작용하는 '감정적 화학 반응'을 부여했다. 화학자는 화학물질의 특정 성분을 혼합하면 치명적인 독을 창조해낼 수 있다. 하지만 적정 비율로 쓰이면 전혀 해로운 물질이 아니다. 마찬가지로 감정도 어떻게 섞이느냐에 따라 치명적인 독을 만들어낼 수 있다. 성적 감정과 질투가 섞이면 사람을 정신 나간 짐승으로 둔갑시킬 수도 있다. 정신 화학작용으로 인간의 마음에 파괴적인 감정이 하나 이상 들면 정의와 공정성을 파괴하는 독이 만들어진다. 극단적인 경우라면 이런 감정들이 합쳐져 이성을 파괴하기도 한다.

천재가 되기 위해서는 성, 사랑, 연애 감정을 계발하고 통제하며 사용할 줄 알아야 한다. 방법을 간단히 설명하면 다음과 같다. 우선 이 감정들이 생각을 지배하도록 격려하고 모든 파괴적인 감정은 자리 잡지 못하도록 하라. 마음도 습관의 산물이다. 지배적인 사고에 따라 좌우되므로 의지력을 사용해 어떤 감정은 억누르고 다른 감정을 일으키게 할 수 있다. 의지만 있으면 마음을 통제하는 건 어렵지 않다. 여기에 비결이 있다면 감정의 전환 과정을 이해하는 것이다. 어떤 부정적 감정이 떠오르면 간단히 생각 전환 과정을 통해 긍정적이고 건설적인 감정으로 바꿀 수 있다.

스스로 노력하는 것 외에 천재가 되는 방법은 없다. 한편 성적 에너지의 힘으로만 높은 성취를 이룰 수 있다 해도 역사적으로 보았을 때 이런 자들은 자질 부족으로 부를 유지하거나 누리지 못한다. 이는 진리로서 깊이 생각해볼 만한 가치가 있다. 이런 진리를 깨닫지 못해 많은 사람이 부를 소유하고도 행복을 누리지 못했다.

사랑과 성의 감정은 외모에도 뚜렷한 특징을 안겨준다. 너무 뚜렷해 누구나 알아볼 수 있을 정도다. 성적 열망으로 뭐든지 열정적으로 움직이는 사람은 눈과 얼굴만 봐도 그것이 드러난다. 사랑에 성적 감정이 더해지면 표정이 부드럽고 온화하고 아름다워진다. 전문가가 아니어도 누구나 느낄 수 있을 정도다.

사랑의 감정은 예술성과 미적 감각을 끌어내 발전시킨다. 시간이 지나고 상황이 바뀌어 열정이 식은 후에도 영혼에는 오랫동안 흔적을 남기게 된다. 사랑의 기억은 절대 사라지지 않는다. 자극의 원천이 사라진 후에도 오랜 시간 머물며 영향을 끼친다. 이는 새로울 것이 없는 말이다. 진정한 사랑에 빠져본 사람이라면 오랫동안 마음에 지워지지 않는 흔적이 남는다는 걸 알기 때문이다. 사랑은 영적인 것이어서 영향력은 오래간다. 사랑에 의해 성취욕이 자극되지 않는다면 희망이 없다. 살아 있지만 죽은 것이나 다름없다.

사랑은 기억만으로도 사람의 창조적 상상력을 높이 끌어올릴 수 있다. 불이 타서 완전히 연소하듯 사랑의 감정도 소멸하고 사라지지만 지나간 자리에는 지울 수 없는 흔적을 남긴다. 한 차례 사랑이 지나가면 더 큰 사랑을 맞이할 준비를 하게 만들기도 한다. 과거를 회상하며 지난 사랑의 아름다운 추억을 한번 음미해보라. 현재의 근심과 짜증이 조금은 가볍게 느껴질 것이며 힘든 현실에서 벗어날 수 있을 것이다. 누가 알겠는가? 잠깐 환상 속에 빠져 있는 동안 당신의 재정 상태나 영적 상태를 완전히 바꿔줄 아이디어나 계획이 떠오를지 말이다.

사랑에 실패했다는 이유로 불행하다고 믿는다면 그런 생각은 버려라. 진정 사랑했던 사람은 완전히 잃지 않는다. 사랑은 원할 때 오지만 예고 없이 사라진다. 그러니 사랑하는 동안 즐기고 사랑이 떠날 것에 대해서는 걱정하지 마라. 사랑은 걱정한다고 해서 되돌아오지는 않는다.

사랑이 단 한 번만 찾아온다는 생각도 버려라. 사랑은 몇 번이고 오고 가며 저마다 다른 영향을 끼친다. 마음에 특히 더 깊이 남는 사랑이 있을 수 있지만 모든 사랑의 경험은 인생에 도움이 된다. 사랑이 떠났을 때 억울해하고 냉소적인 사람이 되지 않는다면 말이다.

사랑에 실망할 필요도 없다. 사랑과 성적 감정의 차이를 이해하면 실망할 필요가 없다. 가장 큰 차이점은 사랑은 영적이지만 성애는 생물학적이라는 것이다. 영적인 힘으로 인간의 마음을 어루만지는 경험은 해로운 것일 수 없다. 무관심과 질투만 제외하면 말이다.

사랑이 인생에서 가장 위대한 경험이라는 것은 의심할 여지가 없다. 사랑은 우리가 무한 지성과 소통할 수 있게 해준다. 로맨스와 성적 감정이 합쳐질 때 창의력을 훨씬 더 높은 수준으로 끌어올려줄 수 있다. 사랑, 성애, 연애의 감정은 성취를 만들어내는 천재성이라는 삼각형에서 각 변과 같다. 대자연은 다른 힘을 통해서는 천재성을 창조하지 않는다.

사랑은 여러 가지의 면과 모양과 색으로 이루어진 감정이다. 부모와 자녀 사이의 사랑은 연인에 대한 사랑과는 매우 다르다. 후자는 성적 감정이 섞여 있지만 전자는 그렇지 않다. 진한 우정에서 느낄 수 있는 사랑은 연인의, 부모와 자녀의 사랑과는 다르지만 이 또한 사랑이다.

무생물에 대한 사랑도 있다. 자연을 향한 사랑이 그렇다. 하지만 이 다양한 사랑의 감정 중 가장 강렬한 것은 성애와 결합한 사랑이다. 사랑의 감정이 빠진 채 성애와 적절한 균형을 이루지 못하는 결혼 생활은 행복할 수 없으며 오래 지속될 수도 없다. 사랑만으로는 결혼 생활이 행복할 수 없다. 성애만으로도 마찬가지다. 이 아름다운 두 감정이 조화를 이룰 때 우리는 비로소 가장 영적인 정신 상태를 경험하게 된다. 사랑과 성욕에 연애 감정이 더해지면 유한한 인간의 정신과 무한 지성 사이의 장벽이 사라지는데, 그때 비로소 천재성이 발현된다.

그동안 성적 감정에 대해 알고 있던 것과는 전혀 다른 이야기리라. 성에 대한 케케묵은 인식에서 벗어나 그것을 신의 손안에서 빚어진, 아름답고 영감을 주는 토기로 여겨야 한다는 의미다. 이를 제대로 깨달았을 때 많은 이가 겪는 결혼 생활의 혼란에서 벗어나 조화를 가져올 수 있다. 서로에 대한 불평의 형태로 나타나는 부조화는 성애에 대한 지식이 부족해서 벌어지는 것이다. 사랑, 연애, 성적 감정과 기능에 대해 제대로 이해하기만 해도 결혼 관계에서 조화롭지 않을 일이 없다.

"잠재의식은 습관을 통해서만 움직인다.
인내심과 끈기를 가지고 시도하라."

잠재의식

연결 고리

잠재의식은 의식의 장場으로 이루어져 있는데, 이 장에서 오 감을 통해 의식에 닿는 모든 사고 자극이 분류되고 기록된다. 잠 재의식은 종류에 상관없이 모든 인상이나 사고를 받아들인 다음 정리하고 감지한다. 따라서 물리적 실체로 바꾸기를 바라는 계획, 사고, 목표를 자발적으로 잠재의식에 심을 수 있다. 그리고 잠재 의식은 믿음이 더해진 지배적 열망에 우선으로 반응한다.

열망에 관한 장에서 개략적으로 소개한 6단계 원칙을 실행하 기 위한 지침과, 계획 세우기와 실행에 관한 장에서 설명한 지침 을 연결해 생각해보면 잠재의식에 전달되는 생각이 얼마나 중요 한지 알 것이다. 잠재의식은 밤낮으로 일하고 인간이 알 수 없는 과정을 통해 무한 지성을 끌어내고, 열망을 물리적 실체로 전환하 여 가장 실용적인 수단으로 성취를 이룰 수 있게 한다. 잠재의식을 완전히 제어할 수는 없지만 물리적 실체로 전환되기 바라는 계획, 열망, 목적을 스스로 전달할 수는 있다. 자기암시를 다룬 장에서 잠재의식 사용법을 다시 읽어보기 바란다.

잠재의식이 인간의 유한한 정신과 무한 지성 사이를 연결하는 고리라는 것을 뒷받침하는 증거는 많다. 잠재의식은 중개자로서 무한 지성의 힘을 마음대로 사용할 수 있게 해준다. 오로지 잠재의식 안에서만 사고 자극이 영적 에너지로 전환되는 비밀스러운 과정이 일어난다. 기도를 응답받을 수 있도록 전달하는 역할도 잠재의식이다. 창의력도 잠재의식과 연결될 때 그 능력이 경외심이 들 만큼 무한대로 커진다.

그런데 잠재의식에 관해 얘기할 때면 나는 한없이 작아진다. 이 주제에 관해 인간이 가진 지식이 너무나 제한적이기 때문이다. 잠재의식이 인간의 사고력과 무한 지성 사이의 소통 창구라는 사실 자체가 이미 인간의 이성으로는 이해할 수 없는 영역이다.

따라서 잠재의식이 존재한다는 사실을 받아들이고, 그것이 인간의 열망을 물리적 혹은 금전적 실체로 전환하는 수단이라는 것을 인식한 후에야 열망을 다룬 장에서 제시한 지침의 의미를 충분히 이해할 수 있다. 열망을 명확히 하고 그것을 글로 정리하라고 반복해 조언하는 이유도 알게 될 것이다. 지침을 실행에 옮기는 데 왜 끈기가 필요한지도 이해하게 될 것이다.

성공의 13가지 원칙은 잠재의식에 영향을 끼치기 위한 자극이다. 첫 시도에서 안 된다고 실망하지 마라. 잠재의식은 믿음에 관한 장에서 말한 대로 습관을 통해서만 움직인다. 아직 완전한 믿음을 갖기에 시간이 부족했을 뿐이다. 그러니 인내심과 끈기를 가지고 시도해보라.

잠재의식에 대한 이해를 돕기 위해 이번 장에서는 믿음과 자기암시를 다룬 장에서 소개한 내용이 많이 반복될 것이다. 잠재의식은 당신이 그것에 영향을 미치기 위해 어떤 노력을 하든 하지 않든 자발적으로 작용한다는 사실을 명심하라. 즉 두려움과 가난을 비롯한 온갖 부정적 생각을 다스리고, 잠재의식에 더 바람직한 생각을 불어넣지 않는 한 이 부정적 생각들이 잠재의식의 자극제가 될 수 있다는 말이다.

잠재의식은 쉬지 않고 움직인다. 따라서 그 안에 열망을 심어주지 않으면 게으름을 피운 대가로 부정적 사고가 잠재의식을 잠식해버릴 것이다. 앞서 말했듯 사고 자극은 부정적인 것과 긍정적인 것 모두 성 에너지 전환에서 언급한 4가지 원천에서 시작해 끊임없이 잠재의식에 다다르고 있다.

일단은 일상을 살아가는 중에 우리도 모른 채 온갖 사고 자극이 잠재의식에 도달하고 있다는 사실을 기억하자. 이 자극에는 긍정적인 것과 부정적인 것이 있다. 이제는 잠재의식에 부정적 자극의 유입은 차단하고 열망이라는 긍정적 자극이 흘러 들어가도록 해야 한다. 이것이 성공하면 잠재의식의 문을 열 열쇠를 얻게 될 것이다. 잠재의식에 부정적 사고가 유입되지 않도록 완벽하게 그 문을 차단할 수도 있다.

인간이 만들어내는 모든 것은 사고 자극에서 시작한다. 상상하지 않고서는 아무것도 창조할 수 없다. 상상력의 도움을 받으면 사고 자극은 계획을 만들어낸다. 통제 가능한 상상력은 직업에서 성공을 거둘 수 있는 계획이나 목표를 설정하는 데 사용할 수 있다.

물리적 실체로 전환하기 위해 잠재의식에 자발적으로 심어진 모든 사고 자극은 상상력을 거쳐 믿음과 결합해야만 한다. 계획이나 믿음을 잠재의식에 전달할 때는 반드시 상상력을 거쳐야만 한다. 그러므로 잠재의식이 자발적으로 작동하게 하려면 이 책에서 소개하는 모든 원칙을 조합해서 사용해야 할 것이다.

엘라 휠러 윌콕스가 쓴 시를 보면 그가 잠재의식의 힘을 이해하고 있었다는 것을 알 수 있다.

미움이나 사랑이 찾아올 때,
당신의 생각이 무엇을 할지 당신은 알 수 없다
생각은 실체이고 그들의 가벼운 날개는
비둘기보다 빠르기에
그들은 우주의 법칙을 따르노니
각각의 존재는 자신을 창조하고
궤도를 넘어 순식간에 당신에게 달려온다
당신 마음속에서 나온 것을 되돌려주기 위해

윌콕스는 진실을 알고 있었다. 사람의 마음에서 나간 생각은 잠재의식에 깊숙이 박혀 자기장, 패턴, 청사진의 역할을 하며, 잠재의식은 생각을 물리적 실체로 전환하는 과정에서 이들의 영향을 받기도 한다는 진실을 말이다. 모든 물질적인 것은 생각 에너지에서 시작한다는 점에서 볼 때, 생각은 실체라는 말은 진리다.

잠재의식은 단순히 이성으로만 이루어진 자극보다는 느낌 또는 감정과 합쳐진 사고 자극의 영향에 더 민감하게 반응한다. 실제로 감정적 사고만이 잠재의식에 실질적 영향을 끼친다는 이론을 뒷받침하는 증거가 많이 있다. 감정이나 느낌에 따라 많은 사람의 행동과 분위기가 좌우되는 이유가 이 때문이다.

잠재의식을 자극하는 감정들의 이해

감정이 섞인 사고 자극에 잠재의식이 더 빨리 반응하고 영향을 받는 것이 사실이라면 주요 감정들을 잘 알아둘 필요가 있다. 주요 감정에는 각각 7가지의 긍정적 감정과 부정적 감정이 있다. 부정적 감정은 자발적으로 사고 자극에 주입되어 잠재의식으로 흘러 들어간다. 반면 긍정적 감정은 개인이 잠재의식에 전달하려는 사고 자극 안에 자기암시 원칙을 선행한 후 주입되어야 한다.

이런 감정이나 느낌은 마치 빵을 부풀게 하는 이스트와 같다. 이들은 활성 효소를 지니고 있어서 쉬고 있던 사고 자극을 활동 상태로 변화시킨다. 그래서 감정과 결합한 사고 자극이 차가운 이성에서 비롯된 사고 자극보다 쉽게 행동력을 갖는 것이다.

당신은 잠재의식 속 내면의 청중에게 영향을 미치고 통제하여 부에 대한 열망을 물질적 실체로 전환하기를 바라고 있다. 그러려면 내면의 청중에게 접근하는 방법을 알아야만 한다. 우선 한 가지 방법은 그들이 알아들을 수 있는 언어로 이야기해야 한다는 것이다. 그렇지 않으면 내면의 청중은 당신의 요구에 주의를 기울이지 않을 것이다. 그들이 가장 잘 이해할 수 있는 언어가 바로 감정 또는 느낌의 언어다. 그래서 지금 주요 긍정적 감정과 부정적 감정을 살펴보려 한다. 잘 알아두고 잠재의식에 지시를 내릴 때는 긍정적 언어를 사용하고 부정적 언어는 피하도록 하자.

긍정적 감정 7가지

1. 열망

2. 믿음

3. 사랑

4. 성애

5. 열정

6. 연애

7. 희망

다른 긍정적 감정들도 있지만, 이 7가지가 가장 강력하고 창의력에 자주 사용된다. 이 감정들을 완전히 익히면 (사용해야만 익혀진다) 이외의 긍정적 감정들도 필요할 때마다 마음대로 쓸 수 있다. 이와 관련해 당신이 지금 이 책을 공부하는 이유도 마음을 긍정적인 감정으로 채워서 돈에 대한 의식을 계발하는 데 있다는 것을 명심하자. 사고를 부정적 감정으로만 채워서는 부에 대한 의식이 커지지 않는다.

부정적 감정 7가지

1. 두려움

2. 질투

3. 미움

4. 복수심

5. 탐욕

6. 미신

7. 분노

긍정적 감정과 부정적 감정은 마음속에 공존할 수 없다. 둘 중 하나만 마음을 지배할 수 있으므로 긍정적 감정이 마음에 더 큰 영향력을 행사하도록 노력해야 한다. 이때 습관의 법칙이 도움이 될 것이다. 긍정적 감정을 사용하는 습관을 들이라는 것이다. 습관을 들이다 보면 결국 긍정적 감정이 마음을 완벽하게 차지하여 부정적 감정이 들어올 자리가 없어질 것이다. 앞서 알려준 지침들을 꾸준히 계속 따를 때만 잠재의식을 통제하는 힘을 얻게 된다. 부정적 감정이 하나만 있어도 잠재의식으로부터 좋은 방향으로 도움받을 기회를 모두 놓치게 된다.

관찰력 있는 사람이라면 많은 사람이 실패를 겪고 나면 기도에 의지한다는 것을 눈치챘을 것이다. 아니면 의미 없는 기도문을 읊조리기도 한다. 실패하고 나서 기도하는 사람의 마음은 두려움과 의심으로 가득 차 있다. 그러면 잠재의식이 작용하여 무한 지성으로 이 감정들이 전달된다. 마찬가지로 무한 지성은 이 감정을 받아들이고 그에 따라 행동하게 된다. 기도가 응답받지 못할 것이라거나 무한 지성이 반응하지 않을 것이라는 두려움을 안고 기도한다면 그 기도는 헛된 것이 된다. 기도가 그대로 실현될 때가 있다. 기도한 대로 이루어지는 경험이 있다면 기억을 되짚어 기도할 때 어떤 마음 상태였는지 떠올려보라. 여기 나오는 이론이 단순히 이론만이 아니라는 것을 확실히 깨달을 것이다.

나는 학교와 교육기관에서 기도의 과학에 대해 가르칠 날이 올 것이라 믿는다. 그뿐만 아니라 기도가 과학이 될 날도 올 것이다. 인류가 이에 대해 준비하고 요구한다면 그때는 누구도 두려움을 가지고 우주적 사고에 접근하지 않을 것이다. 두려움이라는 감정이 아예 존재하지 않을 것이기 때문이다. 무지, 미신, 거짓된 가르침도 사라질 것이고 인간은 무한 지성의 소산물이라는 진정한 지위를 얻게 될 것이다. 이미 몇몇 사람은 이런 축복을 얻었다.

나의 예언을 전혀 못 믿겠다면 과거 인류를 생각해보라. 불과 100년 전만 해도 인간은 번개를 신의 분노라 여기고 두려워했다. 이제는 믿음의 힘 덕분에 인간은 번개를 이용해 산업을 일으켰다.

100년 훨씬 이전에는 행성들 사이의 공간이 커다랗고 텅 빈 죽은 공간이라 믿었다. 이 역시 믿음에 의해 행성 간의 공간이 죽거나 비어 있기는커녕 활발하게 살아 있으며 사고 진동을 제외하고 가장 높은 형태의 진동으로 이루어져 있다는 것을 알게 되었다. 그뿐만 아니라 모든 물질의 원자에 침투해 모든 공간의 틈새를 채우는 이 역동적으로 살아 움직이는 우주의 에너지가 인간의 생각을 서로 연결한다는 것도 깨달았다.

그러니 이 똑같은 에너지가 인간의 생각과 무한 지성을 연결하지 않는다고 믿지 않을 이유가 있겠는가? 인간의 유한한 정신과 무한 지성 사이에는 장벽이 없다. 둘 사이의 소통에는 인내심, 믿음, 끈기, 간절한 열망 외에 필요한 것이 없다. 그리고 무한 지성과 소통할 때는 당사자 본인만 접근할 수 있다. 돈을 주고 부탁하는 기도는 소용이 없다. 무한 지성은 대리인을 고용하지 않는다. 본인이 직접 가지 않으면 소통할 수 없다. 기도문을 사서 죽는 날까지 읊조려봐야 소용없다. 무한 지성과 소통하기를 바라는 생각은 전환을 거쳐야 하는데, 이는 자신의 잠재의식을 통해서만 가능하다.

무한 지성과 소통하는 방법은 소리의 진동이 라디오를 통해 변환되는 것과 매우 비슷하다. 라디오의 작동 원리를 이해하고 있다면 소리가 대기를 통해 전달되기 위해서는 사람이 감지할 수 없는 주파수로 증폭하거나 변환되어야 한다는 것을 알 것이다. 라디오 송신국은 사람의 음성을 포착해 그 주파수를 수백만 배로 증가시켜 뒤섞거나 수정한다. 이렇게 해야만 소리의 주파수가 대기를 통해 전달될 수 있다. 변환 과정이 이루어지면 대기는 원래 소리의 진동 형태로 존재하던 그 에너지를 포착해 라디오 수신국으로 보내는데, 그러면 수신 장치들은 사람의 음성으로 인식하도록 에너지를 원래 주파수로 낮춰준다.

잠재의식은 중개인으로서 사람의 기도를 무한 지능이 인식할 수 있는 언어로 변환해주고, 메시지를 전해서 기도의 목적을 이루게 해줄 명확한 계획이나 아이디어의 형태로 되돌려준다. 이 원칙을 이해하면 단순히 기도문을 읽기만 해서는 인간의 정신과 무한 지성 사이에 연결점을 찾을 수 없다는 것을 알 수 있게 된다.

기도는 무한 지성에 닿기 전에 원래의 사고 주파수에서 영적 주파수 언어로 바뀐다. 믿음은 당신의 생각에 영적인 면을 부여해주는 유일한 중개자다. 믿음과 두려움은 서로 상충한다. 한쪽이 존재하면 다른 하나는 존재할 수 없다.

목표는 마감 기한이 있는 꿈이다.

"라디오의 작동 원리처럼
뇌도 느낌이나 감정을
생각과 결합하여 잠재의식에
전달하는 식으로 작동한다."

13장

뇌
생각의 송수신기

20여 년 전 나는 알렉산더 그레이엄 박사, 엘머 R. 게이츠 박사와 함께 일하며 인간의 뇌가 마치 생각의 주파수를 주고받는 송수신국 같다고 생각했다. 인간의 뇌는 라디오의 작용 원리처럼 대기라는 매체를 통해 다른 사람의 뇌에서 송출되는 생각 주파수를 잡을 수 있다.

상상력을 다룬 장에서 설명했듯이 이것을 창조적 상상력과 비교해서 생각해보자. 창조적 상상력은 뇌의 수신기라 할 수 있어서 다른 사람의 뇌에서 흘러나오는 생각을 수신한다. 또 사고 자극의 4가지 원천(무한 지성, 자신의 잠재의식, 타인의 의식적 생각, 타인의 잠재적 사고)과 개인의 의식 또는 이성 사이를 중계하는 역할을 하기도 한다.

정신은 자극되거나 고주파로 증폭될 때 대기를 통해 도착하는 외부의 사고를 더 잘 수신한다. 이런 증폭 과정은 긍정적 감정이나 부정적 감정을 통해 발생한다. 즉 감정은 생각 주파수의 진동을 증폭할 수 있다.

13장 뇌

고주파로 진동해야만 대기를 통해 한 사람의 뇌에서 다른 사람의 뇌로 전달될 수 있다. 생각은 고주파로만 이동하는 에너지다. 하나 이상의 감정에 의해 조율되거나 증폭된 생각은 평소보다 훨씬 빠른 속도로 진동하고, 이런 형태의 생각들이 인간의 뇌라는 송신기를 통해 다른 사람의 뇌로 전달된다.

인간의 감정 중 가장 강렬하고 추진력이 높은 것은 성적 감정이다. 성적 감정으로 자극받은 뇌는 감정이 가라앉아 있거나 없을 때보다 훨씬 더 빨리 진동한다. 성 에너지로 인해 뇌의 주파수가 높아지면 창조적 상상력은 대기를 통해 전달되어 아이디어를 더 잘 받아들이게 된다. 다른 한편으로 뇌가 고주파로 진동할 때는 다른 사람의 뇌에서 흘러나오는 사고나 아이디어를 더욱 민감하게 수용한다. 이처럼 라디오의 작동 원리처럼 뇌도 느낌이나 감정을 생각과 결합하여 잠재의식에 전달하는 식으로 작동한다.

잠재의식은 뇌의 송신국으로, 생각 주파수를 송출한다. 창조적 상상력은 수신 장치로, 대기에서 생각 주파수를 감지한다. 이제 인간의 정신적 방송국에서 송수신기 역할을 하는 잠재의식의 중요한 요인, 창조적 상상력과 더불어 정신적 방송국을 움직이는 도구인 자기암시 원칙에 대해 알아보자. 앞서 우리는 자기암시 장에서 설명한 지침을 통해 열망을 금전적 실체로 바꾸는 방법을 확실히 배웠다.

인간의 정신적 방송국을 운영하기는 비교적 단순하다. 방송국을 사용하고 싶을 때 머릿속에 잠재의식, 창조적 상상력, 자기암시라는 3가지 원칙만 기억하고 적용하면 된다. 이 3가지 원칙을 움직이는 사고 자극에 관해서는 이미 설명했다. 그 첫 과정은 열망에서 시작한다.

가장 강한 힘은 무형의 힘이다

지난 세월 동안 인간은 육체적인 감각에 너무 의존해왔기에 인간의 지식은 보고, 만지고, 무게를 달고, 측정할 수 있는 물질적인 것에 국한되어왔다. 그러나 이제는 우리를 둘러싼 무형의 힘을 밝힐 수 있는 놀라운 시대에 들어서고 있다. 우리는 이 세대를 지나는 동안 거울 속에 보이는 물리적 자아보다 다른 자아가 더 강력하다는 것을 깨닫게 될 것이다.

사람들은 때때로 오감으로 감지할 수 없는 무형의 것에 대해 가볍게 말하고는 한다. 그러나 우리는 모두 보이지 않는 무형의 힘에 지배당하고 있다는 사실을 기억해야만 한다. 인간에게는 굽이치는 파도로 덮인 무형의 힘에 대항할 힘도, 통제할 힘도 없다. 이 작은 지구를 공중에 떠 있게 하고 인간이 거기서 떨어지지 않게 하는 중력이라는 보이지 않는 힘은 이해할 수도, 통제할 수도 없다. 뇌우의 힘에 완전히 굴복하며 전기라는 무형의 힘 앞에서도 무력하기만 하다. 아니, 전기가 무엇인지, 어디서 오는지, 그 목적이 무엇인지조차 모른다.

보이지도, 만질 수도 없는 것들에 대한 인간의 무지는 이게 끝이 아니다. 인간은 먹는 음식, 입는 옷, 주머니에 넣고 다니는 돈의 근원이 되는 땅을 둘러싼 무형의 힘(그리고 지성)에 대해서도 이해하지 못한다.

놀라운 뇌 이야기

인간이 그토록 자랑스러워하는 문명과 지식의 발전에도 여전히 이해하기 어려운 위대한 무형의 힘이 존재한다. 바로 생각이다. 신체 기관으로서의 뇌와 생각을 물리적 실체로 바꿔주는 뇌의 복잡하고 방대한 네트워크도 잘 모른다. 하지만 우리는 이 주제에 대해 머리가 깨일 수 있는 시대에 접어들었다. 이미 과학은 뇌라는 놀라운 대상에 관심을 기울이기 시작했다. 아직은 초보 단계지만 인간의 두뇌에서 배전반 역할을 하는 시상이 뇌세포를 서로 연결하는 무수히 많은 선으로 이루어져 있다는 사실을 밝혀냈다.

시카고대학교 C. 저드슨 헤릭 박사는 이렇게 말했다. "그 수가 실로 엄청나서 수억 광년을 다루는 천문학의 숫자가 상대적으로 대수롭지 않아 보인다. 인간의 대뇌 피질에는 100~140억 개의 신경세포가 있다고 밝혀졌으며, 이것들은 분명한 패턴에 따라 배열되어 있다. 무작위가 아닌 규칙에 따라 배열되어 있다. 최근 개발된 전기생리학의 방법으로 특정 세포나 미소전극이 흐르는 섬유질에서 활동 전류를 끌어내 진공관을 통해 증폭하고 전위차를 100만분의 1 수준까지 기록할 수 있게 되었다."

이 같은 복잡한 네트워크 기계가 신체의 성장과 유지에 부수적으로 따르는 기능을 수행하기 위한 목적으로만 존재한다는 것은 믿기 힘들다. 수십억 개의 뇌세포가 서로 소통할 수 있도록 하는 이 시스템이 다른 무형의 힘과도 소통할 수 있는 수단을 제공하는 곳은 아닐까?

이 책의 집필이 끝나고 원고를 출판사로 보내기 직전, 한 유명 대학과 정신 현상 분야의 유능한 연구진이 연구를 통해 이번 장과 다음 장에 나올 내용과 흡사한 결론을 도출했다는 사설이 《뉴욕타임스》에 실렸다. 사설에서는 라인 박사와 듀크대학교 동료들이 진행한 연구를 간략하게 분석했다.

텔레파시란 무엇인가

한 달 전 텔레파시와 투시력이 실제로 존재하는지 알아보기 위해 듀크대학교 라인 교수와 동료들이 10만 번 이상의 실험을 거친 끝에 내놓은 놀라운 결과를 언급한 적이 있다. 이 결과는《하퍼스 매거진》에 두 건의 기사로 소개한 바 있다. 최근 게재된 두 번째 기사에서 저자인 E.H. 라이트는 이러한 초능력의 정확한 본질에 관해 새롭게 발견한 것과 합리적인 추론에 대해 요약했다.

라인 박사의 실험 결과로 일부 과학자들은 텔레파시와 투시력이 실제 존재할 가능성을 무척 크게 보고 있다. 라인 박사는 실험 참가자들에게 특별한 상자에 들어 있는 카드를 보거나 다른 감각을 사용하지 않고 카드를 맞추도록 했다. 약 20명 정도가 연속해서 많은 카드를 정확하게 맞췄는데, 그들이 "행운이나 우연으로 카드를 맞췄을 확률은 매우 낮다."

어떻게 한 것일까? 이런 힘이 실제로 존재한다고 가정해도 감각 때문은 아닌 것 같다. 이런 일을 할 수 있는 감각기관은 없기 때문이다. 처음과 같은 방에서 수백 킬로미터 떨어진 곳에서도 같은 실험을 진행했고 결과는 마찬가지였다. 라이트는 이 사실을 근거로 텔레파시나 투시력을 방사선의 물리적 이론으로 설명해서는 안 된다고 주장했다. 이제껏 알려진 복사 에너지 형태는 이동한 거리의 제곱에 반비례하여 감소한다. 그런데 텔레파시와 투시력은 그렇지 않다. 다만 다른 정신력과 마찬가지로 물리적 요인에 따라 다양하게 나타난다. 일반적인 견해와 달리 초능력이라 불리는 힘은 잠들어 있거나 가수면 상태일 때 커지지 않는다. 오히려 완전히 깨어 있고 집중할 때 강해진다. 라인 박사는 수면제를 투여했을 때 초능력이 낮아지고, 각성제를 투여할 때는 높아진다는 사실을 발견했다. 또 가장 뛰어난 능력을 보인 실험 참가자가 최선을 다하지 않을 때는 좋은 결과를 내지 못했다.

라이트는 텔레파시와 투시력이 하나의 능력이라고 거의 확신했다. 다시 말해 테이블 위에 뒤집힌 카드를 '보는' 능력은 타인의 마음속 생각을 '읽는' 능력과 같다는 것이다. 이렇게 믿는 데는 몇 가지 근거가 있다. 그 예로 지금까지 두 가지 초능력 중 하나가 있는 모두에게서 다른 한 가지 능력도 나타났다. 그리고 두 능력치가 정확히 같았다. 스크린, 벽, 거리는 어느 쪽 능력에도 영향을 미치지 않았다. 라이트는 이 결론을 바탕으로 한 걸음 더 나아가 단지 예측에 지나지 않지만 다른 초감각적 경험, 예지몽, 재난에 대한 예견 등도 다 같은 능력에 속할지 모른다고 주장했다. 이 결론을 사실로 받아들일지는 독자의 몫이지만 라인 박사가 밝혀 낸 증거들이 매우 인상적이라는 것만큼은 사실이다.

정신이 '초감각' 인지 상태에 반응한다는 전제하에 라인 박사의 연구 결과와 관련해서 나는 다음 장에서 소개할 육감이란 것을 실용적으로 쓸 수 있도록, 정신을 자극할 수 있는 이상적인 조건인지 알아냈다. 그것은 바로 나와 동료 두 명 사이의 긴밀한 협력 상태였다. 실험과 연습을 통해 우리는 정신을 자극하는 방법을 발견했고(다음 장에서 설명할 '보이지 않는 조언자들'의 원칙을 적용했다), 세 명의 정신을 하나로 합쳐 의뢰인들의 다양한 개인적 문제의 해결책을 찾을 수 있었다.

과정은 매우 간단하다. 우리는 회의 탁자에 앉아 해결해야 할 문제의 성격을 명확히 규정한 다음 논의를 시작했고 각자 떠오르는 생각을 내놓았다. 이 정신 자극 방법으로 회의하는 동안 신기하게도 회의 참여자 모두 분명 자신의 경험을 넘어서는 미지의 지적 원천과 소통할 수 있었다.

조력 집단에 관한 장에서 설명한 원칙을 이해한다면, 지금 소개한 원탁회의 과정이 조력 집단의 실용적인 방법이라는 것을 눈치챘을 것이다. 세 사람이 명확한 주제를 놓고 협력하고 논의하여 정신을 자극하는 방법은 조력 집단의 가장 단순하고 실제적인 활용한 예라 할 수 있다.

이와 비슷한 방법을 따르다 보면 누구나 서문에서 간략하게 설명한 그 유명한 카네기 공식을 사용할 수 있게 될 것이다. 당장은 마음에 와닿지 않는다면 이 부분을 표시해두었다가 책을 끝까지 읽은 후에 다시 한번 읽어보기 바란다.

적기란 없다.
지금 있는 자리에서
자신이 가진 것을 가지고
일을 시작하라.
그러다 보면 더 나은
수단을 찾게 될 것이다.

"육감은 유한한 인간의 정신과
무한 지성 사이를 연결하는
수단일지도 모른다."

부를 향한 열세 번째 원칙

육감

지혜의 성전으로 가는 문

부를 이루기 위한 13번째 원칙은 육감으로, 무한 지성은 이 육감을 이용해 어떤 노력이나 요구가 없어도 자발적으로 소통할 수 있다. 육감은 13가지 성공 철학의 정점이라 할 수 있다. 육감을 완전히 이해하고 사용하기 위해서는 먼저 다른 12가지 원칙을 숙달해야만 한다.

육감은 잠재의식의 일부로, 여기서는 창조적 상상력이라 불렀다. 수신 장치라고도 하는데, 육감을 통해 아이디어, 계획, 생각이 마음속에 번뜩 떠오르는 것이다. 번뜩 떠오는 것은 예감 또는 영감이라고도 한다.

육감을 자세히 묘사하는 것은 거의 불가능하다. 다른 원칙을 숙달하지 못한 사람에게는 설명할 수가 없다. 그런 사람은 육감과 비교할 만한 지식이나 경험이 없기 때문이다. 육감은 명상에 의한 정신 수양을 통해서만 이해할 수 있다. 육감은 유한한 인간의 정신과 무한 지성 사이를 연결하는 수단일지도 모른다. 그렇기에 육감은 정신적이기도 하며 영적이기도 하다. 또 인간의 정신과 우주의 정신이 서로 만나는 지점이라고 여겨진다.

이 책에서 설명한 성공 원칙들을 숙달하고 나면 믿기 힘들었던 말들을 진실로 받아들일 수 있게 될 것이다. 그런 말은 이런 것들이다.

육감은 당면한 위험을 피하게 해주고 눈앞의 기회를 잡을 수 있게 해준다.

육감이 발달하면 당신을 돕고 당신의 명령에 따를 수호천사가 와서 지혜의 성전으로 가는 문을 항상 열어줄 것이다.

이 말이 진실인지 아닌지는 이 책에서 설명한 지침이나 이와 비슷한 방법을 따르지 않고서는 알지 못한다.

나는 기적을 믿지도, 옹호하지도 않는다. 대자연은 자신이 세운 법칙에서 벗어나지 않는다는 것을 잘 알기 때문이다. 그런데 어떤 법칙은 매우 이해하기 어려워 기적처럼 보이기도 한다. 육감은 그중에서도 기적처럼 보이기는 하지만 이는 이 원칙의 작동 방법을 이해할 수 없어서 그런 것이다.

물질을 이루는 모든 원자에 스며 있고, 인간이 인지할 수 있는 모든 에너지를 포용하는 어떤 힘이나 창조자나 지성이 이 세상에 있다는 사실을 나는 알고 있다. 이 무한 지성이 도토리를 참나무로 바꾸고, 중력의 법칙에 따라 물이 언덕 아래로 흘러가게 하며, 낮 다음에 밤이 찾아오게 하고, 여름이 지나면 겨울이 오게 하며, 모두 제각각 적절한 자리를 유지하며 관계를 맺게 하고 있다는 것도 알고 있다. 이 지성이 바로 성공 원칙을 통해 열망을 구체적이고 물질적인 형태로 전환하도록 도울 것이다. 나는 이를 실험하고 경험해보았기에 잘 알고 있다.

앞선 장들을 차례차례 거쳐 이제 마지막 원칙까지 왔다. 앞에 설명한 원칙들을 완전히 습득했다면 이제 의심 없이 이번 장의 엄청난 주장을 받아들일 준비가 된 것이다. 혹시 다른 원칙들을 습득하지 못했다면 먼저 그것들을 익힌 다음 지금의 주장이 사실인지 허구인지 명확히 결정할 수 있을 것이다.

나는 영웅 숭배의 시간을 보내면서 내가 가장 존경하는 사람들을 모방하려 애썼다. 그리고 믿음을 가지고 우상을 닮기 위해 노력했을 때 꽤 성공적으로 그들을 따라갈 수 있었다. 영웅을 흠모할 나이가 지나기는 했으나 나는 여전히 영웅을 숭배한다. 경험으로 터득한 사실은 영웅의 감정이나 행동을 최대한 모방하는 것이 진짜 영웅이 되는 것 다음으로 좋다는 것이었다.

글을 쓰거나 대중 연설을 시작하기 훨씬 전부터 나는 내게 가장 많은 영감을 준 아홉 명의 인생과 과업을 모방하면서 나를 바꾸려 애써왔다. 그 아홉 명은 에머슨, 페인, 에디슨, 다윈, 링컨, 버뱅크, 나폴레옹, 포드, 카네기다.

나는 아주 오랫동안 밤마다 '보이지 않는 조언자들'이라고 이름 붙인 사람들을 만나는 상상 의회를 열었다. 그 절차는 이러했다. 매일 밤 잠들기 직전 눈을 감고 이들과 함께 의회 탁자에 둘러앉아 있는 내 모습을 상상한다. 여기서 나는 영웅들 사이에 앉아 있을 뿐만 아니라 의장으로 그룹을 통솔한다.

나는 매우 명확한 목적을 가지고 매일 밤 이 상상 속 모임에 빠져들었다. 목적은 상상 속 조언자의 성격을 조합해 내 성격으로 만드는 것이었다. 나는 무지와 미신이 지배하는 환경에서 태어난 약점을 극복해야 한다는 것을 깨닫고 여기서 설명하는 방법들로 다른 사람이 되기 위해 온 힘을 썼다.

14장 육감

자기암시를 통한 인격 형성

심리학에 빠졌던 사람으로서 사람들의 현재 모습은 그들을 지배하는 생각과 열망의 결과물이라는 것을 알고 있다. 마음속 깊이 자리한 열망은 그것을 겉으로 표출하게 하며 그리하여 현실로 전환되는 것이다. 자기암시는 인격을 형성하는 강력한 요인이자 유일한 법칙이다.

이런 사고 작동의 원칙을 알기에 나는 인격을 재형성하는 데 필요한 준비가 되어 있었다. 나는 상상 속 의회에서 모두에게 들리는 말로 다음과 같이 이야기하면서 조언자들 각자에게 바라는 지식을 요청했다.

"에머슨 씨, 나는 당신의 삶을 특별하게 만든 대자연의 이해를 얻고 싶습니다. 당신이 가지고 있던 그 자질, 대자연의 법칙을 이해하고 순응할 수 있게 만든 자질이 제 잠재의식에 새겨질 수 있게 해주세요. 이 목적을 달성하기 위해 제가 이용할 수 있는 모든 지식의 원천에 접근하고 활용할 수 있도록 도와주시기를 부탁드립니다."

"버뱅크 씨, 당신이 대자연 법칙을 조화롭게 이용해 선인장의 가시를 제거하고 식용 가능하게 한 그 지식을 전수해주시기 바랍니다. 하나만 자라던 곳에서 두 개의 풀잎이 자라고, 꽃들의 색을 섞어 더 화려하고 조화롭게 만든 지식을 알게 해주세요. 당신만이 아름다운 자연을 더욱 아름답게 만들어냈으니까요."

"나폴레옹 황제여, 나는 당신이 사람들에게 영감을 주고, 그들을 일깨워 더 훌륭하고 결단력 있게 행동하도록 한 그 놀라운 능력을 본받고 싶습니다. 또 패배를 승리로 바꾸고 엄청난 장애물을 극복하게 한 그 불굴의 믿음을 갖고 싶습니다. 운명의 황제, 기회의 왕, 운명을 지배하는 자여, 당신에게 경의를 표합니다."

"페인 씨, 나는 당신에게 생각의 자유, 신념을 명확하게 표현할 수 있는 용기를 얻고 싶습니다. 그것이 당신을 돋보이게 하는 것이죠."

"다윈 씨, 나는 자연과학 분야의 좋은 예시가 되는 당신의 놀라운 인내심과 선입견이나 편견 없이 인과관계를 연구하는 능력을 본받고 싶습니다."

"링컨 씨, 나는 당신의 강한 정의감, 불굴의 끈기, 유머 감각, 인간에 대한 이해, 관용을 제 성격에 형성하고 싶습니다."

"카네기 씨, 제게 크나큰 행복과 평안을 가져다준 평생의 과업을 선택하게 된 것으로 나는 이미 당신에게 빚을 지고 있습니다. 나는 당신이 위대한 사업체를 일구는 데 효율적으로 사용한 체계적인 노력의 원칙을 이해하고 싶습니다."

"포드 씨, 당신은 제 작업에 꼭 필요한 자료를 내어주어 큰 도움을 준 사람 중 하나입니다. 당신이 끈기, 결단력, 침착성, 자신감을 통해 가난을 이겨내고, 노력을 조직하고, 통합하고, 단순화한 능력을 얻어 다른 사람들도 당신의 발자취를 따르도록 돕고 싶습니다."

"에디슨 씨, 자연의 비밀을 발견하게 한 믿음, 패배를 딛고 승리를 거두기 위해 끊임없이 노력한 정신을 본받고 싶습니다."

나는 그때 당시 내게 가장 필요한 조언에 따라 다양한 방식으로 말을 했다. 나는 그들 인생의 기록을 공들여 연구했다. 몇 달 동안 밤마다 회의를 계속하면서 이 상상 속 인물들이 점점 현실처럼 다가오고 있다는 사실에 나 자신도 놀랐다.

이 아홉 명은 놀랍게도 각자의 개성을 갖추어갔다. 예를 들어 링컨은 늘 늦게 나타나 근엄하게 걸어 들어왔다. 뒷짐을 쥔 채 아주 느린 걸음으로 걸어오며 가끔 내 옆을 지나면서 어깨에 손을 얹고는 했다. 표정은 늘 진지했다. 그가 웃는 것을 거의 본 적이 없다. 분열된 국가에 대한 걱정 때문이었다.

다른 사람은 달랐다. 버뱅크와 페인은 늘 재치 있는 농담을 던졌고, 그때마다 가끔 다른 회원들은 놀라기도 했다. 어느 날 밤 페인이 내가 예전에 다니던 교회 설교단에서 『이성의 시대』에 관한 강의를 해보면 어떠냐고 제안했다. 그곳에 있던 사람들이 이 제안에 폭소를 터뜨렸다. 나폴레옹만 빼고! 그가 입을 꾹 다문 채 크게 끙 소리를 내는 바람에 다른 이들이 놀라 쳐다보았다. 그에게 교회는 국가의 전당포에 불과한 곳으로 개혁의 대상이 아닌 대중 활동의 선동 도구였기 때문이다.

한번은 버뱅크가 지각했다. 그는 매우 흥분한 모습으로 늦은 이유를 설명했다. 어떤 나무에서든 사과가 자라게 하는 실험을 하고 있기 때문이라고 했다. 그러자 페인이 남녀 사이에 일어난 모든 문제의 시초가 사과였다는 것을 상기시키며 그를 꾸짖었다. 다윈은 페인에게 사과를 따러 숲에 들어갈 때 작은 뱀도 큰 뱀으로 성장하니 조심해야 한다고 충고하며 껄껄 웃었다. 에머슨도 덧붙였다. "뱀이 없는 곳엔 사과도 없죠." 나폴레옹도 말했다. "사과가 없으면 국가도 없고요!"

링컨은 회의가 끝나면 항상 마지막으로 떠났다. 한번은 팔짱을 끼고 테이블에 기댄 채 한참 꼼짝하지 않았다. 나는 그를 방해하지 않으려 내버려두었다. 마침내 그가 고개를 천천히 들고 일어나 문으로 걸어가더니 되돌아와서는 내 어깨에 손을 얹고 말했다. "여보게, 인생의 목표를 향해 꾸준히 나가려면 많은 용기가 필요할 걸세. 하지만 어려움이 닥치면 보통 분별력이 생긴다는 걸 기억하게. 역경은 분별력을 키워주지."

어느 날 저녁, 에디슨이 가장 먼저 도착했다. 그는 평소 에머슨이 앉던 내 왼쪽 자리에 앉더니 말했다. "자네는 삶의 비밀을 발견하게 될 거야. 삶은 엄청난 에너지나 독립체들로 이루어져 있고, 인간이 똑똑하다고 자처하는 만큼 각각의 저들도 똑똑하다는 걸 때가 되면 깨닫게 될 걸세. 이런 삶의 구성단위는 마치 벌집처럼 연결되어 있어서 서로 협력하지 않으면 붕괴하고 말지. 그 구성단위도 인간처럼 똑같이 의견 충돌이 있고 다툼이 일어나네. 자네가 이끄는 이 모임이 매우 도움이 될 거야. 회의를 통해 여기 구성원들의 삶의 단위들이 자네를 도울 거네. 이 단위는 영원하다네. 절대 죽지 않지! 자네의 생각과 열망이 거대한 삶이라는 바다에서 삶의 단위들을 밖으로 끌어당기는 역할을 하는 거야. 자네의 열망과 조화를 이루는 것들을 말이지."

그때 다른 참석자들이 속속 회의실에 도착했다. 에디슨이 일어나 천천히 자기 자리로 걸어갔다. 이 일이 일어났을 때 에디슨은 살아 있었다. 이 경험이 너무나 강렬해 나는 직접 에디슨을 보러 가서 이 일에 관해 이야기했고, 그는 활짝 웃으며 말했다. "자네의 꿈은 자네가 상상하는 것보다 훨씬 현실 같군."

꿈속 회의가 지나치게 현실적인 나머지 그 영향이 두려워져 나는 몇 달 동안 회의를 상상하지 않았다. 너무 기묘한 경험이어서 그 회의가 그저 내 상상에 불과하다는 사실을 잊을 것만 같아 두려웠기 때문이다.

그렇게 6개월이 지난 어느 날, 꿈인지 아닌지 확실치 않지만 침대 옆에 링컨이 서 있었다. 그가 말했다. "세상이 자네 도움을 필요로 하게 될 거야. 곧 혼돈의 시대가 닥칠 거네. 사람들은 믿음을

14장 육감

잃고 공황 상태에 빠지게 될 거야. 어서 자네의 철학을 완성하게. 그게 자네 삶의 사명이야. 어떤 이유로든 그 사명을 저버린다면 자네는 원시 상태로 전락해 수천 년 동안 지나온 길을 다시 밟아야 할 걸세."

다음 날 아침까지도 그 장면이 꿈이었는지 실제였는지 확신할 수 없었다. 지금도 어느 쪽이었는지 모르겠다. 하지만 꿈이었다 해도 너무나 생생했기에 그날 밤 나는 회의를 다시 열었다. 회원들이 모두 방에 들어와 각자의 자리에 서자 링컨이 잔을 들고 말했다. "여러분, 보금자리로 돌아온 친구를 위해 건배합시다."

그날 이후 새 회원들이 들어와 현재는 50명이 넘는다. 여기에는 예수그리스도, 사도바울, 갈릴레오, 코페르니쿠스, 아리스토텔레스, 플라톤, 소크라테스, 호메로스, 볼테르, 브루노, 스피노자, 드러먼드, 칸트, 쇼펜하우어, 뉴턴, 공자, 엘버트 허버드, 브랜, 잉거솔, 윌슨, 윌리엄 제임스가 있다.

이것을 여기서 처음 밝히기까지 용기가 필요했다. 지금까지 입을 다문 이유는 이 특별한 경험을 이야기하면 자칫 오해를 불러일으킬 수 있기 때문이다. 이 책에서 이제 과감히 밝힐 수 있는 이유는 내가 과거보다 남의 시선을 덜 신경 쓰기 때문이다. 나이가 들어 좋은 점은 무지한 사람들이 뭐라 하든 솔직해질 수 있는 용기가 생긴다는 것이다.

오해하지 않도록 그 회의는 순전히 상상에 불과하다는 점을 확실히 해두고 싶다. 비록 회의 구성원들이 내 상상에만 존재하는 허구일 수 있지만 그들은 내가 영광스러운 모험의 길에 뛰어들고, 진정한 위대함이 무엇인지 깨닫게 했으며, 창의적 노력을 할 수 있게 격려하고, 생각을 솔직하게 표현할 수 있도록 이끌었다.

뇌세포 어딘가에는 예감이라고 불리는 생각 주파수를 수신하는 기관이 있다. 아직은 과학이 이 육감 기관이 어디에 있는지 밝혀내지 못했지만 그건 중요치 않다. 인간이 육체적 감각이 아닌 다른 근원을 통해 정밀한 지식을 받는다는 것은 엄연히 사실이기 때문이다. 육감은 생각이 특별한 자극을 받을 때 얻게 된다. 긴박한 상황이 벌어지면 감정이 일어나고 심장이 평소보다 빠르게 뛰면서 육감이 작동한다. 운전 중 사고를 당할 뻔한 경험이 있는 사람이라면 알 것이다. 그때는 육감 덕분에 찰나의 차이로 사고를 면하기도 한다.

이 말을 하는 이유는 내가 보이지 않는 조언자들과 만날 때 아이디어, 생각, 지식을 가장 잘 흡수했던 것이 바로 육감을 통해서였다는 말을 하고 싶어서다. 영감을 통해 얻은 아이디어, 사실, 지식은 전적으로 보이지 않는 조언자들 덕분이었다. 나는 인생에서 여러 차례 위급 상황을 겪었는데, 어떤 때는 목숨이 위태로울 정도였다. 그때 보이지 않는 조언자들은 나를 기적처럼 난관을 극복하는 길로 안내해주었다.

내가 상상 속에서 회의를 열었던 원래 목적은 자기암시를 통해 내가 바라는 인격적 자질을 잠재의식에 심기 위해서였다. 하지만 최근 몇 년 동안 내 실험은 완전히 다른 방향으로 가고 있다. 이제는 나와 내 의뢰인에게 처한 문제가 있으면 상상 속 조언자들을 찾는다. 비록 전적으로 조언자들에게 의지하는 것은 아니지만 결과가 놀라울 때가 많다.

이번 장에서 다루는 주제가 대다수 사람에게 익숙하지 않다는 것은 알고 있다. 육감이라는 주제는 막대한 부를 일구겠다는 목표를 가진 사람에게라면 대단히 흥미롭고 도움이 되지만, 비교적 열망이 크지 않은 사람에게는 관심이 떨어질 수밖에 없다.

헨리 포드가 육감을 이해하고 이를 실제로 이용했다는 것은 분명하다. 그의 방대한 기업과 재정 운영을 위해서는 육감을 이해하고 사용할 수밖에 없었을 것이다. 토머스 A. 에디슨 또한 발명품을 개발할 때 분명 육감을 사용했을 것이다. 특히 축음기나 영사기처럼 기본 특허권과 관련된 발명을 할 때는 관련한 경험이나 축적된 지식이 없었으니 육감을 이용했을 것이다. 나폴레옹, 비스마르크, 잔 다르크, 예수, 부처, 공자, 마호메트와 같은 위대한 지도자들은 말할 것도 없다. 이들이 위대한 이유는 육감을 알고 있었기 때문이다.

육감은 사람이 마음대로 가졌다가 없앴다가 할 수 있는 것이 아니다. 이 힘의 사용 능력은 책에서 소개한 다른 원칙을 활용할 때 아주 천천히 찾아온다. 40세 이전에 육감의 원리를 알기는 힘들다. 보통 50세는 넘어야 알게 되는데, 바로 영적 능력 때문이다. 육감과 매우 밀접한 영적 능력은 수년간 명상, 자기 성찰, 깊은 사고를 거쳐야 성숙해지고 사용 가능해지기 때문이다.

당신이 누구고, 이 책을 통해 무엇을 얻을 것인가와 상관없이 이 장에서 설명한 육감을 이해하지 못한다 해도 분명 얻는 것이 있을 것이다. 특히 부나 다른 물질적 실체를 얻는 것이 당신의 주된 목적이라면 더욱 그렇다.

육감 원칙을 소개한 이유는 사람들이 실수 없이 인생의 목표를 향해 가도록 안내할 온전한 성공 철학을 제시하고 싶기 때문이다. 모든 성공의 출발점은 열망이다. 그리고 종점은 이해로 이끄는 지식이다. 자신에 대한 이해, 타인에 대한 이해, 대자연 법칙에 대한 이해, 행복에 대한 인지와 이해로 이끄는 지식 말이다. 이런 이해는 육감에 친숙해지고 사용함으로써 온전히 도달할 수 있다. 그렇기에 돈 이상의 것을 원하는 사람들을 위해 육감을 성공 원칙에 포함시켰다.

이 장을 읽는 동안 당신의 정신이 한 차원 성장했음을 느꼈을 것이다. 아주 훌륭하다! 다시 한 달 뒤 또 읽으면 정신이 훨씬 더 높은 수준으로 올라가 있음을 느끼게 될 것이다. 때때로 이것을 반복하되 얼마나 많은, 또는 적은 변화가 있는지는 신경 쓰지 마라. 결국 나중에는 낙심을 떨쳐버리고 두려움을 제압하며 미루는 습관에서 벗어나 상상력을 자유롭게 발휘하는 힘을 갖게 된 당신을 발견할 것이다. 그렇게 되면 위대한 사상가, 예술가, 음악가, 작가, 정치인의 정신을 움직였던 미지의 무엇인가를 경험하는 순간이 다가올 것이다. 과거에는 반대에 부딪혔을 때 쉽게 포기하는 당신이었다면, 이제는 열망을 물리적이나 금전적 실체로 전환하는 사람이 되어 있을 것이다.

믿음 vs. 두려움

앞서 자기암시, 열망, 잠재의식을 통해 믿음을 키우는 방법을 설명했다. 다음 장에서는 두려움을 제압하는 방법을 소개할 것이다.

먼저 낙담, 소심함, 미루기, 무관심, 우유부단함, 그리고 야망, 주체성, 진취성, 자제력, 열정 부족의 원인이 되는 6가지 두려움을 알아보자.

잠재의식에만 존재하기에 찾아내기 쉽지 않은 이 6가지 적을 공부하며 자신을 자세히 살펴보기 바란다. 두려움의 6가지 망령은 마음에만 존재하는 허상에 불과하다는 점을 명심하자.

통제되지 않은 상상력이 만들어낸 이 허상은 정신적 문제를 가진 사람들에게는 가해자로서, 마치 육체를 지니고 이 세상에 실제로 존재하며 돌아다니는 것처럼 위험한 존재라는 것도 기억하자. 1929년 수백만 명을 빈곤의 공포로 몰아넣은 이 유령은 실제로 역사상 최악의 불황을 초래했다. 더욱이 이 특별한 유령은 여전히 사람들을 두려움으로 꼼짝 못 하게 만들고 있다.

"우리에게는 마음을 다스리고,
사고 자극을 선택해 원하는 생각을
마음속에 심을 능력이 있다."

15장

준비

6가지 두려움을 극복하는 방법

마지막 장을 읽으며 나만의 목록을 만들고 당신의 길을 가로막는 유령이 몇 가지인지 확인해보라.

성공 원칙을 제대로 사용하려면 먼저 받아들일 마음의 준비가 필요하다. 어렵지 않다. 당신이 제거할 3가지 적을 연구, 분석, 이해하는 일부터 시작하면 된다. 3가지 적이란 바로 우유부단함, 의심, 두려움이다. 3가지 부정적 마음 중 하나만 있어도 육감은 절대 작동하지 않는다. 이 위험한 삼인조는 매우 가까워서 하나가 있으면 다른 두 가지도 가까운 곳에 있기 마련이다.

우유부단함은 두려움의 씨앗이다. 책을 읽을 때 이 사실을 꼭 명심하라. 우유부단함은 의심으로 굳어지고, 그 둘이 합쳐지면 두려움이 된다! 합쳐지는 과정은 느리다. 이 3가지 적이 매우 위험한 이유가 여기에 있다. 이들이 싹을 틔우고 자라는 동안 눈치채지 못할 때가 많기 때문이다.

뒤에 남은 설명은 성공 철학을 실제로 사용하기 전에 갖추어야 할 마음가짐에 대한 것이다. 최근 수많은 사람이 빈곤에 빠지게 된 상황을 분석하고, 금전적 부이건 돈보다 더 가치 있는 정신적 부이건 이를 얻고자 하는 사람들이라면 이해해야 할 진리를 설명할 것이다.

이번 장은 6가지 근본적 두려움의 원인과 치료를 집중적으로 다루었다. 적을 정복하려면 먼저 적의 이름, 습성, 있는 곳을 알아야만 한다. 책을 읽는 동안 자신을 신중히 분석해서 내게 어떤 두려움이 붙어 있는지 확인해보라. 모호한 적들의 습성에 현혹당해서는 안 된다. 그들은 때때로 잠재의식에 숨어서 찾기 어렵고, 제거하기는 더욱 어렵다.

6가지 기본적인 두려움

두려움에는 크게 6가지가 있다. 이 6가지 두려움을 겪어보지 않은 사람은 정말 운이 좋은 것이다.

> **1.** 가난에 대한 두려움
>
> **2.** 비난에 대한 두려움
>
> **3.** 질병에 대한 두려움
>
> **4.** 사랑하는 사람을 잃을지 모른다는 두려움
>
> **5.** 노년에 대한 두려움
>
> **6.** 죽음에 대한 두려움

다른 두려움도 있지만 이것만큼 중요하지 않다. 사실 다른 것들은 6가지의 부수적 두려움이라 할 수 있다. 이러한 두려움의 확산은 마치 세상에 내린 저주처럼 주기적으로 일어난다. 세계대전

동안 우리는 죽음에 대한 두려움에 휩싸여 있었다. 전쟁이 끝난 직후에는 세계 곳곳에 확산한 전염병 때문에 질병에 대한 두려움이 닥쳤다.

두려움은 마음의 상태일 뿐이다. 즉 스스로 통제하고 방향을 이끌 수 있다는 말이다. 모두가 알고 있듯이 의사들은 평범한 일반인보다 질병에 덜 걸린다. 질병에 대한 두려움이 없어서다. 두려움이나 주저함 없이 하루에도 수백 명씩 전염병을 앓는 환자들과 접촉하지만 감염되지 않는다. 의사의 면역력이 강한 이유가 물론 이한 가지 때문은 아니겠지만 대체로 두려움이 없기 때문이다.

인간은 사고 자극의 형태로 먼저 마음속에 생각을 품지 않으면 아무것도 창조할 수 없다. 그렇기에 사람은 자발적인 것이든 외부 영향에 의한 것이든 상관없이 사고 자극을 즉시 물리적 실체로 전환하기 시작한다. 다른 사람이 흘려보낸 생각처럼 우연히 대기를 통해 포착된 사고 자극도 스스로 의도하고 계획한 사고 자극만큼이나 금전적, 사업적, 직업적, 사회적 운명을 결정한다.

같은 능력, 훈련, 경험, 지적 능력을 갖추었는데 어떤 사람은 운이 좋은 것처럼 보이고, 누군가는 오히려 능력이 더 많은데도 운이 나쁜 것 같다면서, 이를 이해할 수 없다는 사람에게 중요한 사실을 알려주고자 한다. 모든 인간에게는 자기 마음을 완벽하게 통제할 능력이 있다. 하지만 누군가는 다른 사람에게서 흘러나오는 사고 자극이 잘 들어오도록 마음의 문을 여는 반면 다른 누군가는 문을 꼭 걸어 잠그고 자신의 사고 자극만 받아들인다. 그것이 차이를 만든다.

대자연은 사람에게 스스로 완벽하게 다스릴 수 있는 한 가지를 선사했는데, 바로 자신의 생각이다. 그리고 인간이 창조하는 것들은 모두 생각에서 시작한다는 사실을 연결하면 우리는 두려움을 제어할 수 있는 원칙도 이해할 수 있다.

모든 생각이 물질적 실체로 나타나는 게 진실이라면(이는 의심할 여지가 없는 사실이다), 두려움과 가난에 대한 사고 자극이 용기와 재화로 전환될 수 없다는 것도 분명하다. 1929년 월스트리트 붕괴 이후 미국인들은 가난에 대해 생각하기 시작했다. 이런 대중적 생각은 서서히 물리적 실체로 굳어졌고 이내 대공황으로 나타났다. 이는 대자연의 법칙에 따라 일어날 수밖에 없는 일이었다.

가난에 대한 두려움

가난과 부는 타협할 수 없다. 가난과 부로 가는 두 갈래 길은 반대 방향으로 나 있다. 부자가 되고 싶다면 가난을 끌어당기는 어떤 조건도 받아들여서는 안 된다(여기서 부자는 재정적, 영적, 정신적, 물질적 재산을 아우르는 넓은 의미로 쓰였다). 부로 가는 출발점은 열망이다. 우리는 1장에서 열망을 제대로 사용하는 방법을 배웠다.

두려움을 다루는 이번 장에서는 열망을 실제로 사용하기 위한 마음가짐에 대해 배워볼 것이다. 이 장에서는 이제껏 성공 법칙을 얼마나 습득했는지 확인할 기회가 될 것이다. 내 앞에 어떤 미래가 준비되어 있는지 예언자가 되어볼 수 있다. 이번 장을 읽고 나서도 가난을 기꺼이 받아들이겠다면 차라리 가난을 받아들일 마음의 준비를 하는 게 나을 것이다. 이 결정은 피할 수 없다.

하지만 부를 원한다면 먼저 어떤 형태의 부이고, 얼마나 많은 부를 가져야 만족스러울지 결정하라. 당신은 이미 부를 향해 가는 길을 알고 있다. 지도는 주어졌으니 그대로 따라가면 부를 위한 길로 계속 갈 수 있다. 출발하지 않거나 가다가 멈춘다면 그건 누구의 탓도 아닌 당신 탓이다. 책임은 오롯이 당신에게 있다. 인생에서 부를 요구하지 않거나 거부한다면 어떤 변명으로도 책임에서 벗어나지 못한다. 왜냐하면 부를 받아들이는 데는 당신이 통제할 수 있는 유일한 것이기도 한 '그것'이 필요하기 때문이다. 바로 마음가짐이다. 마음가짐은 스스로 가져야 한다. 돈으로 살 수 없으며 오로지 스스로 만들어야 한다.

가난에 대한 두려움은 단지 마음 상태일 뿐이다. 하지만 이 두려움이 어떤 일에서든 성공할 기회를 앗아가버릴 수 있다. 대공황이 그 뼈아픈 증거다. 이 두려움은 이성을 마비시키고 상상력을 파괴하며, 자립심을 죽이고 열정을 사그라들게 하는 동시에, 진취성을 떨어뜨리고 목적의 명확성을 잃게 하여 미루기를 부추기고 자기 통제력을 잃게 만든다. 또 매력적 개성을 앗아가고 적절한 사고를 불가능하게 만들며, 노력을 집중시키지 못하게 하여 끈기를 무너뜨리고 의지를 무력하게 한다. 야망을 파괴하고 기억을 흐리게 하며 실패를 품게 만든다. 그뿐만 아니라 사랑을 죽이고 마음에서 나온 세심한 감정을 제거하며 우정을 꺾고 온갖 형태의 재앙을 불러들여 불면증과 비참함과 불행에 시달리게 만든다. 그럼에도 한 가지 분명한 진실은 이 세상은 우리가 원하는 온갖 것이 넘쳐나며, 명확한 목적만 있다면 우리와 우리의 열망 사이를 가로막을 어떤 벽도 존재하지 않는다는 것이다.

가난에 대한 두려움은 6가지 두려움 중 가장 파괴적인 두려움이 분명하다. 통제가 가장 어렵기 때문이다. 가난에 대한 두려움의 근원을 이야기하자면 상당한 용기가 필요하며, 이 사실을 받아들이는 데는 훨씬 더 큰 용기가 필요하다. 가난에 대한 두려움은 인간이 같은 인간을 경제적으로 착취하면서 비롯되었다. 인간보다 열등한 동물은 대개 본능에 따라 행동하며, 생각하는 능력이 제한적이어서 같은 동물을 물리적으로만 먹잇감으로 삼는다. 그러나 직관력이 뛰어나고 사고와 이성을 갖춘 인간은 동료를 물리적으로 잡아먹지 않는다. 다만 금전적으로 먹는 것에서 더 큰 만족감을 얻는다. 인간은 탐욕스러운 존재이기에 서로에게 보호받기 위해 법률이 제정된 것이다.

모든 세대를 아울러 볼 때 지금 시대만큼 돈에 눈이 먼 사회는 없었다. 두둑한 은행 계좌가 없는 사람은 먼지만도 못한 취급을 당한다. 그러나 돈이 있다면 어떻게 벌었는지는 관계없이 그가 왕이요, 중요한 사람이다. 법 위에 군림하고, 정치를 지배하고, 기업을 장악하며, 그를 둘러싼 세계가 그 앞에 허리를 숙인다.

가난만큼 사람에게 고통스럽고 굴욕적인 것은 없다. 가난을 경험해본 사람만이 가난의 의미를 온전히 이해할 것이다. 그러므로 사람이 가난을 두려워하는 것은 당연하다. 오랜 세월에 걸쳐 우리는 돈과 세속적 소유가 걸린 문제에 있어 신뢰할 수 없는 사람이 있다는 것을 터득했다. 다소 신랄하게 들리겠지만 이것이 진실이라는 점이 오히려 더 쓰게 느껴진다.

대부분의 결혼은 당사자 중 한 사람이나 두 사람 모두가 소유한 부의 영향을 받는다. 이혼 법정이 붐비는 게 그리 놀라운 일이 아닌 이유다. 부를 소유하려는 인간의 열망은 너무나 커서 온갖 수단을 써 부를 얻어내려 한다. 가능한 한 합법적 방법을 이용하려 하지만 필요하다면 혹은 더 편리하다면 다른 방책을 구하기도 한다.

스스로를 분석하는 일은 알고 싶지 않은 나의 약점을 알게 해준다. 하지만 평범하고 가난한 삶을 벗어나려면 꼭 필요한 과정이다. 스스로 판사와 배심원단이 되거나 검사와 변호사, 혹은 원고와 피고가 되어보며 하나씩 자신을 점검해보도록 하라. 당신이 지금 법정에 서 있다고 가정하라. 그리고 사실을 분명하게 직시하고 스스로에게 명확한 질문을 던져 똑바른 대답을 요구하라. 점검이 끝나면 자신에 대해 더 많이 알게 될 것이다. 스스로 공정한 판사가 될 수 없을 것 같다면 당신을 잘 알면서 공정한 판사 역할을 할 수 있는 다른 사람에게 부탁하라. 당신은 진실을 추구하고 있다. 잠깐 부끄럽더라도 진실을 얻어라.

대다수 사람에게 무엇이 가장 두렵냐고 물으면 "아무것도 두렵지 않아요"라 대답하고는 한다. 그런데 이는 정확한 대답이 아니다. 자신이 어떤 두려움에 정신적 혹은 신체적으로 얽매여 있고, 그것이 걸림돌이 되어 스스로를 좌우하고 있음을 아는 사람은 드물기 때문이다. 두려움이라는 감정은 매우 미묘하고 내면 깊숙이 자리하고 있어서 사람들은 그 존재를 전혀 인식하지 못한 채 감정을 떠안고 살아간다. 용감한 자기 분석만이 두려움의 존재를 밝혀낼 수 있다.

가난에 대한 두려움의 증상들
자신에게 다음과 같은 증상이 있지 않은지 살펴보라.

무관심
야망 부족. 가난을 기꺼이 감수하고 삶이 주는 대로 저항 없이 받아들이는 태도. 정신적 및 육체적 게으름, 진취성, 상상력, 열정, 자제력 부족 등이 생긴다.

우유부단함

나를 대신해 남이 판단하도록 허용하는 습관. 관망하는 태도다.

의심

자신의 실패를 합리화하기 위해 성공한 이들을 질투하거나 비난하기 위해 변명과 핑계를 댄다.

걱정

대개 다른 사람의 흠집을 잡으려 한다. 수입보다 지출이 많고, 외모 가꾸기를 게을리하며, 그늘진 표정에 얼굴을 찌푸리고 다닌다. 술을 절제하지 못하고 간혹 마약에 손을 대기도 한다. 늘 긴장 상태이며 침착하지 못하고 남의 시선을 지나치게 의식하고 자립심이 부족하다.

지나친 조심성

모든 상황에서 부정적 면만 보고, 성공 방법을 모색하기보다는 실패의 가능성을 생각하고 말한다. 최악의 상황을 예측하면서도 모면할 대책은 찾지 않는다. 아이디어와 계획을 실행할 '때'를 기다리기만 한다. 실패한 사람들을 기억하지만 성공한 사람은 잊어버린다. 가진 것보다 가지지 않은 것에 집착한다. 비관적인 성격으로 늘 소화불량, 변비, 자가 중독, 구취를 달고 다닌다.

미루기

작년에 해야 했던 일을 내일로 미루는 습관. 하기보다는 하지 못한 변명이나 핑곗거리를 만드는 데 더 많은 시간을 쓴다. 지나친 조심성, 의심, 걱정 등과 밀접한 관계가 있다. 책임을 최대한 회피하려 든다. 완강하게 싸우기보다는 타협하려고 든다. 역경을 발전의 디딤돌로 활용하지 않고 타협한다. 삶에서 번영, 풍요, 부, 만족, 행복을 얻으려 하기보다 작은 보상에 안주한다. 절대 포기하지 않겠다는 굳은 의지로 일하기보다는 실패에 대한 대책만 마련한다. 자신감, 분명한 목적, 자제력, 진취성, 열정, 야망, 검약 정신, 건전하고 합리적인 추론 능력이 약하거나 빠져 있다. 부를 요구하는 대신 가난을 당연하게 받아들인다. 부를 꿈꾸고 이루는 사람과 사귀기보다는 가난에 굴복하는 사람과 어울린다.

돈이 좌우한다

누군가는 "왜 돈에 관한 책을 썼나요? 어째서 부를 돈으로만 환산하죠?"라고 물을지도 모른다. 누군가는 돈보다는 더 바람직한 부의 형태가 있다고 믿으며, 마땅히 그럴만하다. 그렇다. 부는 돈으로만 측정할 수 없다. 하지만 이렇게 말하는 이도 무척이나 많다. "내가 필요한 만큼 돈을 줘보시오. 그러면 내가 원하는 건 모두 가질 수 있을 테니."

내가 돈을 끌어당기는 방법에 관한 책을 쓰게 된 이유는 최근 세계가 가난에 대한 두려움으로 얼어붙었던 시기를 막 지나쳤기 때문이다. 웨스트브룩 페글러가 《뉴욕 월드 텔레그램》에 기고한 글을 보면 두려움이 사람들에게 끼치는 영향이 잘 나와 있다.

돈은 그저 조개껍데기, 금속판, 종잇조각일 뿐이며 세상에는 돈으로 살 수 없는 마음과 영혼이라는 보물이 있다. 그러나 파산한 대부분의 사람은 이렇게 생각할 수가 없다. 한 남성이 파산해 일자리도 찾지 못하고 거리를 배회하고 있다. 축 늘어진 어깨, 모자 상태, 걸음걸이, 시선을 통해 그의 영혼에 어떤 일이 일어났는지 짐작할 수 있다. 그는 일자리가 있는 사람들 사이에서 열등감을 떨칠 수가 없다. 그들이 인격적, 지능적, 능력 면에서 자기보다 떨어진다는 사실을 알아도 말이다.

반대로 일자리가 있는 사람들은 친구라 하더라도 그 앞에서 우월감을 느끼고 무의식적으로 남성을 재난의 피해자라 여길 것이다. 잠깐 돈을 빌릴 수는 있지만 그에게 익숙한 생활을 영위하기에는 충분하지 않으며, 그렇게 빌려 사는 생활은 오래가지도 못한다. 그러나 돈을 빌려야 먹고 살 수 있는 상황이 되면 돈을 빌리는 자체가 수치스럽고, 빌렸더라도 일해서 번 돈만큼 기분을 북돋지도 못한다. 물론 이것은 허랑방탕한 사람이나 건달에게는 상관없는 이야기며, 단지 야망과 자존감을 지닌 평범한 사람에게 해당하는 이야기다.

빈털터리가 된 남성에게 있는 것은 생각할 시간뿐이다. 그는 일자리를 찾아 어디든 가보지만 이미 자리가 찼거나 동정심이 없으면 누구도 사지 않을, 기본급 없이 수수료만 겨우 챙길 수 있는 자질구레한 물건들을 파는 일자리만 있을 뿐이다. 몸을 돌려 다시 거리로 나오지만 갈 곳이 없다. 그래서 하염없이 걷기만 한다. 그러다가 자신과 맞지 않는 명품 상점 안을 열등감을 느끼며 쳐다보다가 매우 관심 있게 쇼윈도를 들여다보는 사람들에게 자리를 내어준다. 기차역을 배회하거나 다리를 쉬고 몸도 녹이기 위해 도서관에 들어가보지만 일자리를 찾아야 하기에 다시 일어나 길을 나선다. 본인은 느끼지 못하겠지만 정처 없는 발걸음에서 그의 처지가 드러난다. 안정된 직장에 다니던 시절에 입었던 옷으로 잘 차려입었는지 몰라도 옷이 그의 의기소침함을 감춰주지는 못한다.

돈이 차이를 만든다

그 남성은 회계사, 상점 점원, 약사, 마부와 같은 다른 사람이 열심히 일하는 모습을 보고 진심으로 부러워한다. 그들은 독립적이고 자존감 있고 당당하다. 반면 그는 자기가 괜찮은 사람인지 확신이 서지 않는다. 비록 몇 시간 동안 고민한 끝에 괜찮은 사람이라는 결론을 내렸다고 해도 말이다. 이런 차이를 만들어내는 것은 돈뿐이다. 돈이 조금만 있어도 다시 예전 자신의 모습을 되찾을 수 있을 것이다.

어떤 고용주는 빈털터리가 된 사람을 착취한다. 직업소개소에 걸린 색상 카드는 파산한 사람들에게 비참한 수준의 임금을 제시하고 있다. 주당 12달러, 주당 15달러. 주당 18달러를 주는 곳은 그나마 나은 직장이다. 주당 25달러를 제공하는 직장은 직업소개소에서 사람을 구하지 않는다. 지역 신문의 한 구인 광고는 샌드위치 가게에서 아침 11시에서 오후 2시까지 점원으로 일하고 전화 주문까지 책임질 사람에게 한 달에 8달러를 제시하고 있다. 주당 8달러가 아니라 매월 8달러다. 게다가 기독교를 믿는 사람이어야 한다는 조건이 붙었다. 시간당 11센트에 전화 주문까지 받는 사람을 찾으면서 종교까지 간섭하는 이 뻔뻔함이라니! 하지만 이것이 파산한 사람에게 주어지는 현실이다.

비난에 대한 두려움

인간이 애초에 어떻게 비난에 대한 두려움을 가지게 되었는지는 분명하지 않지만 한 가지 분명한 것이 있다. 인간은 비난을 매우 두려워한다는 사실이다. 어떤 이는 정치가 직업이 되던 때부터 두려움이 생겨났다고 한다. 여성들이 옷을 입을 때 스타일을 중시하기 시작하던 시기로 거슬러 올라간다고 주장하는 사람도 있다.

　나는 비난의 두려움은 그저 사람의 타고난 본성이라고 생각한다. 이 본성이 다른 사람의 재화를 빼앗고, 다른 사람의 인격을 비난하고, 자기 행동을 정당화하는 것이다. 도둑은 훔친 물건의 주인을 비난한다. 선거에 나선 정치인들은 덕성과 자질을 내세우기보다는 상대 후보에 대한 부정적인 선동으로 승리하려 드는 경향이 있다.

　비난에 대한 두려움의 형태는 다양하지만 대부분 매우 사소한 것들이다. 예를 들어 대머리 남성은 특별한 이유 없이 지레 비난받을까 두려워한다. 대머리가 되는 원인 중 하나는 꽉 끼게 쓴 모자가 혈액 순환을 방해해서다. 그들은 딱히 모자가 필요해서가 아니라 다들 그렇게 하니까 모자를 쓴다. 다른 사람이 비난할까 봐 남들과 똑같이 행동하는 것이다. 그렇다고 여성에게 비난의 두려움이 없다고 생각해서는 안 된다. 비난을 신경 쓰지 않는다고 주장하는 여성이 있다면 1890년대 모자를 쓰고 거리를 걸어가라 해보라.

　약삭빠른 의류 제조업자들은 이런 비난에 대한 두려움을 사업에 즉각 이용한다. 유행하는 옷차림은 계절마다 바뀐다. 이런 유행은 누가 만드는 걸까? 구매자들은 확실히 아니다. 바로 의류 제조업자들이다. 이들은 어째서 유행을 그리 자주 바꿀까? 답은 분명하다. 옷을 더 많이 팔기 위해서다. 같은 이유로 자동차 제조사들도 시즌마다 자동차 스타일에 변화를 준다. 설령 지난 모델이 더 좋더라도 사람들은 유행이 지난 자동차를 타고 싶어 하지 않는다.

　비난의 두려움 때문에 삶 속 아주 사소한 일에서 사람들이 어떻게 행동하는지 살펴보았다. 이제 이 두려움 때문에 인간관계에 벌어지는 더 중요한 일들에서 사람들이 어떤 행동 양상을 보이는지 알아보자. 정신적 성숙기(평균적으로 만 35~40세)에 이른 사람을 무작위로 선택하여 그 사람의 속마음을 들어보면 수십 년 전의 철학자와 종교학자의 말을 대부분 믿지 않는다는 것을 알 수 있다.

하지만 이런 불신을 드러내놓고 이야기할 용기 있는 사람은 흔치 않다. 어쩔 수 없이 대답해야 하는 상황이면 대부분 거짓말을 할 것이다. 가령 과학적 발견과 교육의 시대가 도래하기 이전에 사람들을 하나로 묶어주던 기독교 사상을 이제 믿지 않는다고 말하지 않는다.

그렇다면 왜 대부분 사람은 수십 년 전에나 성행하던 종교에 대한 불신을 요즘 같은 계몽의 시대에도 표현하기 망설이는 걸까? 바로 비난에 대한 두려움 때문이다. 영혼을 불신하는 사람들은 말뚝에 박혀 화형에 처하던 시절이 있었다. 그러니 비난을 두려워하게 된 것은 어쩌면 당연한 일이다. 가까운 과거에는 이런 비난에 가혹한 벌이 내려졌다. 현재까지도 일부 나라에서는 그렇다.

비난에 대한 두려움은 진취성을 빼앗고, 상상력을 저해하고, 개성을 막고, 자존감을 빼앗아가는 등 수많은 해를 끼친다. 부모는 종종 자녀를 나무랄 때 돌이킬 수 없는 상처를 입히고는 한다. 내 어릴 적 친구는 엄마에게 거의 매일 회초리를 맞았다. 그리고 그때마다 "넌 스무 살도 전에 교도소에 가게 될 거다"라는 말을 들었다. 그 친구는 실제로 열일곱 살에 교도소에 갔다.

사람들은 너무 많은 비난에 노출된 채 산다. 특별한 이유 없이 여기저기서 비난이 쏟아져 들어온다. 가장 가까운 지인이 최악의 공격자가 되기도 한다. 부모가 아이에게 불필요한 비난을 해서 열등감을 키웠다면 이는 범죄나 다름없다(가장 최악의 범죄 행위에 가깝다). 인간의 본성을 이해하는 고용주는 비난이 아닌 건설적인 제안을 통해 직원의 능력을 최대치로 끌어낸다. 부모도 같은 방법으로 아이들에게 이러한 결과를 얻을 수 있다. 비난은 인간의 마음속에 두려움과 분노를 심을 뿐 사랑과 애정을 심지 못한다.

비난에 대한 두려움의 증상들

비난에 대한 두려움은 가난에 대한 두려움만큼이나 흔하고 개인 성과에 치명적인 영향을 끼친다. 진취성을 파괴하고 상상력을 발휘하지 못하게 만들기 때문이다. 이 두려움의 주된 증상들은 다음과 같다.

강한 자의식
낯선 이들을 만나거나 대화할 때 긴장하고 움츠러드는 모습을 보인다. 행동이 부자연스럽고 눈을 어디에 둘지 몰라 한다.

침착성 부족
목소리 크기를 조절하지 못하고 다른 사람이 옆에 있으면 긴장한다. 몸을 가만히 두지 못하고 기억력이 좋지 않다.

소심한 성격
단호하게 결정하지 못하고, 매력이 없으며 분명하게 의사를 표현하지 못한다. 문제를 똑바로 마주하기보다는 회피하려 드는 습관이 있다. 신중하게 살피지 않고 타인의 의견에 무조건 동의한다.

열등감
열등감을 감추기 위해 말과 행동으로 자화자찬하는 습관이 있고,

다른 사람에게 인상적으로 보이기 위해 말의 뜻도 모른 채 '과장된 표현'을 한다. 다른 사람의 옷차림, 말투, 태도 등을 따라 하고 상상 속 성공을 실제인 양 떠벌린다. 열등감을 감추기 위해 으스대는 행동을 한다.

낭비벽

주변 사람들을 따라잡으려 애쓰며 수입보다 씀씀이가 크다.

진취성 부족

발전 기회를 놓치고 의견 표현을 두려워한다. 자기 아이디어에 자신이 없고 상관이 질문하면 얼버무리며 대답한다. 머뭇거리는 말투와 태도를 보이고 말과 본심이 다른 경우가 많다.

야망 부족

정신적으로나 신체적으로 게으르고 자기주장이 부족하다. 결정이 느리고 타인의 영향을 쉽게 받는다. 앞에서는 아부하고 뒤에서는 힘담하는 버릇이 있다. 쉽게 패배를 인정하고 반대에 부딪히면 포기한다. 이유 없이 사람들을 의심하고 말과 행동에 재치가 없으며 실수에 대한 비판을 받아들이지 않는다.

질병에 대한 두려움

질병에 대한 두려움에는 신체적, 사회적 원인이 있다. 근원적으로 질병의 두려움은 노년에 대한 두려움과 밀접한 관계가 있다. 이 두려움은 사후에 일어나는 일을 생각하기 때문이다. 그 세상에 대해 인간이 잘 알지는 못하지만 불안한 이야기는 많이 들어왔다. 또한 건강 사업을 하는 부도덕한 사람들이 두려움에 불을 지피는 데 큰 역할을 한다는 말도 있다.

사람들이 질병을 두려워하는 가장 큰 이유는 죽음이 닥쳤을 때 어떤 일이 일어날지 모른다는 공포 때문이기도 하고 그에 따른 경제적 부담 때문이기도 하다. 한 의사에 따르면, 병원에 오는 환자 중 75퍼센트가 건강염려증(상상 속 질병)에 시달린다고 한다. 질병에 대한 두려움이 생기면 아무 근거가 없어도 실제 그 질병의 증상들이 나타난다고 밝혀진 바 있다. 인간의 마음은 이토록 강력하고 대단하! 이처럼 무언가를 지을 수도, 파괴할 수도 있다.

질병에 대한 두려움이라는 약점을 이용해 제약 회사들은 막대한 부를 챙겼다. 20년 전에는 잘 속아 넘어가는 심리를 이용해 부담을 씌우는 관행이 너무나 만연했던 탓에, 주간지 《콜리어스》는 특허 의약품 회사 중 가장 악질 기업들을 상대로 불매 운동을 벌이기도 했다.

제1차세계대전 기간 중 스페인 독감이 유행하자 뉴욕 시장은 사람들이 질병에 대한 두려움 때문에 스스로 해를 가하는 상황을 막기 위해 특별한 조처를 내렸다. 그는 신문기자들을 불러 모아 다음과 같이 말했다. "여러분, 앞으로 신문 첫머리에 독감 유행과 관련해 공포심을 조장하는 기사를 삼가주십시오. 여러분의 협조가 없다면 앞으로 걷잡을 수 없는 상황이 벌어질지도 모릅니다." 이에 신문들은 독감 기사를 중단했고 한 달 내에 독감 유행을 잡을 수 있었다.

몇 년 전 한 실험은 사람들이 암시만으로도 병에 걸릴 수 있다는 사실을 알아냈다. 실험은 한 명의 희생자를 선정해 세 명의 지인들이 각각 방문해서 "어디 아파? 안색이 너무 나쁘네"라고 묻도록 했다. 첫 번째 질문자가 물었을 때 희생자는 웃으며 태연하게 "아니야, 나 괜찮아"라고 말했다. 두 번째 질문자가 물었을 때는 "잘 모르겠는데 몸이 안 좋긴 해"라고 대답했다. 세 번째 질문자에게는 실제로 몸이 아프다고 인정했다.

암시를 통해 실제 아플 수 있다는 사실이 믿기지 않는다면 가까운 지인에게 실험해보라. 그러나 너무 지나치게 하지는 마라. 어떤 종교 집단에서는 적에게 복수하기 위해 마법을 걸기도 한다고 한다. 그들은 이를 '주술 행위'라고 한다.

질병이 때로 부정적 사고에서 시작한다는 증거는 넘쳐난다. 이런 생각은 암시를 통해 한 사람에게서 다른 사람에게로 옮겨지기도 하고 스스로 만들어낼 수도 있다. 암시에 속지 않는 한 지혜로운 사람은 "누가 내게 어떠냐고 물을 때마다 나는 그를 때려눕혀서 대답을 보여주고 싶다"고 대답한 바 있다.

의사들이 환자의 건강을 회복시키기 위해 새로운 환경으로 보내는 이유 역시 정신적 태도가 변화할 필요가 있기 때문이다. 질병에 대한 두려움의 씨앗은 모두의 마음속에 산다. 걱정, 두려움, 좌절, 사랑이나 사업에 대한 실망이 두려움의 씨앗을 싹틔우고 자라게 한다. 대공황 시기에 의사들이 바빴던 이유는 이런 온갖 부정적 생각들 때문에 질병이 늘었기 때문이다.

사업 실패와 실연은 질병에 대한 두려움을 일으키는 가장 큰 원인이다. 한번은 실연당한 한 청년이 병원에 입원해 몇 달간 생사를 넘나들었다. 그러던 중 한 암시 요법 전문가가 초빙되었다. 그는 청년을 위해 의사와 미리 조율한 후 간호사를 매력적인 여성으로 교체하고, 근무 첫날부터 여성 간호사와 사랑에 빠지도록 했다. 그러자 그 환자는 3주 이내에 퇴원할 수 있었다. 여전히 병을 앓고 있었지만 이번에는 전혀 다른 병이었다. 사랑에 빠진 것이다. 그 치료법은 거짓말이었지만 두 사람은 훗날 실제로 결혼했다. 이글을 쓰고 있는 시점에도 둘은 건강히 잘 지내고 있다고 한다.

15장 준비

질병에 대한 두려움의 증상들

이 보편적 두려움의 증상들은 다음과 같다.

부정적 자기 암시

자기암시를 부정적 방식으로 사용해서 온갖 질병의 증상들을 예상하고 찾아내려 한다. 상상 속에서 질병을 '즐기고' 그것이 실제인 양 떠들고 다닌다. 사람들이 말하는 온갖 유행 요법과 주장이 실제 치료 효과가 있는 양 시도해본다. 다른 사람들에게 수술, 사고, 여타 질병 등에 관해 이야기한다. 식이요법, 운동, 체중 감소 방법을 전문가의 조언 없이 실험해본다. 민간요법, 의약품, 미신적 요법을 시도한다.

건강염려증

질병에 대해 끊임없이 이야기하고, 온 정신이 질병에 쏠려 있으며, 신경 쇠약에 걸릴 정도로 병에 걸릴 거라 걱정하는 버릇이 있다. 어떤 약으로도 치료할 수 없는 병이다. 부정적 사고방식 때문에 발생한 병이므로 긍정적 사고를 통해서만 치료할 수 있다. 건강염려증은 실제 두려워하는 질병만큼 해로울 수 있다. 신경에 관련된 질병은 대부분 상상 질병에서 비롯된다.

운동 부족

질병에 대한 염려 때문에 적절한 운동을 못 하는 경우가 많다. 외부 활동을 피하게 되므로 과체중이 되기 쉽다.

면역력 저하

질병에 대한 두려움이 선천적 저항성을 약화해 질병에 취약하게 만든다. 질병에 대한 두려움은 가난에 대한 두려움과 관련이 있는데, 특히 건강염려증이 있는 사람은 끊임없이 병원비를 걱정한다.

이런 사람은 질병을 대비하고, 죽음에 관해 이야기하고, 장례식과 비용을 준비하는 데 많은 시간을 허비한다.

응석

꾀병을 핑계로 동정심을 유발하려 하며 일하지 않으려고 종종 이 속임수를 쓰고는 한다. 게으름을 변명하거나 야망이 없는 것에 대한 핑곗거리로 아픈 척을한다.

방종, 음주벽

두통이나 신경통의 원인을 없애려 하기보다는 그 고통을 덜기 위해 술이나 담배에 의존한다. 질병에 대한 정보를 읽고 그 병에 걸릴 가능성 때문에 걱정한다. 약품 광고를 자주 읽는다.

사랑하는 사람을 잃을지 모른다는 두려움

이 본능적인 두려움의 근원은 거의 설명이 필요 없을 것이다. 남성의 일부다처주의 본성과 다른 사람의 배우자를 빼앗고 멋대로 행동하는 습성에서 생겨난 두려움이 분명하기 때문이다.

질투나 이와 비슷한 신경증들은 모두 사랑하는 사람을 잃을지도 모른다는 본능적 두려움에서 생겨났다. 어쩌면 6가지 두려움 중에서 가장 고통스러운 것일지 모른다. 신체와 정신에 가장 큰 해를 끼치고 종종 돌이킬 수 없는 정신질환을 일으키기도 하기 때문이다.

사랑하는 사람을 잃을지 모른다는 두려움의 기원은 남성이 여성을 무력으로 빼앗던 석기시대로 거슬러 올라간다. 현대에도 여전히 여성을 빼앗기는 하나 방법은 달라졌다. 이제는 힘이 아닌 언변과 옷차림처럼 무력보다 더 효율적인 미끼를 이용한다. 본성은 선사시대나 지금이나 변하지 않았지만 표현 방법이 변한 것이다.

이 두려움은 남성보다 여성이 더 잘 느낀다고 한다. 이유는 간단하다. 여성은 남성에게 일부다처주의적 습성이 있고, 그들을 믿을 수 없다는 것을 경험으로 알고 있기 때문이다.

사랑하는 사람을 잃을지 모른다는 두려움의 증상들
이 두려움의 눈에 띄는 증상들은 다음과 같다.

질투
친구와 사랑하는 사람을 쉽게 의심한다. 질투는 조현병의 일종으로, 아무런 이유 없이도 폭력적 성향을 드러내기도 한다. 아무 근거 없이 배우자가 부정을 저질렀다고 단정한다. 모든 사람을 의심하고 누구도 완전히 믿지 못한다.

트집 잡기
친구, 친척, 동료, 사랑하는 사람에게서 비난할 거리를 자꾸 찾아낸다. 아무 근거 없이 흠잡을 곳을 찾는다.

도박
돈이 있으면 사랑을 구할 수 있다고 믿으며 사랑하는 사람에게 돈을 주겠다면서 도박, 절도, 사기 등 위험한 일을 자행한다. 수입보다 지출이 많고 사랑하는 사람에게 멋진 모습을 보이기 위해 빚을 져서라도 선물한다. 불면증과 신경증에 시달리고, 끈기가 없고, 의지가 약하고, 무절제하고, 자존감이 없고, 성격이 좋지 않다.

노년에 대한 두려움

노년에 대한 두려움은 주로 두 가지 원인에서 생겨난다. 첫번째는 노년이 되면 가난해질 수 있다는 생각 때문이며, 더 큰 원인인 두 번째는 불과 유황이 들끓는 지옥에 대한 무시무시한 이야기와 공포심을 심어준 과거의 속임수, 잘못된 배움 때문이다.

노년에 대한 기본적인 두려움에는 두 가지 합리적인 이유가 있다. 하나는 주변 사람들에 대한 불신으로, 그들이 자신이 소유한 것을 빼앗아 갈 것이라 여겨서다. 다른 하나는 사후 세계에 대한 끔찍한 이미지 때문이다. 이는 교육을 통해 마음속에 심어진 것이다. 나이가 들수록 질병에 대한 두려움도 커지는데 이 역시 노년에 대한 두려움을 더 커지게 한다. 성적 매력 또한 노년에 대한 두려움을 만든다. 성적 매력이 떨어지는 것을 좋아하는 사람은 없기 때문이다.

노년에 대한 두려움이 생기는 가장 흔한 이유는 가난이다. 빈민 구호소라는 단어도 듣기 좋은 말은 아니다. 여생을 가난한 농장에서 보낼지도 모른다고 생각하면 누구라도 기분이 가라앉는다. 자유롭고 독립적으로 살아가지 못할 것이라는 걱정도 있다. 나이가 들면 신체적, 경제적 자유를 잃을 수 있기 때문이다.

노년에 대한 두려움의 증상들

이 두려움의 가장 흔한 증상들은 다음과 같다.

열정 저하

정신적으로 성숙해지는 40세를 전후로 행동이 느려지고 열등감이 생기기 시작한다. 그러면서 자신이 깜빡깜빡 실수하는 이유가 나이 탓이라고 오해한다(실은 정신적, 영적으로 가장 유용한 나이가 40~60세다).

자기변명

단순히 40세나 50세가 되었다는 이유만으로 스스로 늙었다고 여기며 나이를 핑곗거리로 삼는다. 오히려 지혜와 이해심이 무르익는 나이가 된 것에 감사하는 마음을 가지는 것이 좋다.

어울리지 않는 옷차림과 행동

진취성, 상상력, 자립심을 죽이며 스스로 이런 자질들을 발휘하기에는 너무 늙었다고 여긴다. 40대가 되어서도 젊은 사람들의 태도를 따라 하며 어려 보이려 애쓰는 모습으로 친구들과 타인의 비웃음만 산다.

죽음에 대한 두려움

어떤 이에게는 죽음에 대한 두려움이 가장 끔찍한 두려움이다. 이유는 설명하지 않아도 알 것이다. 두려움이 너무 큰 나머지 종교에 지나치게 빠지기도 한다. 소위 야만인이라 불리던 자들은 문명인들보다 죽음에 대한 두려움이 덜했다. 인간은 오랜 시간 '어디에서 왔으며 어디로 가는가?'라는 질문을 해왔지만 그 해답은 찾지 못했다. 과거 암흑기 동안 영악하고 교활한 이들은 이 질문에 대가를 받고 답을 해주었다. 이제 죽음에 대한 두려움의 주요 근원이 어디서 왔는지 알 수 있을 것이다.

종교 지도자들은 "내 장막으로 들어와서 내 믿음을 받아들이고 내 교리를 수용하라. 그러면 내가 너에게 천국으로 가는 표를 줄 것이니. 내 장막에서 벗어나면 악마가 찾아와 영겁의 세월 동안 불구덩이에 던질 것이라"고 주장한다. 영겁의 불은 너무나 끔찍하다. 영원히 불에 타는 형벌을 받는다고 생각하면 죽음에 대한 공포가 생길 뿐 아니라 이성마저 흔들린다. 이는 삶의 재미를 사라지게 하고 행복을 느끼지 못하게 막는다.

한번은 신들의 목록을 볼 기회가 있었는데, 거기에는 사람들이 숭배해온 3만 명이 넘는 신이 정리되어 있었다. 생각해보라. 가재에서 사람에 이르기까지 3만 명이나 되는 신이 있다는 것을! 사람들이 죽음이 다가오는 걸 무서워할 만도 하다.

사실 종교 지도자들은 우리를 천국으로 인도해주지도 못하며 능력이 부족해 지옥으로 떨어뜨리지도 못한다. 하지만 지옥에 갈지도 모른다는 가능성만으로 두려워 그런 생각이 실제로 상상되면 이성이 마비되고 죽음에 대한 두려움이 생겨난다. 천국과 지옥이 어떤 곳인지, 그런 곳이 실제로 존재하는지 아는 사람은 없다. 지식이 없다 보니 사기꾼의 교묘한 속임수에 마음을 빼앗기고 조종당하는 것이다.

오늘날 죽음에 대한 두려움은 대학이 존재하지 않던 시절에 비해 다소 줄어들었다. 과학자들은 세상에 대한 진리를 밝히는 데 집중했고, 그렇게 밝혀진 진실 덕분에 죽음에 대한 끔찍한 공포에서 빠르게 벗어나게 되었다. 대학에 진학하는 젊은이들은 지옥불이나 유황불이라는 표현에 쉽게 동요하지 않는다. 생물학, 천문학, 지질학 같은 지식 덕분에 사람들의 마음을 사로잡고 이성을 파괴했던 암흑기의 두려움이 해소될 수 있었다.

죽음은 사람들이 어떻게 생각하든 닥쳐온다. 불가피한 것으로 받아들이고 마음속에서 두려움을 몰아내라. 죽음은 꼭 필요한 것이기에 모두에게 닥치는 것일 테다. 어쩌면 상상하는 것처럼 그리 나쁜 것만은 아닐지도 모른다.

세상은 에너지와 물질이라는 두 가지로 구성되어 있다. 우리는 물질이나 에너지(이 둘은 인간에게 알려진 유일한 실존 물질이다)는 창조되거나 파괴될 수 없다는 사실을 배워서 알고 있다. 물질과 에너지는 변형될 뿐 파괴되지 않는다. 생명을 굳이 정의한

15장 준비

다면 에너지라 할 수 있다. 에너지나 물질이 파괴될 수 없는 것이라면 생명 또한 파괴할 수 없다. 에너지의 다른 형태처럼 생명도 다양한 변형과 변화의 과정을 거칠 수는 있지만 파괴되지는 않는다. 죽음도 단지 변형의 과정일 뿐이다.

만약 죽음이 변화나 변형의 과정이 아니라면 죽음 이후에 오는 것은 길고 평화로운 잠뿐이리라. 이런 잠이라면 두려워할 필요가 없다. 이렇게 생각하면 죽음에 대한 두려움이 덜해질 것이다.

죽음에 대한 두려움의 증상들

이 두려움의 일반적인 증상들은 다음과 같다.

죽음에 대한 습관적인 생각

삶을 충실하게 살려고 하기보다는 자꾸 죽음에 대해 생각한다. 보통 삶의 목적이 없거나 맞는 직업을 갖지 못해서다. 나이 든 사람들 사이에서 흔하게 나타나지만 가끔 젊은이들도 이런 모습을 보인다. 죽음에 대한 두려움을 고치는 가장 좋은 방법은 성공에 대한 불타는 열망을 가지고 다른 이를 돕는 것이다. 바쁘게 사는 사람은 죽음에 대해 생각할 겨를이 없다. 인생이 너무나 신나서 죽음에 대해 걱정하지 않는 것이다.

가난에 대한 염려

죽음에 대한 두려움은 종종 가난에 대한 두려움과 연결된다. 자신이 죽으면 사랑하는 사람들이 가난에 시달리게 될까 봐 걱정하는 것이다.

질병

질병에 걸리거나 신체 면역력이 떨어지면 죽음에 대한 두려움이 일기도 한다.

그 밖에도 죽음에 대한 두려움이 생겨나는 가장 흔한 원인으로는 가난, 실직, 실연, 정신이상, 광적인 신앙심 등이 있다.

지나친 걱정

걱정은 두려움에서 생겨나는 마음 상태다. 걱정은 서서히, 하지만 꾸준히 작용한다. 그래서 은밀하고도 교묘하게 영향을 끼친다. 이렇게 차츰차츰 사람의 마음을 파고들어 이성적 사고를 마비시키고, 자신감을 무너뜨리고, 진취성을 앗아간다. 걱정은 우유부단함이 지속해 생겨나는 두려움이기 때문에 충분히 다스릴 수 있는 대상이다.

마음이 불안하면 아무것도 할 수 없다. 이 불안감은 우유부단함에서 깃든다. 의지력이 강해서 즉각적으로 결정을 내리는 사람은 많지 않다. 일이 안정적일 때도 한 번 내린 결정을 고수하기가 쉽지 않다. 최근 세계는 경제적 불안 상태로 집단적 우유부단에 빠져버렸다.

대공황 동안 세계는 공포와 걱정에 휩싸였다. 이 둘은 1929년 월스트리트 소동 이후 퍼지기 시작한 정신병적 병균과도 같다. 이 병균을 죽이는 해독제는 하나뿐이다. 바로 즉각적이고 확고한 결정을 내리는 것으로, 이는 모든 사람에게 필요한 해독제다. 일단 명확한 행동 방침에 따르도록 결정을 내리고 나면 더는 상황을 걱정할 필요가 없다.

언젠가 두 시간 후면 사형당할 남성을 인터뷰한 적이 있다. 이 사형수는 감방에 있던 여덟 명 중 가장 평온한 모습이었다. 그의 평온함에 의아함을 느낀 나는 곧 있으면 영원의 세계로 가게 되는 것이 어떠냐고 물었다. 그러자 그가 얼굴에 확신의 미소를 띠며 대답했다. "괜찮습니다. 생각해보세요. 모든 고통이 곧 끝나잖아요. 제 삶은 온통 고통뿐이었어요. 먹고 입는 일조차 힘들었죠. 곧 있으면 이런 것들이 필요 없게 될 거예요. 제가 죽게 될 거라는 걸 알고 난 후부터 마음이 평안해졌어요. 그때 마음먹었죠. 제 운명을 기꺼이 받아들이겠다고요."

그는 이렇게 이야기하면서 3인분이나 되는 밥을 먹어 치웠다. 마치 어떤 불행도 기다리고 있지 않은 사람처럼 한입 한입을 즐겼다. 결심은 그가 운명을 받아들이도록 했다. 하지만 반대로 결심을 통해 운명에 굴복하지 않기로 마음먹을 수도 있다.

6가지 기본적인 두려움은 우유부단함을 통해 걱정으로 전환된다. 죽음의 두려움을 덜어내는 방법은 죽음에서 벗어날 수 없다고 받아들이는 것이다. 가난에 대한 두려움을 없애는 방법은 부를 얼마나 축적할 수 있는지 걱정하지 말고 축적한 만큼의 부로 살아가기로 하는 것이다. 비난에 대한 두려움은 타인의 생각과 말과 행동에 신경 쓰지 않기로 하면 극복할 수 있다.

노년에 대한 두려움은 나이 듦이 불리한 상황이 아니라 젊을 때 알지 못했던 지혜와 자제력 이해력을 가질 수 있는 축복이라고 여기면 된다. 질병에 대한 두려움을 떨쳐버리려면 증상들에 지나치게 민감하게 반응하지 않아야 한다. 사랑하는 사람을 잃을지도 모른다는 두려움은 사랑 없이도 잘 살 수 있다고 바꿔 생각하면 된다. 인생에 있어서 걱정할 만한 가치가 있는 것은 없다고 마음먹고 걱정하는 습관을 없애버려라. 이렇게 한번 마음먹으면 마음이 차분해지고 생각이 평온해지면서 행복이 찾아올 것이다.

마음속에 불안이 가득하면 현명하게 행동할 수 없으며 파괴적인 생각이 만나는 모든 사람에게 전달되어 그들마저 똑똑하게 행동할 기회를 앗아가버린다. 강아지나 말도 주인이 용기가 없다는 걸 안다. 그뿐만 아니라 주인에게서 전달되는 두려운 감정을 느끼고 그에 따라 행동한다. 더 낮은 지능을 가진 동물에게도 두려움을 감지하는 능력을 찾아볼 수 있다. 꿀벌은 사람들 마음속의 공포심을 곧바로 느낄 수 있다. 이유는 밝혀지지 않았지만 벌은 자기를 두려워하지 않는 사람보다 두려워하는 사람을 쏜다.

음성이 방송국을 통해 라디오 수신기로 전달되듯이 두려운 감정은 한 사람에게서 다른 사람에게로 빠르고 정확하게 전달된다. 텔레파시는 실제로 존재한다. 생각을 흘려보내는 사람이든 그것을 감지하는 사람이든, 그들은 인식하든 못하든 상관없이 생각은 자발적으로 다른 사람 마음에 전달된다.

부정적인 생각과 파괴적인 생각을 끊임없이 말로 내뱉는 사람은 분명 그 말에 대한 응답으로 파괴적인 경험을 하게 되어 있다. 부정적인 생각은 꼭 말로 뱉지 않더라도 자신에게 돌아온다. 무엇보다 중요한 점은 파괴적인 생각을 내보내면 창조적 상상력을 망가뜨리게 된다는 것이다. 또 마음속에 파괴적인 감정을 품으면 주변 사람들에게 전달되어 그들을 내쫓거나 적으로 만들어버린다. 부정적 생각은 다른 사람에게도 영향을 미치지만 당사자의 잠재의식에도 깊숙이 박혀 그의 인격이 된다. 생각은 흘려보내는 것으로 끝나지 않는다. 그것은 대기를 통해 사방으로 퍼지게 되고 흘려보낸 사람의 잠재의식에도 영원히 심어진다.

우리는 인생이라는 사업에서 성공을 이루는 것을 목표로 한다. 그러기 위해서는 마음의 평안을 찾고, 물질적 필요를 채우고, 무엇보다도 행복을 쟁취해야 한다. 이 모든 성공은 사고 자극의 형태에서 시작한다. 우리에게는 마음을 다스리고, 사고 자극을 선택해 원하는 생각을 마음속에 심을 능력이 있다. 이 힘을 가지고 생각을 건설적으로 사용할 책임이 있다. 스스로 생각을 통제하고 이 땅에서의 운명을 좌지우지할 수 있다. 자신이 처한 환경에 영향을 끼치고 그 환경을 다스려서 원하는 삶을 만들어갈 수 있다. 그렇지 못하면 광활한 바다에 던져져 파도에 휩쓸려 다니는 나뭇조각처럼 환경이라는 바다에서 이리저리 떠밀리게 될 것이다.

악마의 작업실: 일곱 번째 근본적 해악

6가지 기본적인 두려움에 더해 사람들이 두려워하는 악마가 하나 더 있다. 이것은 실패의 씨앗이 무성하게 자라나는 비옥한 토양이지만 그 존재가 너무 모호해서 대개 알아채지 못한다. 엄밀히 말하자면 두려움으로 분류될 수는 없다. 그러나 마음속 깊은 곳에 자리 잡고 있어서 6가지 두려움보다 더 치명적일 수도 있다. 이름을 붙이자면 '부정적 영향에 대한 취약성'이라 부를 수 있겠다.

막대한 부를 일구는 사람은 늘 부정적 영향에서 자신을 지킨다. 그러나 가난한 사람은 그렇지 않다. 성공하려는 사람은 이 악마에게서 마음을 지켜내야 한다. 부자가 되는 방법을 배우기 위해 이 책을 읽고 있다면 자신이 부정적 영향을 잘 받는 사람인지 확인해보라. 자기 분석을 무시하는 것은 열망하는 바를 이룰 수 있는 권리를 상실하는 것과 다름없다.

자기 분석을 해보라. 여기 나오는 자기 분석을 위한 질문들을 읽고 스스로 답한 내용을 자세히 살펴보라. 마치 매복한 채로 기다리는 적을 살피듯 조심스레 판단하고, 눈앞의 적을 다루듯 단호하게 자기 결점을 다루어야 한다.

노상강도에게서 자신을 지키기는 쉽다. 법이 당신의 이익을 지켜주기 위한 체계적인 협조를 제공하기 때문이다. 하지만 일곱 번째 악마는 상대하기 훨씬 어렵다. 그 존재를 모르고 있는 상태에서 내가 잠들어 있거나 깨어 있을 때 공격해오기 때문이다. 더군다나 그 악마는 마음의 상태라는 형체조차도 없는 무기를 사용한다. 또 위험한 이유는 인간의 경험만큼이나 다양한 형태로 공격을 하기 때문이다. 어떤 때는 선의의 말을 통해 마음에 들어오는가 하면 어느 때는 내 정신 상태 때문에 생겨나기도 한다. 즉사시키지는 않지만 독만큼 치명적이다.

부정적 영향에서 스스로를 지키는 방법

스스로 만들어낸 것이든 주변의 부정적 사람들의 말과 행동으로 나온 것이든 부정적 영향들에서 자신을 지켜주는 방패는 의지다. 마음속에 부정적 영향력에 대한 방어벽이 생길 때까지 의지를 발휘해야 한다.

기억해야 할 사실은 당신을 포함한 인간은 모두 태생적으로 게으르고 무관심하며 자신의 약점을 자극하는 온갖 제안들에 취약하다는 점이다. 태생적으로 6가지 두려움에 취약하다는 것을 인지하고 습관을 키우는 방법으로 두려움에 맞서야 한다.

약장 속의 약은 모조리 버리고, 감기, 근육통, 통증, 상상 질병으로 꾀병을 이용하는 짓은 그만두어라. 스스로 생각하고 행동하도록 영향을 주는 사람들을 의도적으로 찾아라. 문제가 생길 거라고 지레짐작하지 마라. 문제는 걱정하면 반드시 생기기 마련이다.

인간의 가장 흔한 약점은 다른 사람들의 부정적 영향력에 쉽게 물든다는 점이다. 이 약점이 특히 위험한 이유는 대부분 자기에게 이런 문제가 있다는 걸 인지하지 못해서다. 설령 안다고 해도 없애거나 고치지 않아서 결국 일상에 파고들어 도저히 다스릴 수 없는 상태에 이르게 된다.

자기 모습을 있는 그대로 보고 싶다면 다음 질문의 답이 도움이 될 것이다. 질문을 읽고 답을 소리 내어 말하고 들어보라. 그러면 더 솔직해질 수 있다.

자기 분석 테스트 질문들

▶ 기분이 안 좋다고 자주 불평하는가? 그렇다면 무엇 때문인가?

▶ 타인의 사소한 잘못을 지적하고 흉보는가?

▶ 일하면서 자주 실수를 저지르는가? 그렇다면 이유가 무엇인가?

▶ 대화할 때 빈정대거나 공격적으로 말하는가?

▶ 일부러 다른 사람들과 친해지기를 꺼리는가? 그렇다면 이유가 무엇인가?

▶ 소화불량에 자주 시달리는가? 만일 그렇다면 이유가 무엇인가?

▶ 삶이 무의미하고 미래에 희망이 없어 보이는가? 그렇다면 이유가 무엇인가?

▶ 자신의 직업을 좋아하는가? 아니라면 이유가 무엇인가?

▶ 자기 연민을 자주 느끼는가? 그렇다면 이유가 무엇인가?

▶ 자신보다 나은 사람에게 질투를 느끼는가?

▶ 성공과 실패 중 어떤 것에 관해 더 많이 생각하는가?

▶ 나이가 들어갈수록 자존감이 떨어지는가?

▶ 실수에서 가치 있는 교훈을 얻고 있는가?

▸ 주변 지인이 당신을 걱정하게 만드는가? 그렇다면 이유가 무엇인가?

▸ 삶이 신났다가 이내 의기소침해지는 식으로 감정 기복이 심한가?

▸ 당신에게 가장 영감을 주는 존재는 누구인가? 이유가 무엇인가?

▸ 부정적 영향이나 낙담시키는 일을 피할 수 있는데도 참고 견디는 편인가?

▸ 용모를 가꾸는 데 무관심한가? 그렇다면 언제 그렇고 이유는 무엇인가?

▸ 짜증 나는 일에서 벗어나기 위해 바쁘게 생활하는 방법을 알고 있는가?

▸ 자기 일을 다른 사람이 대신 결정하도록 하며 스스로를 줏대 없는 사람이라고 여기는가?

▸ 마음을 잘 가다듬지 못해 스스로 화를 이기지 못하는가?

▸ 미리 방지할 수 있는 일을 소홀히 해서 걱정하게 되는가? 왜 그런 상태로 만드는가?

▸ 마음의 안정을 위해 술, 마약, 담배에 의존하는가? 그렇다면 왜 끊어보려 하지 않는가?

▸ 누군가가 당신에게 잔소리하는가? 그렇다면 이유가 무엇인가?

▸ 명확한 목표를 가지고 있는가? 그렇다면 그것은 무엇이고, 이루기 위해 어떤 계획을 세우고 있는가?

▸ 6가지 기본적인 두려움에 시달리고 있는가? 그렇다면 어떤 두려움인가?

▸ 오늘의 경험에서 가치 있는 지식이나 정신적 가르침을 얻었는가?

▸ 마음에 들지 않는 상황이 닥치면 똑바로 직시하는 편인가, 책임을 회피하는 편인가?

▸ 실수와 실패를 분석해서 교훈을 얻으려 하는가, 자신과 상관없는 일이라고 여기는가?

▸ 자신의 가장 큰 약점 3가지를 댈 수 있는가? 이를 고치기 위해 어떤 노력을 하고 있는가?

▸ 다른 사람이 당신에게 공감을 구하면서 걱정거리를 털어놓는 편인가?

▸ 평소 당신 때문에 다른 사람이 부정적 영향을 받는 편인가?

▸ 타인의 습관 중 가장 짜증 나는 것은 무엇인가?

▸ 스스로 의견을 생각해내는가, 다른 사람들의 영향을 쉽게 받는 편인가?

▸ 모든 부정적 영향력에서 스스로를 지키는 방법을 아는가?

▸ 현재 직업은 당신에게 믿음과 희망을 주는가?

▸ 모든 두려움에서 벗어날 수 있을 만큼 충분히 강한 정신력을 가지고 있는가?

▸ 종교가 마음을 긍정적으로 유지할 수 있게 도움을 주는가?

▸ 타인의 걱정을 함께 나누는 것이 도리라고 생각하는가? 그렇다면 이유가 무엇인가?

▸ 유유상종이라는 말을 믿는다면 주변 친구를 보며 자신에 대해 어떤 점을 깨달았는가?

▸ 가장 친하게 지내는 사람과 당신이 느끼는 불행함 사이에 관련이 있다면 어떤 상관관계가 있는가?

▸ 친구라고 여기던 사람이 당신에게 부정적 영향을 끼쳐 최악의 적이 될 수도 있다고 생각하는가?

▸ 자신에게 도움이 되는 사람과 해를 끼치는 사람을 구분하는 기준은 무엇인가?

▸ 친한 친구가 자신보다 정신적으로 성숙한가, 미숙한가?

▸ 하루 24시간 중 다음 일들에 각각 얼마나 시간을 할애하는가?

    a. 직업

    b. 수면

    c. 놀이와 휴식

    d. 유용한 지식 습득

    e. 단순한 작업

▸ 내가 아는 사람 중에서

    a. 나를 가장 격려해주는 사람은?

    b. 나에게 가장 많이 훈계하는 사람은?

    c. 나를 가장 기운 빠지게 하는 사람은?

    d. 여러 가지 방식으로 가장 많이 도와주는 사람은?

▸ 가장 큰 걱정거리가 무엇인가? 왜 그것을 참고만 있는가?

▸ 타인에게서 예기치 않은 조언을 들었을 때 의심 없이 받아들이는가, 숨은 동기를 알아내려 하는가?

▸ 가장 열망하는 것은 무엇인가? 그것을 이루고 싶은가? 다른 모든 열망을 포기하고서라도 이것을 이룰 의지가 있는가? 이루기 위해 하루에 얼마만큼의 시간을 할애하는가?

▸ 마음이 쉽게 바뀌는 편인가? 그렇다면 이유가 무엇인가?

▸ 시작한 일은 대개 끝까지 해내는 편인가?

▸ 다른 사람의 사업, 직위, 학력, 부의 수준에 쉽게 영향을 받는가?

▸ 다른 사람이 당신에 대해 하는 말이나 생각에 쉽게 영향을 받는가?

▸ 타인의 사회적, 경제적 지위 때문에 그의 비위를 맞추는 편인가?

▸ 현존하는 가장 위대한 인물은 누구라고 믿는가? 어떤 면에서 그 사람이 당신보다 뛰어나다고 생각하는가?

> 이 질문들을 읽고 답하는 데 얼마나 시간을 할애했는가? (전체 질문을 분석하고 답하는 데 적어도 하루는 필요하다.)

모든 질문에 솔직하게 답했다면 이제 자신에 대해 더 잘 알게 되었을 것이다. 질문들을 조심스럽게 살펴보고 몇 달에 걸쳐 매주 한 번씩 이 질문들로 돌아와 복기해보기 바란다. 솔직하게 답하는 것만으로도 그때마다 가치 있는 사실들을 새롭게 알게 될 것이다. 대답하기 모호한 질문이 있다면 당신을 잘 알고 당신에게 딱히 잘 보일 이유가 없는 사람에게 도움을 구하라. 그러면 그들의 눈으로 자신을 들여다보는 매우 놀랄 만한 경험을 하게 될 것이다.

우리가 완벽하게 다스릴 수 있는 유일한 것이 있다면 바로 자기 생각이다. 이는 인간이 알고 있는 가장 의미 있는 사실이다. 또 인간의 신성한 본성을 반영하기도 한다. 생각을 다스리는 능력은 자기 운명을 다스릴 수 있다는 의미이기도 하다. 마음을 다스리지 못하면 그 어떤 것도 다스릴 수 없다. 소유물을 잘 관리하지 못하는 사람이라도 마음은 그래서는 안 된다. 마음은 영적 자산이다. 신성한 왕족을 대하듯 세심하게 보호하고 사용해야 한다. 의지는 이때 발휘하라고 부여된 능력이다.

불행하게도 의식적이든 무의식적이든 부정적 암시를 통해 다른 사람들 마음에 독을 퍼뜨리는 사람은 법적으로 제재할 방법이 없다. 그 파괴적 행동이 법적으로 보장된 물질적 부를 이룰 기회를 잃게 만들 수도 있다는 점에서 강한 법적 처벌이 마땅한데 말이다.

토머스 에디슨이 녹음 재생기를 만들려고 했을 때 부정적인 사람들은 불가능하다고 말했다. 아무도 그런 기계를 만든 적이 없기 때문이었다. 하지만 에디슨은 그 말을 믿지 않았다. 그는 마음속에서 생각하고 믿는 것은 무엇이든 만들어낼 수 있다고 확신했다. 에디슨이 남들보다 뛰어날 수 있었던 이유는 이 믿음 덕분이다.

부정적 마음을 가진 사람들은 F.W. 울워스가 5앤드10센트 스토어를 열었을 때 파산할 것이라고 말했지만 울워스는 그 말을 믿지 않았다. 그는 믿음을 가지고 계획이 뒷받침된다면 그건 합당한 생각이라고 믿었다. 타인의 부정적 암시에서 스스로 마음을 지킬 권리를 행사했기에 수억 달러가 넘는 부를 일굴 수 있었던 것이다.

부정적 마음을 가진 사람들은 조지 워싱턴에게 훨씬 막강한 군사력을 가진 영국군을 상대하는 건 불가능한 싸움이라고 말했다. 하지만 그는 믿음을 잃지 않았고, 그 결과 미국이라는 국가가 탄생할 수 있었다. 반면 콘월리스 경의 이름을 기억하는 이들은 거의 없다.

헨리 포드가 처음 만든 조잡한 자동차를 몰고 디트로이트 거리로 나갔을 때 의심 많은 사람들은 콧방귀를 뀌었다. 그런 물건은 실용성이 없다고 말하는 이도 있었고, 그런 기계를 돈 주고 살 사람이 있겠냐고 비웃던 사람도 있었다. 하지만 포드는 "난 믿을 수 있는 자동차를 만들어서 지구를 질주할 거요"라 말했고 그 말은 현실이 되었다! 자기 판단을 믿은 그는 그 후 대대손손 쓰고도 남을 막대한 부를 일굴 수 있었다. 큰 부를 이루고자 하는 사람들에게 해주고 싶은 말은 이것이다. 헨리 포드와 그가 고용한 수십만 명의 직원들 사이에 차이점은 단 하나뿐이다. 포드는 자신의 마음을 다스렸고 다른 이들은 다스릴 생각조차 하지 못했다는 것이다.

15장 준비

헨리 포드에 관해 여러 번 언급하는 이유는 그가 바로 의지력으로 자신을 다스려 성공을 이룬 놀라운 사례 자체이기 때문이다. 그가 이룬 업적은 "내게는 기회가 없었어"라는 흔한 변명을 무색하게 만든다. 포드도 기회가 없기는 마찬가지였다. 하지만 그는 기어코 기회를 만들어냈고 끈기를 가지고 실행해 마침내 큰 부를 일구었다.

마음을 다스리는 일은 자기 훈련과 습관의 결과다. 당신이 마음을 다스리지 못하면 마음이 당신을 휘두르게 된다. 마음을 다스리는 방법 중 가장 실용적인 것은 명확한 목적을 이루기 위한 계획을 부지런히 실행하는 습관을 가지는 것이다. 큰 성공을 거둔 사람을 자세히 분석해보면 그들은 자기 마음을 통제했을 뿐만 아니라 마음이 명확한 목표를 달성하는 방향으로 움직이도록 했다는 사실을 알 수 있다. 마음을 다스리지 못하면 성공할 수 없다.

'만약'이라는 가장 흔한 변명

성공하지 못하는 사람들은 한 가지 확연한 공통점이 있다. 실패한 모든 이유를 알고 있으면서 성공하지 못한 데에 완벽한 변명거리를 가지고 있다는 점이다. 그중에는 그럴듯한 변명도 있고 조금은 정당한 변명이 있기도 하다. 하지만 변명에 돈을 줄 사람은 없다. 세상이 궁금해하는 것은 당신이 성공했느냐 하는 것뿐이다.

한 성격 분석학자가 가장 흔한 변명을 정리했다. 당신은 이중 몇 개나 사용하고 있는지 확인하라. 명심할 점은 이 책에서 소개하는 성공 원칙들에는 이런 변명들이 통하지 않는다는 것이다.

- 부양할 식구만 없었더라면….

- 누군가 확실히 밀어주기만 했더라면….

- 돈만 있었더라면….

- 교육을 많이 받았더라면….

- 직장만 있었더라면….

- 건강하기만 했더라면….

- 시간만 좀 있었다면….

- 시기가 더 좋았더라면….

- 남들이 나를 이해해주기만 했더라면….

- 주변 상황이 좀 달랐더라면….

- 다시 태어날 수 있다면….

- 사람들이 뭐라 하든 두려워하지 않았다면….

- 기회가 주어졌더라면….

- 지금 기회가 생긴다면….

- 사람들이 트집만 잡지 않았더라면….

- 방해하는 것들만 없었다면….

- 조금만 더 젊었더라면….

- 원하는 대로 할 수만 있었다면….

- 부자로 태어났더라면….

- 제대로 된 사람을 만났더라면….

- 남들처럼 재능이 있었다면….

- 내 의견을 주장했더라면….

- 과거에 그 기회를 잡았더라면….

- 사람들이 나를 화나게 하지만 않았더라면….

- 집안일과 육아에 얽매이지 않을 수 있었다면….

- 돈을 좀 모을 수 있었다면….
- 직장 상사가 내 능력을 알아주었다면….
- 누군가 좀 도와주기만 했더라면….
- 가족들이 나를 좀 이해해주었다면….
- 대도시에 살았더라면….
- 그 일을 시작할 수만 있었으면….
- 저 사람 같은 성격이었더라면….
- 너무 뚱뚱하지 않았다면….
- 세상이 내 재능을 알아봐주었다면….
- 운이 좀 따라주었다면….
- 빚만 없었더라면….
- 그때 실패하지 않았더라면….
- 방법만 알았더라면….
- 사람들이 모두 반대하지 않았더라면….
- 이렇게 걱정이 많지만 않았더라면….
- 제대로 된 배우자를 만났더라면….
- 사람들이 그토록 바보 같지 않았더라면….
- 가족이 낭비벽만 없었더라면….
- 운이 나를 저버리지 않았더라면….
- 팔자가 사납지 않았더라면….
- '운명은 결정되어 있다'는 말이 사실이 아니었다면….
- 일을 그렇게 열심히 하지 않아도 되었더라면….
- 돈을 잃지 않았더라면….
- 다른 동네에 살았더라면….
- 과거가 없었더라면….

- 사업을 했더라면….
- 사람들이 내 말을 들어주기만 했더라면….

그중에서도 가장 큰 후회는 이것이다.

내가 진정한 나 자신을 들여다볼 용기가 있었다면 내 문제점을 발견하고 고쳤을 텐데…. 그랬더라면 나에게 문제가 있다는 사실을 알고 실수를 통해 배웠을 테고, 다른 이들의 경험을 통해서도 배울 점이 있었을 텐데…. 내 약점을 분석하는 데 시간을 더 들이고 약점을 숨길 변명을 만들어내는 데 시간을 덜 썼더라면 지금보다 더 나은 상황에 있을 텐데….

실패에 대한 변명거리를 만들어내는 버릇은 누구에게나 있다. 이 버릇은 인류의 역사만큼이나 오래된 것이지만 성공에는 치명적이다. 사람들은 어째서 변명에 매달리는 걸까? 이유는 분명하다. 자기가 만들어냈기 때문에 옹호하는 것이다. 변명은 상상력의 산물이며 자신의 창작물을 옹호하는 것은 인간의 본성이다.

변명을 만들어내는 행위는 뿌리 깊은 습관이다. 습관이 행동을 정당화해줄 때는 거기서 벗어나기가 무척이나 어렵다. 플라톤은 이 사실을 알고 이렇게 말했다. "최초의, 그리고 최고의 승리는 자아를 극복하는 것이다. 자아에 굴복하는 일은, 다른 무엇보다도 부끄럽고 용납할 수 없는 일이다." 또 다른 철학자는 이렇게 말했다. "내가 다른 사람에게 발견한 추악함은 대부분 나 자신의 본성을 반영하고 있을 뿐이다."

엘버트 허버드는 다음과 같이 말했다. "사람들이 약점을 감추

15장 준비

기 위해 변명을 만드는 데 왜 그렇게 많은 시간을 들이는지 늘 수수께끼였다. 그 시간을 다르게 사용한다면 약점을 고칠 수 있었을 테고 그렇다면 변명이 필요하지도 않았을 텐데 말이다."

내가 여러분에게 하고 싶은 말은 이것이다. "인생은 체스 게임과 같다. 당신의 상대는 시간이다. 망설이면서 패를 놓고 즉각 움직이지 않는다면 시간은 당신의 말을 다 쓸어갈 것이다. 당신의 상대는 우유부단함을 용납하지 않는다!" 예전에는 자신이 원하는 것을 왜 성취하지 못하는지 논리적인 변명을 늘어놓았을지 모르지만 이제 그런 변명은 통하지 않는다. 당신에게는 이제 부의 문을 열 수 있는 마스터키가 주어졌다.

이 마스터키는 눈에 보이지 않지만 강력한 힘을 가지고 있다. 확고한 형태의 부를 향한 불타는 열망을 우리 마음속에 심어주는 특권을 가지고 있기 때문이다. 마스터키를 사용하는 비용은 없지만 사용하지 않으면 대가를 치러야 한다. 그 대가는 실패다. 마스터키를 사용한다면 어마어마한 보상이 기다리고 있을 것이다. 바로 자아를 극복하고 삶에서 원하는 것을 얻은 사람들이 느끼는 만족감이다. 이 보상은 수고할 가치가 충분하다. 이제 시작해보고 정말 그런지 확인해보겠는가?

"우리가 인연이 있다면 다시 만나게 될 것이다"라고 에머슨은 말했다. 이 책을 끝맺으며 그의 생각을 빌려 이렇게 말하고 싶다. "우리가 인연이 있었기에 이 책을 통해 이렇게 만날 수 있었다."

❖
이 책을 활용하는 방법

이 책에서 소개하는 부를 향한 13가지 원칙은 인생에서 명확한 목표를 좇는 사람들이 성공을 이룰 수 있게 도와줄 가장 짧고도 신뢰할 수 있는 철학이다. 이 책은 재미로 읽는 책이 아니다. 읽는다고 해서 일주일이나 한 달 안에 내용을 완전히 이해할 수 있는 것도 아니다.

미국의 유명 상담 전문가이자 토머스 에디슨의 오랜 동료인 밀러 리즈 허치슨 박사는 책을 다 읽은 후 이렇게 말했다.

"이 책은 소설이 아니다. 미국에서 가장 성공한 인물 수백 명의 경험을 다루는 개인 성공 교과서다. 그렇기에 이 책은 공부하고, 터득하고, 곰곰이 생각해야 한다. 하룻밤에 한 챕터 이상 읽어서도 안 된다. 인상적인 문장이 나오면 밑줄을 그어라. 그리고 밑줄 그은 문장을 다시 찾아서 읽도록 하라. 훌륭한 학생이라면 단순히 읽는 것에 그치지 않을 것이다. 내용을 흡수해서 완전히 자기 것으로 만들 것이다. 나는 모든 고등학교에서 이 책을 가르치고 졸업 전에 시험을 치르게 해야 한다고 생각한다. 책 속 철학이 학교에서 가르치는 과목을 대신할 수는 없겠지만, 학교에서 습득한 지식을 조직하고 적용하여 시간 낭비 없이 유용한 서비스와 적절한 보상으로 전환할 수 있게 해줄 것이다."

더시티칼리지오브뉴욕의 학장 존 R. 터너 박사는 이렇게 말했다. "이 철학의 견실함을 가장 극명하게 보여주는 예는 2장 '열망'에 소개된 극적 이야기의 주인공 블레어다." 터너 박사가 언급한 인물은 저자 나폴레온 힐의 아들이다. 블레어는 선천적으로 귀가 없었지만 청각장애인으로 살지 않았고, 이 책에 나오는 철학을 이용해 오히려 자신의 장애를 귀중한 자산으로 변환했다. 당신이 블레어의 이야기를 읽고 났을 때는 물질적 부로 전환할 수 있는, 마음의 평안과 이해와 영적 조화를 쉽게 얻을 수 있는 철학 하나가 쥐어졌음을 깨달을 것이다. 물론 이 철학은 블레어처럼 신체적 장애를 극복하는 데 도움을 줄 수도 있다.

나폴레온 힐은 성공한 인물 수백 명을 조사하면서 그들 모두가 '회의conference'를 활용해 아이디어를 교환하는 습관이 있었다는 것을 발견했다. 해결해야 할 문제가 있을 때 그들은 함께 모여 아이디어를 제시하고 목적에 맞는 계획을 발견할 때까지 자유롭게 이야기했다.

당신도 이 책에 소개된 '조력 집단' 원칙을 실천해 효과를 최대한 얻을 수 있다. 이를 실천하기 위해서는 우선 (이 원칙을 성공적으로 실행하고 있는 사람들처럼) 우호적이고 조화로운 사람들로 스터디 그룹을 만들어라. 스터디 그룹은 매주 한 번 정도 정기적으로 모여야 한다. 모임 때마다 이 책을 한 챕터씩 읽고 내용에 대해 모두가 자유롭게 이야기를 나눈다. 각 구성원은 토론에서 영감을 받은 아이디어를 전부 기록한다. 스터디 모임에서 공개 낭독과 토론을 하기 전에는 회원 모두가 각 장을 며칠 동안 꼼꼼하게 읽으며 분석해야 한다. 모임의 낭독자는 그 내용을 잘 이해하고 문장의 의미를 살려 읽을 줄 아는 사람으로 정한다.

이 계획을 따르면 성공한 인물 수백 명의 경험이 총망라된 최고의 지식을 한 번에 얻을 수 있을 것이다. 그리고 그보다 더 중요한 것은, 머릿속에 있는 새로운 지식의 원천을 활용하게 될 뿐만 아니라 모임에 참석한 사람들에게서도 귀중한 지식을 얻을 수 있다는 것이다. 이 계획을 꾸준히 따른다면 당신은 분명 저자가 서문에서 말하는 앤드루 카네기가 막대한 부를 얻게 된 비밀 공식을 발견하고 활용할 수 있게 될 것이다.

**굿라이프 클래식은
나의 세계를 단단하게 하는
고전의 철학을 전합니다.**

윌북 굿라이프 클래식

**❶ 나폴레온 힐
『생각하라 그리고 부자가 되어라』**

1937년 출간된 20세기 최고의 성공 철학서. 목표와 꿈, 행동이 하나로 강렬하게 움직일 때 인간의 가능성이 얼마나 크고 강력해지는지, '생각의 힘'을 발견하게 하는 책이다.

나폴레온 힐 지음 | 김미란 옮김 | 328쪽

**❷ 데일 카네기
『인간관계론』**

1936년 출간된 영원한 인간관계의 바이블. 20세기 자기계발과 성공학의 원전. 인간 본성을 꿰뚫고 타인을 움직이는 방법을 알려준다. 이 책을 읽으면 풀지 못할 인간관계란 없다.

데일 카네기 지음 | 송보라 옮김 | 348쪽

단단한 고전의 작은 지혜
**드로우앤드류 × 굿라이프 클래식
문장 모음집**

❶ 『성공은 누구도 차별하지 않는다』

원문과 함께 읽는 나폴레온 힐의 문장들
『생각하라 그리고 부자가 되어라』에서 드로우앤드류가 뽑아 엮고 씀 |
김미란 옮김 | 188쪽

❷ 『상대는 중요한 사람이다』

원문과 함께 읽는 데일 카네기의 문장들
『인간관계론』에서 드로우앤드류가 뽑아 엮고 씀 | 송보라 옮김 | 188쪽

옮긴이 **김미란**

동덕여대 경영학과를 졸업하고 해운항공업계에서 일하다 현재는 천직을 찾아 바른번역 소속 전문번역가로 활동하고 있다. 『자본주의에서 살아남기』 『해빗 메카닉』 『오늘 나에게 정말 필요했던 말』 『라우라 화이트가 사라진 밤』 『누구나 혼자만의 시간이 필요하다』 『스페셜티 커피 멜버른』 『리더를 깨우는 리더 뉴알파』 『폴리, 나 좀 도와줘』 『지식의 탄생』(공역) 『세상 모든 책장』 등 단행본과 『킨포크』와 『시리얼』 시리즈를 우리말로 옮겼다.

굿라이프 클래식 1

생각하라 그리고 부자가 되어라

펴낸날 초판 1쇄 2024년 10월 30일
　　　　초판 2쇄 2024년 11월 20일
지은이 나폴레온 힐
옮긴이 김미란
펴낸이 이주애, 홍영완
편집장 최혜리
편집 양혜영, 김혜원, 김하영, 박효주, 강민우, 한수정,
　　　홍은비, 안형욱, 최서영, 송현근, 이소연, 이은일
디자인 박정원, 김주연, 기조숙, 윤소정, 박소현
홍보마케팅 백지혜, 김태윤, 김준영, 김민준
콘텐츠 이태은, 조유진
해외기획 정미현, 정수림
경영지원 박소현
도움교정 박주희
펴낸곳 (주)윌북　출판등록 제 2006-000017호
주소 10881 경기도 파주시 광인사길 217
홈페이지 willbookspub.com　전화 031-955-3777　팩스 031-955-3778
블로그 blog.naver.com/willbooks　포스트 post.naver.com/willbooks
트위터 @onwillbooks　인스타그램 @willbooks_pub
ISBN 979-11-5581-717-9 (04190) 979-11-5581-718-6 (세트)